# 海航秘史

## PIRATES AN ILLUSTRATED HISTORY

## 加勒比海盗

[英]奈杰尔·考桑(Nigel Cawthorne)◎著

黄丽莉 黄玉珍◎译

新世界出版社
NEW WORLD PRESS

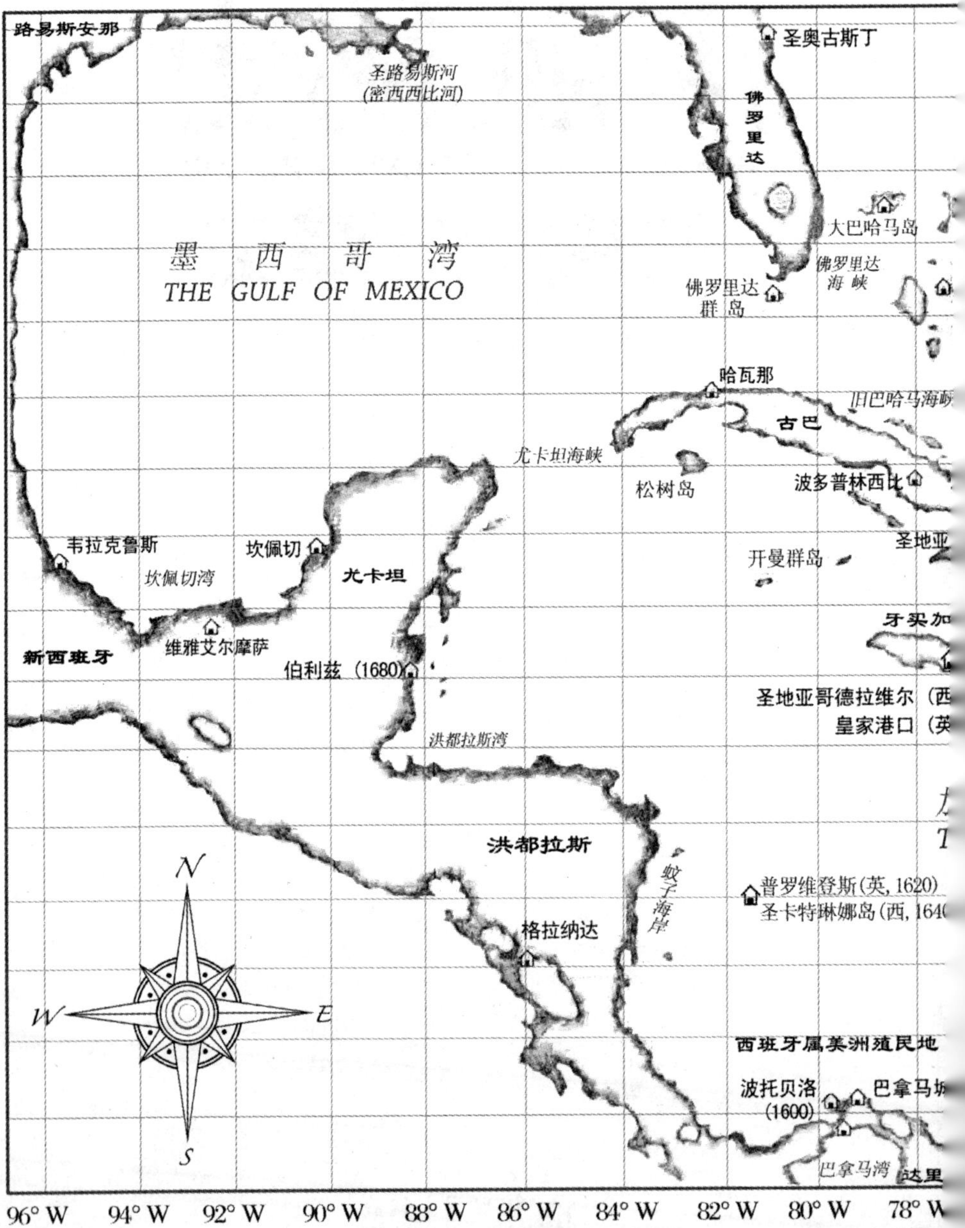

路易斯安那
圣路易斯河
(密西西比河)
圣奥古斯丁
佛罗里达
大巴哈马岛
佛罗里达海峡
佛罗里达群岛
墨西哥湾
THE GULF OF MEXICO
哈瓦那
旧巴哈马海峡
古巴
尤卡坦海峡
松树岛
波多普林西比
韦拉克鲁斯
坎佩切
坎佩切湾
尤卡坦
开曼群岛
圣地亚
牙买加
新西班牙
维雅艾尔摩萨
伯利兹（1680）
圣地亚哥德拉维尔（西
皇家港口（英
洪都拉斯湾
洪都拉斯
N
蚊子海岸
普罗维登斯(英, 1620)
圣卡特琳娜岛(西, 1640
格拉纳达
W
E
S
西班牙属美洲殖民地
波托贝洛
(1600)
巴拿马城
巴拿马湾
达里
96° W
94° W
92° W
90° W
88° W
86° W
84° W
82° W
80° W
78° W

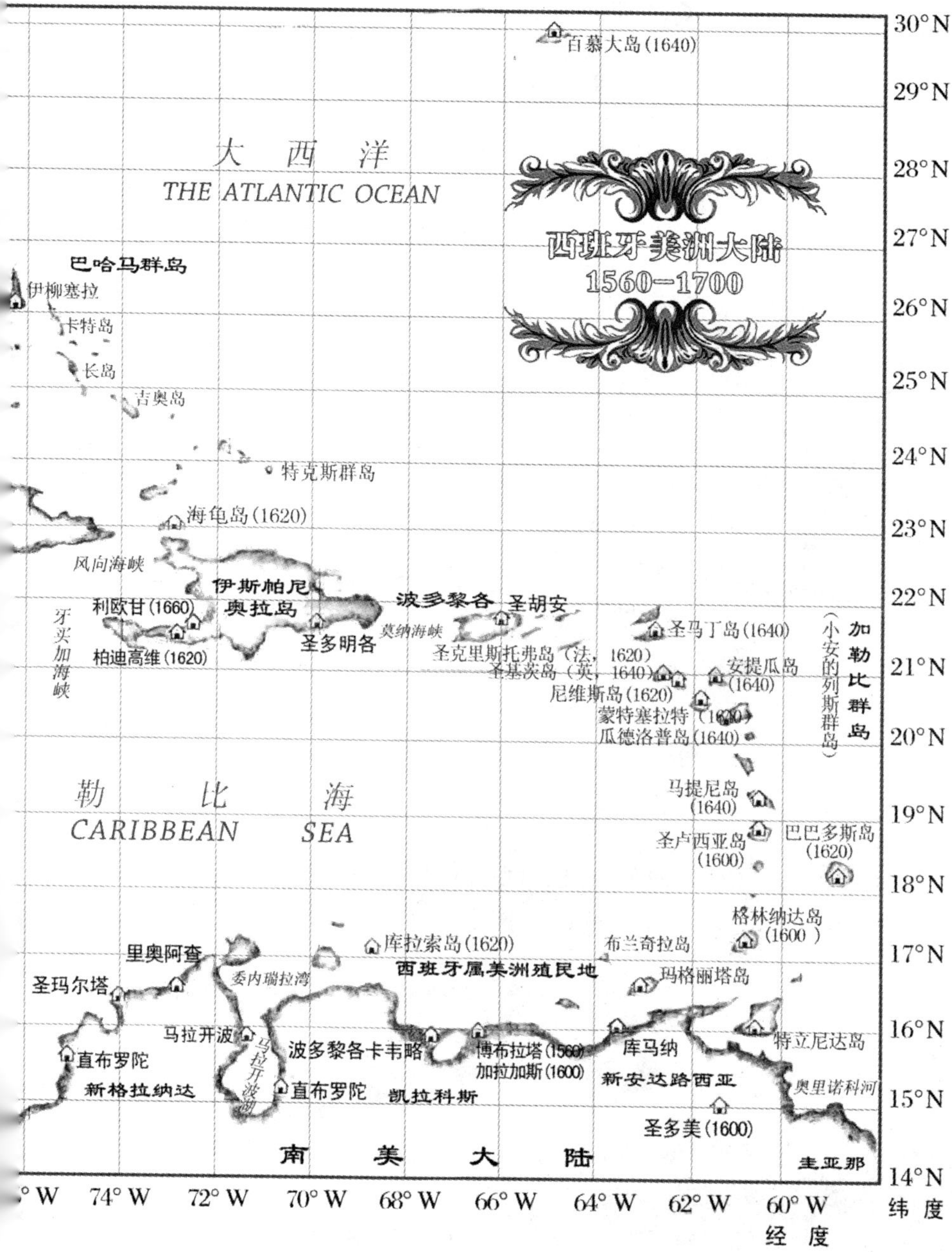

西班牙美洲大陆
1560–1700
大 西 洋
THE ATLANTIC OCEAN
百慕大岛(1640)
巴哈马群岛
伊柳塞拉
卡特岛
长岛
吉奥岛
特克斯群岛
海龟岛(1620)
风向海峡
伊斯帕尼奥拉岛
利欧甘(1660)
柏迪高维(1620)
牙买加海峡
圣多明各
莫纳海峡
波多黎各
圣胡安
圣马丁岛(1640)
圣克里斯托弗岛(法，1620)
圣基茨岛(英，1640)
尼维斯岛(1620)
安提瓜岛(1640)
蒙特塞拉特(1630)
瓜德洛普岛(1640)
加勒比群岛
(小安的列斯群岛)
马提尼岛(1640)
圣卢西亚岛(1600)
巴巴多斯岛(1620)
格林纳达岛(1600)
勒 比 海
CARIBBEAN SEA
库拉索岛(1620)
布兰奇拉岛
里奥阿查
西班牙属美洲殖民地
圣玛尔塔
委内瑞拉湾
玛格丽塔岛
马拉开波
马拉开波湖
波多黎各卡韦略
博布拉塔(1560)
加拉加斯(1600)
库马纳
特立尼达岛
直布罗陀
新格拉纳达
直布罗陀
凯拉科斯
新安达路西亚
奥里诺科河
圣多美(1600)
南 美 大 陆
圭亚那
30°N
29°N
28°N
27°N
26°N
25°N
24°N
23°N
22°N
21°N
20°N
19°N
18°N
17°N
16°N
15°N
14°N
74° W
72° W
70° W
68° W
66° W
64° W
62° W
60° W
纬度
经度

“诚实的劳动，换来的总是辛苦和贫困；而海盗的生活，带来的是富足、满足、快乐、安逸、自由和权利。干这行的所有风险，最糟不过眉一皱眼一闭，有什么不能平衡的呢？我的座右铭是：生命短暂，须尽欢。”

——1722年，威尔士海盗巴塞洛缪·罗伯茨

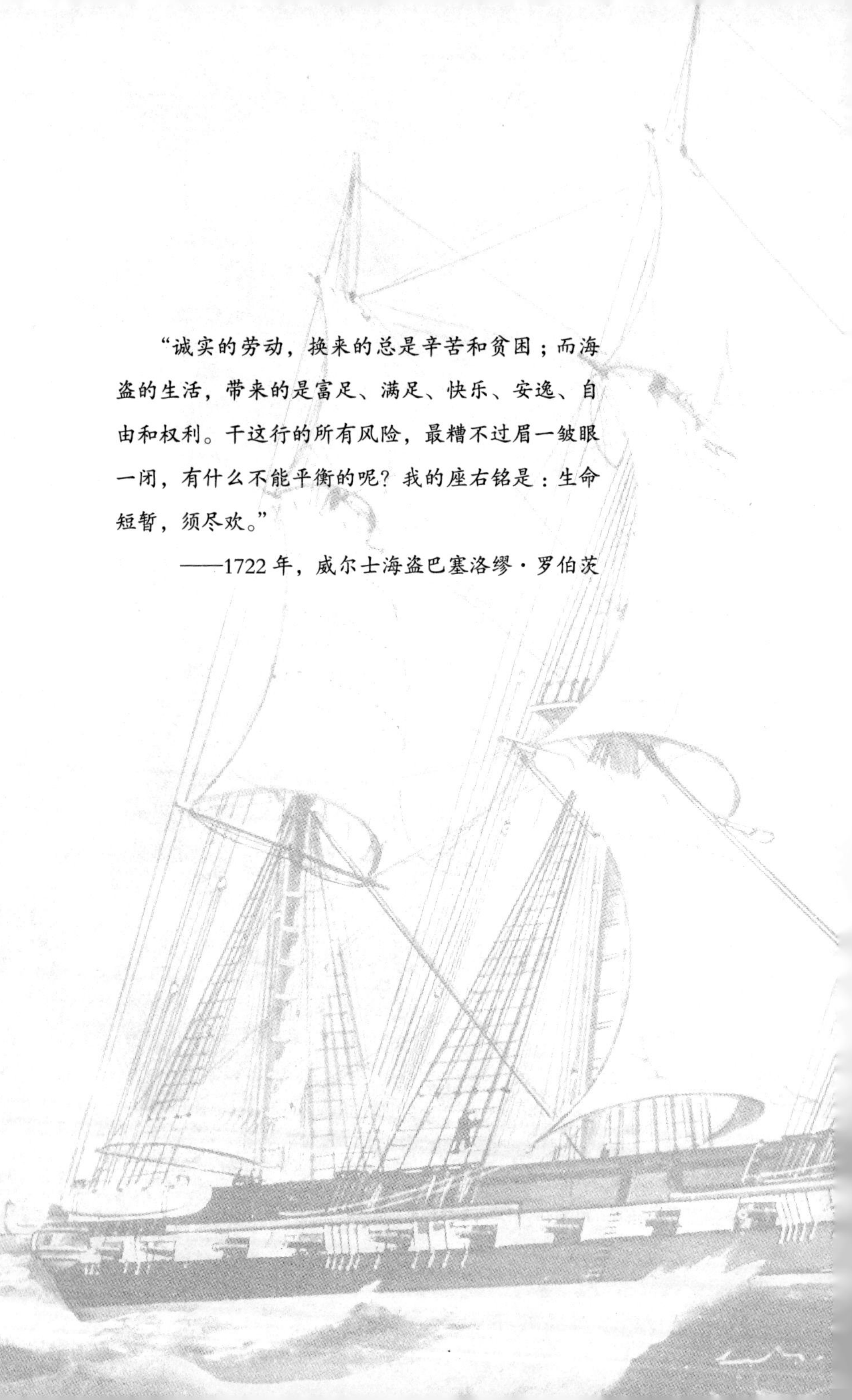

# 目　录

# 引　言

从人类开始从事海上贸易以来，海盗就产生了。他们最早活跃于霍尔木兹海峡（Hormuz Strait），是波斯湾与印度洋之间的必经之地，这里船只众多，往来于中东和印度，运送黄金、白银、丝绸、香料、铜和柚木，素有“海湾咽喉”之称[①]。公元前694年，亚述王西拿基立（King Sennacherib of Assyria）就企图将这群海盗根绝，公元1世纪罗马帝国皇帝图拉真（Trajan）、公元4世纪古代波斯风云人物沙普尔二世也试图将他们斩草除根，但都失败了。

与此同时，在地中海地区，早期的海盗靠掠夺往来于贸易中心黎巴嫩境内的提尔（Tyre）和西顿（Sidon）的腓尼基商人[②]为生，这些船只上运载着大批白银、琥珀制品、锡、铜等珍贵物品。

---

① 霍尔木兹海峡：自古就是东西方国家间文化、经济、贸易的枢纽。特别在海湾地区成为世界石油宝库之后，每天有 400 万吨石油通过下海运往世界各地，约占世界石油出口量的 1/3，是波斯湾石油通往西欧、美国、日本等世界各地的唯一海上通道。

② 腓尼基：古代中东的一个民族，起源于今巴勒斯坦附近。腓尼基人是航海民族，当时他们的殖民据点遍布地中海沿岸，从波斯和中国进口丝绸和瓷器，还从印度购买香料。这些廉价交换的货物在西方市场上是十分昂贵和畅销的奢侈品，他们可以从中获得巨大的利润。

在繁荣的古希腊统治时期，海盗们大都隐藏在爱琴海（Aegean）的各个岛屿上，他们的行径被古代希腊的历史学家修昔底德斯（Thucydides）和希罗多德（Herodotus）记录下来，写进史诗。早在公元前330年亚历山大大帝（Alexander the Great）就试图将地中海的海盗铲除，然而200年之后，当罗马帝国发展到鼎盛时期，海盗依旧猖獗。

位于小亚细亚（Cilicia）的海盗活跃在土耳其南部海域，他们以拥有上千艘船为豪。他们战胜了罗马舰队，袭击了西西里岛的锡拉丘兹（Syracuse on Sicily），并且把罗马帝国周围上百号沿海村落和城镇劫掠一空。在公元前78年，他们俘虏了年轻的恺撒大帝（Julius Caesar），并把他扣押在法玛库萨岛（Pharmacusa），直到6个星期后交付了赎金才放人。10年后，他们又在地中海建立了一个基地，阻隔了罗马帝国与海外的联系，导致罗马人差点儿饿死。公元前67年，罗马议会通过了一个议案，将根除海盗的任务全权委托给大将军庞培（Pompey）。他召集了一支拥有270只战舰的舰队，成功地打败了这些海盗，清理了地中海海域。虽然有部分海盗侥幸地以农民的身份安顿下来，但是双方交锋在安纳托利亚（Antolia,土耳其的亚细亚部分）的海战达到了高潮，使海盗的元气大伤，一蹶不振。在这次战役中，上万名海盗被杀，400艘船只被捕获，还有更多的船只被毁坏了。从那以后，百万前哨基地和武装巡逻兵一直坚守在地中海，竭力维护地中海的贸易安全，海盗的势力一直到了16世纪才又在北非的巴巴里（Barbary）壮大起来。

令人恐惧而又带有传奇色彩的海盗海尔·阿德丁（Khayr

Ad-Din），也称巴巴罗萨（Barbarossa），在奥斯曼（即土耳其）伊斯兰教的领土上统一了突尼斯（Tunisia）和阿尔及利亚（Algeria），靠海盗获得的财富建立起了他的政权。海盗的首领在突尼斯和阿尔及利亚建立了独特的社会制度，被掠夺的人需对每

▲庞培的雕像，这位古罗马帝国统帅曾经花费了好几年的时间来清剿地中海的海盗势力。

件战利品支付价值的10%作为赎金去赎回他们的物品，海盗们则用这些钱来武装他们的船只，无形之中，这些人便成为了他们财富的支持者。其中最出名的俘虏之一就是著名小说《堂吉诃德》的作者塞万提斯（Miguel de Cervantes），他在1575年同他的哥哥罗德里戈（Rodrigo）一起被海盗捕获，直到5年之后他们交付了赎金才放他们离开。1609年强大的莫尔军阀来到得土安（Tétouan）①和拉巴特（Rabat）②，摩洛哥变成了新的海盗中心。之后，在阿拉维苏丹王国（the Alawi sultans）的鼓励下,海盗成为国家税收的重要来源。

巴巴里的海盗一直都使用大型划桨船来作战，直到17世纪一个叫做西蒙·丹瑟（Simon Danser）的佛兰德叛徒出现，向他们展示了佛兰德船帆的优势，这让海盗们如虎添翼，使得突尼斯和阿尔及利亚的海盗更加猖獗。到1650年为止，仅阿尔及利亚一地的海盗就俘虏了三万多人质。

巴巴里海岸的海盗事件，是19世纪美国和的黎波里塔尼亚（Tripolitania，现为利比亚领地）之间发生多次战争的主要原因。1815年之后，英国曾经两次进攻镇压阿尔及利亚海盗，战争直到1830年法国从土耳其帝国手中接管了阿尔及利亚才宣告结束。

然而这本书更多地涉及了发生在大西洋彼岸的故事，虽然凶

① 得土安：摩洛哥西北部城市，历史古城。在丹吉尔东南46公里处，距地中海海岸10公里，有窄轨铁路通外港里奥马丁和塞卜泰，人口36.5万（1982）。15世纪末在古要塞基础上重建，是北部地区工商业和文化中心。

② 拉巴特：摩洛哥首都，始建于公元12世纪穆瓦希德王朝。现存老城为18世纪所建，新城于1912年摩洛哥成为法国保护国后兴建。

残的海盗们往返于西班牙大陆与美洲之间，在非洲西部海岸抢夺财物，并且势力范围远至太平洋和印度洋上，但这本书仍将焦点集中在加勒比海的海盗身上。在西班牙为了黄金而开始掠夺印加帝国（Inca）和阿兹特克人（the Aztecs）之后，加勒比海的海盗们也开始了他们的掠夺之路。其他欧洲国家决定从中分一杯羹，可是这些君主们却不愿意花钱派人长途跋涉地前往美洲，也不愿意把海军搅进去大举发动战争，全力作战，他们想到的解决办法就是让海盗代替他们去探险。一些赫赫有名的人物，如英国皇家海军部长塞缪尔·佩皮斯（Samuel Pepys）和美国宾夕法尼亚州的缔造者威廉·宾爵士（Sir William Penn），就支持这种做法。海盗船长收到国王亲自发出的一封准许他们捕拿外国船只的信件，实际上是纵容海盗的特许证。海盗们只需上交一部分的掠夺物给国王，就可以获得相应的土地、荣誉和爵位。

在英国詹姆士一世统治时期（1603—1625），欧洲呈现出了暂时的和平状态。君主们极力削减海军，这就意味着他们将放纵海盗，换句话说就是海盗将很少有机会被抓获。而失业水手们的加入使海盗的队伍得到了壮大。他们的活动遍布摩洛哥的大西洋海岸的各个海港，威胁着行驶在直布罗陀海峡（the Straits of Gibraltar）还有来自爱尔兰科克郡西南大西洋沿岸的班特里湾（Bantry Bay）的船只，直接打击了英吉利海峡的船运。然而，在1614—1615年，芬兰和英国合力将海盗们驱逐出这片领海，于是他们就散落在大西洋，干着殖民战争和奴隶贸易的勾当。

到此时，英国、荷兰、法国都在西印度洋群岛上建起了自己的殖民地。各国政府长官下达了通告，将英国内战的战俘、罪犯、流浪人，还有失业者、孤儿都运往殖民地，这样一来，殖民地开拓者的数量就急剧上升了。其他人有的签订了合同，免除路费，自愿来到这里。然而这些在欧洲大陆饱受疾病折磨而又营养不良的人，在劳力上远远不如那些身体强壮而且更加适应热带地区环境的非洲奴隶，因此在殖民地的欧洲劳动力很快被非洲奴隶所代替了，那些背井离乡的欧洲人漂流到了一些更小的孤岛或者其他人迹罕至的地方，靠捕杀野生动物来生存。他们把肉放在烟上风干、熏熟，这种方法用法语表达就是boucaner，因此相应的英语词buccaneers就成了海盗的另一个名词，又称巴巴利亚海盗。

当西班牙开始威胁牙买加后，私掠船的许可证和船只也提供给了巴巴利亚海盗，尽管这些人并不都是伟大的水手，但都擅长用火枪射击，随身的短剑也用得很顺手，因为他们曾常用它来切割尸体。英国的巴巴利亚海盗们也有了新的成员：法国的胡格诺派新教徒（Huguenots）——16世纪、17世纪欧洲宗教改革运动中兴起于法国而长期惨遭迫害的新教教派，还有在荷兰本土作战、对抗西班牙的荷兰人，也有非洲人，主要是逃跑的非洲黑奴。由于许多巴巴利亚海盗签订了合同，因此他们不愿意再回去做奴隶。而且船上的成员们都来自不同国家，他们也没有理由不攻打某国船只——虽然西班牙船只和殖民地一直提供着最优厚的战利品。

船上的生活是很民主的，这在18世纪早期是具有革命性的。所有重大问题都要开会或者投票表决；只有受大家拥戴、领导有方的船长才能连任；获得战利品人人有份，而且份额均等。有的海盗甚至幻想着建立自己的海盗王国。

到1717年，加勒比海域的贸易已经瘫痪了。没有国家海军的保护，商船无法行进。海盗事件严重阻碍了英国在西印度洋和北美的殖民地的经济发展。1717年9月，英国国王乔治一世给所有海盗颁发了特赦令，只要在1718年9月5日前自首的全部予以特赦。英国设立了新的法庭，审判不肯投降或者是那些重操旧业的海盗，英国皇家海军和以前的海盗们也无情地跟踪追捕这些残余的海盗，誓将他们铲除。

1724年，自称为查尔斯·约翰森船长的先生出版了一本关于海盗的历史书，名为《抢劫与谋杀——声名狼藉的海盗通史》（*A General History of the Robberies and Murders of the most notorious Pirates*），虽然有人认为该书作者其实就是《鲁滨孙漂流记》的作者丹尼尔·笛福（Daniel Defoe）[①]。书中创造了挂着骷髅旗航行海上的海盗们的现代形象，也给"黑胡子"（Blackbeard）、基德船长、巴塞洛缪·罗伯茨[②]、棉布杰克（Calico Jack），还有两位女海盗玛丽·里德（Mary Reed）和安妮·伯尼（Anne Bonny）这些大海盗们增添了神秘的色彩。从此，海盗的故事被许多作家大大浪漫化，其中苏格兰著名作家司各特（Sir Walter Scott）和拜伦（Lord Byron）都写过这类小说。也正是约翰森船长笔下的那些摆架子的恶棍们激发了作家罗伯特·路易斯·斯蒂文森（Robert Louis Stevenson）创作《金银岛》的灵感，也才有了1935年由埃洛尔·弗

---

① 丹尼尔·笛福（Domiel Defoe,1660—1731），英国作家，其代表作为《鲁滨孙漂流记》，由一个叫亚历山大·塞尔柯克的苏格兰海员在荒岛上的探险经历激发灵感创作而成。

② 巴塞洛缪·罗伯茨（1628—1722）：18 世纪最强的大海盗，3 年内俘获了 400 艘船只，在 1691—1723 年被称为海盗"黄金时代"。

林（Errol Flynn）主演的电影《铁血船长》中那样惊心动魄的故事。

这些书和电影都以1691—1724年的海盗黄金时期为背景，不过早在这之前，海龟岛（Tortuga）[①]的海盗就已经很猖獗。在19世纪20年代，海盗也曾短暂地繁荣了一阵儿。

海盗的生涯很少会像电影里所演的那般神气活现，他们顶多就维持两三年，最后的命运往往是被处以绞刑，不光彩地结束一生。虽然许多海盗都是残忍的虐待狂，但在他们的有生之年，人们也将他们视为浪漫英雄——以自己的活法生活的人。有了丰富的战利品，出生低贱的普通人也能过上富裕的生活，在船上当着国王和地主；而生活在同一时代的同僚们却在贫困和肮脏的环境中过着水深火热的生活。

当时，大多数人对他们的主人唯命是从。比如，在皇家海军里，大多数服役的水手们都是被强征来服兵役的，在有一丁点儿可能逃跑的地方，都不允许下船，还常常被鞭打。相反，海盗们则生活得自由洒脱，活在法律之外——他们大多数都认命了，决定过着精彩刺激的生活，哪怕这种生活可能时日不多。

① 海龟岛：位于海地西北海岸，属于多岩石的岛屿，该岛被一条大约五六英里宽的狭窄水道与大陆分离开来，从远处看形状非常像海龟，因此被称为“海龟岛”，是17世纪海盗盛行时的聚集地。在电影《加勒比海盗》中也曾经多次提起过它。

▲ 1935 年埃洛尔・弗林（Errol Flynn）出演了华纳兄弟电影公司制作的史诗般的海盗题材影片《铁血船长》。弗林在这部经典影片中成功塑造了一位海上罗宾汉的形象，从此名声大噪。

# 第一章　海盗入侵

加勒比海域上众多群岛的崎岖海岸线以及珊瑚礁，为海盗们形成了多重屏障，为他们提供了完美的庇护，他们可以时而从海上，时而从山上，突然袭击过往船只，杀得对方措手不及。对许多商船来说，听到“开船喽”（Sail ho）一声吼叫，接着看到的就是他们最害怕的场景：海盗船上飘着的带着骷髅的黑色旗帜——海盗来了。

1723年9月14日，正当从西非海岸装来了一船奴隶的“公主号”战舰接近巴巴多斯岛（Barbados）时，忽然发现一艘船向它迅速驶来，桅顶上飘扬着一面黑色的旗帜。靠近后才看清这艘船的甲板上架着8支枪，后来又看见还有10门回旋炮，船上有30～40名海盗。

“公主号”上45岁的船长约翰·维克斯帝（John Wickstead）意识到自己船上的武器装备远远不如海盗们的强大，他下令加大风帆，试图超越海盗船。但是船上载重太多，速度有限，海盗船很快就赶了上来，向他们开火。到了晚上8点，海盗船靠上了“公主号”，海盗们命令维克斯帝船长送过去一艘救生船。海盗们跳进船里，划回“公主号”并将它拿下。副手——24岁的高德史密斯·布罗尔斯（Goldsmith Blowers）和船医——25岁的约翰·克若福特（John Crawford）被扣了下来。海盗们在他们的指间缠绕了导火线，逼他们指路，说出黄金藏在什么地方。海盗们很快发现了至少54盎司黄金，他们开始到处搜索，在“公主号”上搜出两挺后甲板机枪、两挺旋转机枪，连同火药、手枪，还有商船甲板长和枪手们的存货一起，搬上了他们的单桅帆船。同时，他们也掠走了11个奴隶，每个奴隶在当时价值500英镑，还有木匠的助手詹姆士·塞吉维克（James Sedwick）和医生的助手威廉·吉本斯（William Gibbons）——海盗们总是会把他们需要的手艺人留为己用。另外也有两位海员加入了海盗的行列，他们分别是亨利·温（Henry

Wynn)和罗伯特·阔普(Robert Corp)。这也不是什么奇怪的事情，总有这样的事发生。把“公主号”上所有值钱的东西洗劫一空以后,海盗船长乔治·劳德(George Lowther)下令他的“漫游者号”扬帆而去，只留下船长维克斯帝和剩下的船员们继续朝巴巴多斯岛前行。

▲图为海盗与被囚禁的俘虏们。插图选自《霍华德·派尔的海盗故事丛书》。

一般很难找到海盗的受害者们第一手的叙述材料，因为他们基本上都活不了。这份材料得以保存的原因是在事发一个月后,“漫游者号”在委内瑞拉海岸附近的白朗科岛(Island of Blanco)上整修，船上的枪支火药都被卸了下来，船身也倾斜着，以便修理。这时正好英国皇家海军（HMS）的“鹰号”发现了这艘毫无防备的海盗船，海盗船长逃跑了，但是其他大部分海盗被捕，亨利·温和罗伯特·阔普自然也落入法网。1724年5月11日，圣基茨岛上的（St. Kitts）海事法庭对亨利和罗伯特进行了审判，船长维克斯帝对“公主号”受攻击的描述就来自当时的证词。

# 俘虏萨缪尔

在这起事件发生的 4 年前，北大西洋的灰色水域也发生了类似的攻击事件。1720 年 5 月 29 日，商人萨缪尔（Samuel）带的商船运载着一船的铁器、一包包一箱箱装好的各种货物，还有 45 桶枪药,从伦敦港口出发前往波士顿。在船长萨缪尔·凯利(Samuel Cary）的带领下，船上还有 10 名船员、3 名乘客。7 月 13 日，船已经行驶到纽芬兰岛（Newfoundland）以东 40 英里了，这时两艘船突然闯入他们的视线。不一会儿，这两艘船就开始开火，并升起了海盗旗。其中较小的那艘船重约 80 吨，船上有 10 门炮，桅杆上飘扬的英国国旗上还装饰着 4 个熊熊燃烧的火球。较大的那艘船重约 220 吨，三桅，船上装备有 26 挺机枪，桅杆上飘扬的则是底色为黑色、带骷髅和短剑的海盗旗帜。萨缪尔的船上只有 6 门大炮，火力显然弱于敌方;再加上敌方每艘船上约有 100 名海盗，人数是自己的 20 倍，萨缪尔寡不敌众。

按照海盗们的指令，萨缪尔船长走到海盗船的甲板上，这时最臭名昭著的海盗船长——威尔士海盗巴塞洛缪 · 罗伯茨上前和他打了个招呼，罗伯茨上个月在东海岸作案数起，单单在一个港口，他就抢劫并烧毁了不下 17 艘船。

罗伯茨的手下蜂拥冲上萨缪尔的船，用他们的短剑和斧头，把舱口砍破，把值钱的东西都掠走，剩下的要么砍坏，要么扔进水里，“他们还一边诅咒，骂个不停，个个都不像人了，十足的恶魔”。海盗们把萨缪尔的枪、船上的备用小船、绳索、食物存货都抢走，把船上的定锚缆线都扔了。他们还抢走了40桶枪药，声称他们永远不会接受国王的宽恕。然而，如果他们真是极恶不赦的话，就会直接用手枪向这堆枪药开火，这样“船上所有人就快乐地去地狱了”。除了船长和一个爱尔兰人，其他的船员们都被枪逼着，被迫在海盗船上做苦力。同时，船上的乘客也做好了随时死去的准备。

海盗们正商量着如何处置这艘船，究竟是将它弄沉还是在船上放火，这时看见另一艘商船驶入视线，于是他们顾不上这艘已被掠夺得一文不值的船，急忙向新的猎物追去。凭借着优秀的驾驶本领，船长和他唯一的幸存船员，在3名乘客的帮助下，将船开到了波士顿港口，在此船长向公正人希勒（Joseph Hiller）讲述了这个经过。

▶一艘后桅上飘扬着黑色旗帜的小海盗船，攻击了一艘商船。海盗们一般把大炮当做备用武器，不直接用来炮轰，因为他们希望尽可能地保持战利品的完整。

# 海盗艾伦·史密斯

关于被海盗袭击的受害者感受，艾伦·史密斯给我们留下了更为完整的叙述。他是在牙买加金斯敦（Kingston）的商用双桅横帆船“和风号”里第一个签约的人，他要一边工作一边搭船回英国去结婚。船主是拉姆斯登先生（Mr Lumsden）。那年春天，庄稼收成不好，装船较慢，史密斯急着回去，所以就买了些咖啡来装船。尽管如此，船还是在6月底才装完。乘客有顾伯上尉、五六个孩子，还有个黑人女佣。“和风号”穿过海湾，驶向牙买加皇家港，这时又有“一位黑人女子”上了船，以及几个孩子和一位不知身份的乘客。

第二天早上，他们扬帆起航，驶往英格兰。起初风平浪静，天气宜人。但是很快他们就遇到了来自东北方向的强暴风，暴风雨后巨浪滚滚。此刻，史密斯开始质疑拉姆斯登船长的能力了，这位船长不断地向他询问意见，他后来才知道拉姆斯登船长大部分的海洋生活都受雇于海洋煤矿贸易，而对横跨大西洋航行没什么经验。船长问史密斯要迎风还是背风行驶，史密斯说迎风的话将要花更长的时间，但是如果背风行驶就有可能遇上海盗。不过，拉姆斯登船长还是采取逆风的策略，向大开曼群岛（Grand Cayman）驶去。此时，风已经小了许多，他们航行了4天才到达大开曼群岛，这里的当地人坐着独木舟出来卖给他们鹦鹉、乌龟和贝壳。后来，“和风号”从这里出发向圣安东尼奥角（Cape St. Antonio，古巴的西南角）行驶，在路上，他们遇见了来自加拿大新不伦瑞克（New Brunswick）的“圣约翰号”（St. John's），一艘纵帆式帆船。

第二天早上，“和风号”绕着圣安东尼奥角，借着清新的微风向东行驶。天气很好，他们还能看见在前方的两艘帆船。下午两点，史密斯和顾伯上尉在甲板上散步，这时看见一艘纵帆式帆船向他们驶来。

“船的外形很可疑，”史密斯说，“我马上用望远镜仔细查看。”很快他判断这是一艘海盗船。他告诉了顾伯上尉，他们又赶紧告诉在船舱的拉姆斯登船长发生了什么。在甲板上，史密斯指着那艘纵帆式帆船，建议船长改道航行，而拉姆斯登船长却执意拒绝，他坚信自己船上的英国国旗会保护他们的。

半小时以后，他们看见海盗船的甲板上站满了人。拉姆斯登船长终于决定要改变航线了，但为时已晚，海盗船的枪支已经能直接命中他们的“和风号”。当海盗船靠近到能听见吆喝声的时候，海盗命令“和风号”放下舢板，并且要求船长过来。拉姆斯登船长假装听不懂，海盗们就用火枪狂扫了一阵儿，船长只好下令让船减速。

这时，海盗的纵帆式帆船上放下了一只小船靠近“和风号”，十来个“长得凶神恶煞，手持火枪，腰配短剑和大刀”的海盗跳上船，抢占了“和风号”。他们命令拉姆斯登船长、史密斯、顾伯上尉和船上的木匠上来划这艘船，并要划到海盗船那边去——“他们把短剑的柄压在我们的背上，威胁说如果不从命就杀了我们，”史密斯说。当他们把船划过去时，拉姆斯登船长记起他不慎将船上货物和钱财的账本落在了自己船长室的桌子上。

当他们把船划到了海盗船边，海盗头子命令他们到甲板上来。“他是我所见过的长得最粗野的人，”史密斯说，“他大约5英尺6英寸高，很强壮，鹰钩鼻，颧骨突出，嘴巴很大，眼睛也很大，面色苍白，头发乌黑，看起来大约30岁。”

一开始史密斯以为他是个印第安人，后来才知道他的父亲是西班牙人，母亲是尤卡坦人。这个海盗船长用不太连贯的英语问拉姆斯登船长前面是什么船，拉姆斯登船长回答说是两艘法国商船，于是海盗船长马上命令手下上前去拦截。后来他又问拉姆斯登船长他的船上装了些什么，拉姆斯登船长说船上有糖、朗姆酒、咖啡、葛根、用来染色的巴西苏木。他们还盘问路上遇到的加拿大新不伦瑞克来的商船上有没有钱币，武装得如何。

然后海盗问拉姆斯登船长他们的船上有没有钱币，船长回答说没有，一个都没有。

海盗头子说：“先生，别以为我是傻瓜。所有开往欧洲的货船上都有钱，如果你肯乖乖地交出来，我就不找你的碴儿，放你前行。”

拉姆斯登船长重复说真的没有钱，海盗头子说如果没有的话，他们就要开始搜船了，如果发现有一枚钱币的话，全船的人和这艘船都要一起被烧死。他还问了船上有没有蜡烛、葡萄酒或者是一种叫 Porter 的黑啤酒。拉姆斯登船长说都已经没有了。

当时天色已暗了下来，微风也散去了。海盗船没有追上法国商船，都返回到“和风号”上。在路上，海盗们准备了晚餐，还请“和风号”的船员们喝点儿烈酒，可是拉姆斯登船长、顾伯上尉还有史密斯三人都拒绝了。

海盗说史密斯要被扣留下来当他们的航海员，他不同意，谎称家里有年老的父母，还有妻子以及三个孩子等着他回英国去，拉姆斯登船长也说没有史密斯，他就失去了导航的好帮手。

海盗头子恶狠狠地对拉姆斯登船长说："不留他可以，那么我就留你！"

海盗们走开以后，拉姆斯登船长对史密斯说："看在上帝的分上，不要再违抗他了，不然他就把我留下来了。你是个单身汉，我还有一大家子要养活呢，没有我，他们一个个都会变成孤儿，准得饿死。"

他保证，只要他一获自由，就马上请求军舰来搜捕海盗船。他将告诉世人他们所遭遇的不幸，请劳合社（Lloyd's）赔偿他们的损失，不会让史密斯被人误会他已经沦为海盗了。他还泪流满面地说，他会把史密斯的东西运回给他在英国的家人。

很快晚餐准备好了，海盗船长要求他们一起来吃，这些可怜的人儿不敢不从，生怕冒犯了他。

史密斯说："我们的晚餐有小碗装着的面包，配上切得很好的蒜和洋葱。有的人就直接用手抓着吃，有的人则手边有什么工具就用什么工具，整个场面很混乱。"

晚饭中，拉姆斯登船长请求允许他回去看看那些孩子，他不在孩子们会很害怕的。史密斯要求跟着回去拿点东西，海盗头子说要等两艘船抛锚后，他会亲自陪他们回去。

当海盗船靠近"和风号"，海盗船长下令发射了一颗信号弹。回应着海盗船长的信号，"和风号"跟着海盗船朝近海岸开了一些。当水手们将船沉下 14 英尺，他们把船停住了。这时拉姆斯登船长和海盗船长往"和风号"开去，而顾伯上尉、史密斯和木匠则只能留在帆船上。很快，海盗们就找来了顾伯上尉的导航用精密时钟、史密斯的望远镜和一些衣服，还有船上的小望远镜、一只山羊。海盗们把活生生的山羊直接割断了喉咙，并且威胁说如果找不出钱，就要像这样杀了他们。他们叫这三个男人在楼梯上睡觉，可是他们怎么能睡得着呢？木匠告诉顾伯上尉和史密斯，船长自己确实藏了不少钱，这个晚上他们都在讨论自己的命运会怎么样。

天亮了，他们看见海盗在“和风号”的甲板上鞭打着船员，他们很害怕，非常担心自己性命不保。然后，船上的海盗开始搬走货物，船员给了他们三个一点儿咖啡，喝了咖啡，他们的精神也好了一些。

到了早上 7 点，海盗船长回到了他的船上，手里拿着许多劫来的东西，其中有些是史密斯的。然后他把短剑在史密斯头上晃了几下，命令他去把导航所需要的东西都搬过来。

“你最好给我小心点儿，乖乖地听话，否则我把你的皮剥下来。”他又晃了晃手中的短剑，威胁史密斯。

回到“和风号”，拉姆斯登船长再次祈求史密斯不要拒绝海盗头子的要求。在船长室里，史密斯发现柜子已经被砸成碎片，里面的东西，有两个钻石戒指和其他值钱的东西，都被抢走了。其中一名船员将史密斯委托他藏起来的一块金表、一个六分仪[①]还有其他几样值钱的东西还给了他。史密斯把这些东西连他剩下的衣服一起装了起来，他把自己的书、鹦鹉和其他随身物品交给拉姆斯登船长，委托他回到英国后交给他的家人。

同时，海盗船已和“和风号”绑在了一起，海盗们开始把乘

① 六分仪：由分度弧、指标臂、动镜、定镜、望远镜和测微轮组成，适用于船上观测天体高度和目标的水平角与垂直角的手持仪器。

客的私人物品往自己船上搬。史密斯努力保护顾伯上尉的桌子，说这是他的桌子，里面除了一些文件，没有其他的东西了。

▲艾伦·史密斯，“和风号”的一名船员，他被海盗抓走以后，拒绝了他们的工作邀请。比较戏剧化的是，最后海盗竟然放了他，让他安然无恙地回国去了。

海盗们还命令“和风号”的船员们将船上的货物一起运到他们的船上去。不一会儿，拉姆斯登船长就不用搬东西了，因为他要去安抚船上的孩子们，让他们别再哭了。等到东西都运完了，拉姆斯登给海盗头子看了货物清单，他只要了靛青、葛根和一些咖啡。一些巴西苏木挡在了路上，拉姆斯登下令他的船员把它们扔到海里，而海盗船长却要船员住手，说拉姆斯登扔掉这些木材是为了谎称木材被偷了，以便诈取担保人的赔偿。

海盗们又命令“和风号”的船员们把船上的一些桅、桅横杆、圆材拆下来，搬到他们的船上去。他们还把孩子的耳环抢走，连他们床上的毯子都不放过，船上的淡水和家畜大部分也被抢走了。接着，拉姆斯登和顾伯上尉被带到后甲板上，要他们供出钱藏在哪里，如果不说的话，就要把他们连船带人一起烧掉。拉姆斯登还是坚持说没有钱，海盗们火了，把船上的孩子带到海盗船上，把拉姆斯登和顾伯上尉两人锁在水泵房里，在房门口堆起易燃的材料。最后，拉姆斯登终于承认船上有钱。他被带到一间船室里，取出了一小盒子的西班牙金币。海盗们高兴地欢呼起来。拉姆斯登坚持说这就是他所有的钱了，可海盗头子不相信，又命令把他带进水泵房里。

这时他们开始盘问顾伯上尉，他开始也说没钱，海盗们才不相信这一套，他们同样堆上了易燃材料，要把他烧死。顾伯只好承认，他还有 9 个西班牙金币，他说这是他所有的钱了，而且这些钱也不是他本人的，这钱是他受别人之托，为一位现在可能就快要饿死的可怜寡妇保管的。

“别跟我哭穷，”海盗船长说，“我自己就是穷人，是你的国家让我这么穷的。我知道船上肯定还有钱，要么把钱交出来，要么我就连人带船一起烧掉。”

顾伯上尉也再次被带进水泵房里，海盗们开始在船上点火。

当火焰靠近他们时，拉姆斯登和顾伯大声叫唤，乞求饶恕，他们祈求把他们扔到一艘小船上，宁可被大海的浪涛卷进海里，也不要被烧死。因为海盗船长可以留着他们的“和风号”，如果船上还有钱的话，他们必定能够找到。

这时海盗头子才相信他们说的是真的。他命令海盗们灭火，还让史密斯和孩子们，还有其他“和风号”的船员们都回到自己的船上去。海盗们开始大吃大喝，畅饮他们的战利品。酒足肉饱以后，海盗头子命令自己的手下都回到海盗船去，把史密斯也带上。史密斯稍稍犹豫了一下，海盗就向他拔出了刀，警告他如果不从命的话，就剁掉他的脑袋。史密斯很镇定地说他不是不遵从命令，而是要几分钟和拉姆斯登船长交代下自己的事情。得到允许后，史密斯劝说拉姆斯登船长签下他所购买的咖啡装载和约，还有 1810 先令[①]的期票，并交付给一位在伦敦的叫做沃森的先生（Mr. Watson）的船用杂货商人。事情办完以后，他走上了海盗船。

海盗船长问史密斯有没有手表，史密斯如实回答说有。海盗船长接过来看了看，暗示说自己很喜欢这块手表。史密斯说这是他年迈的母亲送给他的礼物，估计他再也见不着他的母亲了，他想委托拉姆斯登船长将这块表交还给他的母亲，可又担心会被其他海盗抢走。

“你们这些人真是对我们有偏见，”海盗船长说，“不过我会让你相信其实我们并不是你们所想的那么坏。跟我来，你的手表会安全到家的。”

① 先令：1971 年以前的英国货币单位，20 先令为 1 英镑；12 便士为 1 先令。

海盗又把史密斯带回到了“和风号”，将手表交给拉姆斯登船长，然后告诉他们的人不要以任何借口把它拿走。史密斯又利用他的职位修好了舵扇和船主儿子的衣服。道别完之后，他又被刀挟持着带回去了。海盗船长问他是否已经有了导航所需要的一切，如果已经都准备齐了，以后就不能再有别的借口了——“如果我再编什么借口的话，他肯定会杀了我的。”史密斯这么说。海盗们割开绳索，把“和风号”放开，拉姆斯登船长终于可以前行了，不过他不能前往原目的地哈瓦那，因为这是海盗们要去的地方，如果拉姆斯登船长挡了他们的道，那就要叫他们船毁人亡。

“和风号”终于起航了，拉姆斯登船长把自己的小船的绳索都割下来，让这些小船随水漂流。

“看那个无赖，”海盗船长说，“他把自己旧的小船都放走了，等他回国肯定说是我抢走的，这样他就可以从担保人那里得到新的船了。不行，我可要写信给劳合社，不能让他得逞。”

# 海盗和女人们

在“和风号”上的女人们后来究竟怎样并没有记载。一般说来，在海盗的手上，她们没有好下场。最声名狼藉的海盗“黑胡子”就常常勒死掠来的女子，再把尸体扔到水里。与他同时代的史泰德·博内特（Stede Bonnet），被认为是唯一一位让他的受害者走铺板投入水中淹死，并且不抓女人的海盗头子。在他的船上，海盗们既不想要女人，也不需要女人。人们认为博内特成为海盗的首要原因是为了逃离他那泼妇般的妻子。

在其他情况下，男囚犯们会被屠杀，女囚犯们则被随意扔进海里，就像是多余的商品被扔掉一样。是的，早期许多海盗由于很少有时间接触女性，就成了同性恋。在只有男人的巴巴利亚海盗的世界里待了几年以后，海盗们只好转向对船上的伙伴们进行性虐待，或是虐待船舱里的少年以满足其欲望。

后来，随着海盗群落的壮大，他们引入了妓女，但是和她们之间几乎没有爱情可言。即使是结了婚，一样常常被交易、被出售，还会被偷走。《鲁滨孙漂流记》的故事主人公原型苏格兰水手亚历山大·赛尔柯克（Alexander Selkirk）就与一女子私奔，后来又抛弃了她，再娶了一个。一名叫威廉·戴维斯（William Davis）的海盗娶了一位非洲女子，后来因天气太热、口渴难耐，就用她换了一碗潘趣酒，大大惹怒了他的岳父岳母。据记载，还有一位不知名的海盗给了一个妓女 500 西班牙金币，就是为了看她的裸体。

海盗们也会在当地女人身上找乐子，据说买下她们比强暴她们更容易。据船长威廉·考利（William Cowley）说，有一个部落的男人如果他们的妻子被同一部落的其他人占了便宜，他们会很嫉妒；但他们却会毫无疑虑地与欧洲海盗们分享他们的妻子。而船长威廉·贝塔（William Betagh）则提到有个加利福尼亚印第安人部落，“只要用一把生锈的刀作威胁，或者用一碗浓牛奶来交换，任何男人都可以与一个当地女人过夜。”不过，1719 年，船长贝塔贴出告示，下令如果有人被发现在掠来的船上喝醉酒，或者与船上女子（无论是黑人女子或者白人女子）有不检点行为，一律要受罚。用他的话来说，他的船员们不会极度渴望用女人来满足自己的性欲。

从奴隶船上释放的黑人女子有时被当做礼物，奖赏给表现突出的海盗们。船长伍德兹·罗杰斯（Woodes Rogers），一名英格兰海盗，后来成为了巴哈马群岛（the Bahamas）第一位皇家总督。他在 1709 年把他的“年轻的牧师送到岸边，并按这位牧师的意愿，将船上最年轻漂亮的黑人女子送给他……这位牧师非常满足地离开了我们，并时不时从他的帽檐下，瞟一瞟他的黑天使，我们一点儿都不怀疑他会为她打破戒律”。

也有的女子被抓来以后被强暴了。美国海盗查尔斯·吉布斯（Charles Gibbs）就称自己杀过四百多人，有一次袭击了一艘从库拉索（Cura.ao）[①]开往荷兰的航船后，所有乘客，无论男女都被杀害，

① 库拉索：一座位于加勒比海南部，靠近委内瑞拉海岸的岛。该岛为荷属安的列斯群岛的一部分，是荷兰王国的自治领。

只有一个漂亮的荷兰女孩当时幸免了。她被带到古巴的西岸，关在一个小堡垒里两个月。吉布斯说："这个女孩所受到的虐待，随便一想都让我自己毛骨悚然。"后来，为了保护自身的安全，他们决定将这个女孩处死，命她服毒自尽，尸体被扔进大海里。

但是，对待欧洲女子，海盗们常常表现出令人惊讶的尊敬。在名为"复仇号"的船上，船长约翰·菲利普（John Philips）曾下令："无论任何时候我们遇见正经的女子，有人未经她本人同意，对她动手动脚，将被马上处死。"在巴塞洛缪·罗伯茨的"公主号"，一名昵称为小大卫（Little David）的海盗宣称自己要为掠来的女子们当守护和警卫。虽然这种做法事实上并未奏效：在防止船上其他成员骚扰她们的同时，他自己却强暴了她们。

以血腥著称的船长亨利·约翰逊（Henry Johnson）却保护了一位名为格罗夫斯夫人（Mrs.Groves）的女乘客免遭强暴；1697年攻击卡塔赫纳①时两个巴巴利亚海盗因为杀了两个女子而被判处死刑。1668年船长亨利·摩根（Henry Morgan）在抢占波特贝洛（Portobelo）时，告诉他的手下，对待女子要豪爽宽待；占领了圣卡特琳娜岛（St. Catalina）以后，女子们被锁在教堂里，以免受到伤害。虽然他这么做可能是为了得到交换人质时的赎金，但在一定程度上，也保护了这些女子。

在巴拿马时，摩根船长自己就霸占了一位西班牙美女，而他并没有强迫这位女子成为他的妻子，而是为她准备了私人住处，将他自己桌上的食物分给她，还专为她准备了厨师，但这些诱惑都

① 卡塔赫纳：是西班牙殖民时期进入南美大陆的主要港口，至今仍是哥伦比亚最大的港口、保存最好的西班牙要塞。

▲船长亨利·摩根（1635 — 1688）威尔士巴巴利亚海盗，后来任牙买加的总督。插图选自艾斯克梅林所著的《美洲的巴巴利亚海盗们》。

没有使这位美人动心。屡遭拒绝后，摩根船长改变策略，开始不给她东西吃，企图将她饿死，还用其他方法来羞辱她，但她还是不肯屈服。其他海盗至少在对待欧洲女性时，同样也显示出了一些人性。1709 年，当伍德兹·罗杰斯和他的手下们占领秘鲁的瓜亚基尔（Guiaquil）时，他们发现一个房子里关了“十来个美丽的淑女”，虽然“她们有的将最大的金链子藏在身上，绕在腰间、小腿、大腿等部位，这些优雅的女士在这么热的天气里，身上穿的是薄薄的真丝和精细的亚麻面料的衣服……但我们的人在搜身查找黄金首饰时，都是把手放在她们的衣服外摸到的”。

曾在“和风号”当航海员的艾伦·史密斯在一位古巴女子的帮助下逃离了海盗船，抵达哈瓦那，结果却又被当成海盗抓了起来。后来他又被运回英格兰，在英国伦敦老贝利街的中央刑事法庭（Old Bailey）受审判，事实上他自己就是起诉的检察官。不过，他最后被宣告无罪，并和等待他多年的未婚妻成婚，还发表了许多他被海盗关押的故事，令人惊叹不已。

# 只有死人才不会泄密

史密斯是幸运的，因为通常海盗们的共识是：只有死人才不会泄密。1600年6月22日，英国海盗船“菲利普号”的船员们就看着一艘法国商船的全体船员被活活淹死。其中一名海盗在海事法庭告罪时说，他们在遇到“圣玛丽号”时也碰到了“仰慕号”和“副仰慕号”这两艘船。“菲利普号”的海盗们全副武装，而其他3艘船都是商船，没有什么武器装备。他们用法语叫“圣玛丽号”停下，盘问了他们的身份，从哪儿来，到哪儿去。在问完“仰慕号”同样的问题后，“菲利普号”就开始攻击了。“圣玛丽号”船体严重受损，“仰慕号”被打中了3～4炮。海盗们刚要将自己的船停靠岸边时发现有个舱门遭到破坏。他们只好先修舱门，“仰慕号”和“副仰慕号”趁机扯起风帆，试图逃离。“菲利普号”一修整完毕，马上就用大炮和火枪攻打3艘商船，船上瞬时燃起熊熊大火。他们将绳索扔上“仰慕号”，但是绳子断了，只好跳上“副仰慕号”，扯下旗子，这时船已经开始往下沉。他们只好带着抢来的枪支，回到自己的“菲利普号”。在这次的打斗中，9～10名海盗被杀——提供证词的海盗自己就亲眼看见一名同伴被杀死，另一人的尸体被扔到海里。“副仰慕号”的船长失去了一只腿，另一位船员也失去了一只手臂，剩下的人都“被射穿”，中弹身亡了。

回到“菲利普号”后，这名作证的海盗就到船仓里去了，等他半小时后回到甲板上，三艘法国商船只剩下一艘了。有人告诉他，“圣玛丽号”已经沉入海底。他还看见一些法国人在水里挣扎，去救他们的船又被他们的头儿给叫回了，因此，无一人获救。

▲只有死人是不会说话的。插图选自《霍华德·派尔的海盗故事丛书》。

# 第二章　私掠船

有了政府的捕拿外国船只特许证——实际上是攻击其他国家商船的许可证——私掠船迅速成为本国政府获利的主要来源，其他国家的威胁，尤其是西班牙殖民帝国为了巩固自己在新大陆的统治权，更是包庇其私掠船的猖狂行径。

1492 年，克里斯托弗·哥伦布（Christopher Columbus）发现的其实是加勒比，而不是新大陆。哥伦布自己曾是海盗，挂着法国国旗，于 1485 年抢夺从英国出发到葡萄牙首都里斯本的威尼斯有桨帆船。7 年以后他的航海旅程先在巴哈马的萨尔瓦多（San Salvador）着陆，那个地方后来被一个巴巴利亚海盗命名为华汀岛（Walting's Island），并作为了自己的海盗总部。后来他在古巴着陆，还以为自己到了中国，他的舰队被逆风送到了海地（Ayti，也叫 Haiti）。哥伦布似乎以为自己来到了日本，还将它重命名为 La IslaEspa.ola，意即小西班牙。他自己唯一一次踏足美洲是在 1498 年，登上了帕利亚半岛（Paria Peninsula），就是现在的委内瑞拉。他把这块地方当成了一个小岛。不过，他的航海旅程开启了通往埋藏在新大陆的无尽财富的大门。

▲ 1492 年，哥伦布率领三艘轻快帆船，分别命名为“尼娜号”“平塔号”和“圣玛丽亚号”（the Nina the Pinta the Santa Maria），开始了他伟大的探险航程。

# 西班牙征服者

1519年，赫尔南·科尔特斯（Hernán Cortés）带着几百号人手，远征墨西哥，1521年8月，摧毁了阿兹特克王国（Aztec empire，墨西哥印第安人）首都特诺奇蒂特兰城（Tenochtitlán），屠杀了十多万人，占领了这个国家。他派了3艘轻快帆船回国向西班牙国王查理五世汇报他的胜利战绩。为了展示西班牙新领土的财富，他用金杆银杆来装饰他的船，“铸金工艺出奇的精细”，300磅重的珍珠、“大如人的拳头”的祖母绿、玉器雕塑、羽毛面具、仪式穿的袍子，还有3只活的美洲虎。但在靠近亚述尔群岛的地方，这3艘船遭到了6艘法国私掠船的攻击，他们的首领是来自法国翁弗勒的基恩·弗罗莱（Jean Fleury of Honfleur）。结果其中2艘船被掠夺，于是第一批新大陆的战利品没能献给马德里的皇宫，而是献给了弗罗莱的资助人——法国迪耶普的简·安哥（Jean Ango of Dieppe）。5年以后，远至巴黎的人们，都见证了他在迪耶普外的瓦朗日维尔（Varengeville）新庄园里举办的化妆舞会，表演者们都穿着阿兹特克式的鲜艳服装在游行，但现在这个王国已经不复存在了。

西班牙统治者宣称弗罗莱盗取了他们在阿兹特克王国的战利

品，而法国则坚持说这是合法的战争行为——自 1494 年起，西班牙和法国就交战不断。全副武装的海盗船——被称为私掠船——正如弗罗莱的船，所获得的许可是世界公认的，法国国王弗朗西斯一世（Francis I）还鼓励拉罗谢尔（La Rochelle）、圣马洛（St. Malo）、迪耶普的海盗船横跨大西洋去寻找西班牙的宝藏。《托尔德西里亚斯条约》（Treaty of Tordesillas）中，西班牙出生的教皇亚历山大六世将新大陆瓜分给西班牙和葡萄牙，为此弗朗西斯一世愤愤不平地说："我倒要看看亚当的遗嘱上的条款是怎么写的，凭什么瓜分领土没有我的份儿？"

然而，去冒险的并不是弗朗西斯一世，而是弗罗莱。1527 年 10 月，在西班牙加的斯（Cadiz）与伊利萨尔的马丁·佩雷斯（Martín Pérez de Irizar）交战时，他不幸落入西班牙人的手里。西班牙当局决定将他与他的 150 名手下一起当众处死，而不用来交换战俘。

不过，这件事并没有把法国的海盗们吓跑。他们依旧在大西洋搜索更多的财宝。1525 年探险家塞巴斯蒂安·卡伯特（Sebastian Cabot）在巴西海域航行时，遇见了一艘法国的私掠船；1526 年阿库纳的罗德利戈（Rodrigo de Acu.a）的大帆船"圣加布里埃尔号"（San Gabriel），与前往麦哲伦海峡（Straits of Magellan）的加里亚·杰费里的探险船队走散后，就遭到 3 艘法国海盗船的攻击。由于在殖民年代伊斯帕尼奥拉岛（Hispaniola，即海地岛，位于拉丁美洲西印度群岛中部）盛行海盗，海盗的其他小舰队也在波多黎各（Puerto Rico）和圣多明各（Santo Domingo）出没。

1527 年，掠夺来的赃物变得更为丰富。西班牙探险家法兰西斯克·皮泽洛（Francisco Pizarro）和他十几个手下到达秘鲁，攻占了印加王国（Inca empire），把更为珍贵的金属和珠宝运回西班牙。同时，在墨西哥，西班牙人逼迫剩余的阿兹特克人开采出更多的黄金和白银。西班牙人只对墨西哥和秘鲁的财富感兴趣，对加勒比群岛没有什么兴趣，他们称之为“无用的岛屿”。这样，加勒比群岛就成了海盗们的天堂，他们有时也上岸弄点儿食物和水，再弄点儿木头来进行必要的船只维修。与其被凶残虐待他们的西班牙人剥削压迫，甚至屠杀，当地阿兹特克人和加勒比人更愿意被海盗统治。一个西班牙瞭望手这么记载：“我看到当地居民给法国海盗的待遇远比给那些来殖民和征服他们的西班牙人要好得多。”

# 法国私掠船

1529 年，法国和西班牙签署和平协议后，法国船队开始加大对美洲的探索力度，这一做法大大激怒了西班牙，因为它把美洲当做自己的专属财产。为了保障自己的利益，西班牙当局甚至把同西印度群岛（the West Indies）做生意的正经商人也当做海盗来对待，任何船上装载着美洲的物品都被视为海盗掠夺的证据，要处以死刑。

1535 年，法国和西班牙的关系再度恶化，越来越多的法国船只沦为私掠船。他们把基地建在巴哈马群岛，这里有无数的珊瑚礁——暗礁和沙嘴——使得他们可以在此偷袭西班牙的大帆船，从佛罗里达海峡（the Straits of Florida）或者在古巴与圣多明各之间的“向风海峡”（the Windward Passage）进行攻击。对来自秘鲁的满载珍宝的西班牙船队的攻击，导致了跨大西洋贸易的停滞，也成为 1536 年法国与西班牙之间爆发新的一轮战争的导火索。西班牙不得不派护航舰队保护商船，以便维持与美洲的贸易。战舰在塞维利亚（Seville）和加的斯（Cadiz）整装待发，前往圣多明各。商船装载着丝绸、平纹皱丝织品（taffera）、安达卢西亚（Andalusia）的葡萄酒、托莱多（Toledo）的剑，运送给新大陆的西班牙殖民者，回程则从秘鲁、智利、新西班牙——墨西哥运回黄金、白银、珍珠、祖母绿，同时也从西印度群岛运些糖、可可、香烟和兽皮回去。

▲ 1497 年 5 月，约翰和塞巴斯蒂安·卡伯特首次航海探险，他们的航船“马太号”（Matthew）在英国西部的港都布里斯托尔准备登陆。

尽管护航舰队从某种程度上给予了西班牙商船一定的保护，但是位于古巴、圣多明各和波多黎各的西班牙居民却很少有军队驻守。他们的领导者还警告马德里当局说只要有 100 个武装分子，就可以轻易地捣毁这些西班牙的驻地，即使在哥伦比亚港口卡塔赫纳（Cartagena）、委内瑞拉和巴拿马也一样。果然，1537 年，法国海盗偷袭了洪都拉斯（Honduras），抢走了9艘装运珍宝的船只。

1538年《尼斯停战协议》（The Truce of Nice）为西班牙和法国带来了和平，但是对阻止法国私掠船却无能为力，这些海盗怎么会轻易放弃到了嘴边的肥肉呢？1540年，他们抢劫了波多黎各的圣赫尔曼城（San Germán），1542年，法西两国又开始交战。第二年的2月，四艘法国私掠船又去袭击圣赫尔曼城，企图再进行一轮洗劫，不过这次两艘西班牙大帆船、两艘装着大三角帆的轻快帆船，载着250名志愿者从圣多明各赶来援助，追击敌人。5天后，在"圣克斯托巴尔号"（San Cristóbal）战舰艇总帅船长基内（Ginés de Carrion）的率领下，战舰追上了他们，其中一艘法国快帆被击沉，最大的帆船也被拿下，还抓了40名海盗。尽管这次西班牙胜利了，可是圣赫尔曼城的居民已经吓得不敢回去了，他们在瓜亚尼拉（Guayanilla）安置下来。同年6月，又有六艘法国私掠船在芬兰籍海盗瓦龙·罗伯特·瓦尔（Walloon Robert Waal）的带领下袭击了委内瑞拉海岸的玛格丽特岛（Margarita），还烧掉了委内瑞拉附近古巴瓜岛（Cubagua）上的1522年西班牙在南美洲的第一个殖民地——新卡地兹（Nuevo Cadiz）。同年7月，瓦尔率领400 ~ 500名手下在哥伦比亚的圣玛利亚港（San Maria）着陆，占领这个城市长达7天。他们把所有值钱的东西能带走的都带走，带不走的就破坏掉，最后还带走了4门铜制大炮。7月24日晚上，他带领450人占领了卡塔赫纳，强迫居民交出37500比索的钱币，后来又要了2000比索，不然就烧掉他们的房子。

1544年《克雷皮条约》（the Treaty of Crépy）再次正式地停止了法国和西班牙的敌对，但仍无法阻止这些私掠船。在新西班牙海岸，更多的西班牙殖民者的聚集地——委内瑞拉、哥伦比亚、厄瓜多尔——都被烧掉了；哈瓦那和古巴的圣地亚哥被法国海盗雅克·索合（Jacques Sores of La Rochelle）和弗朗索斯·勒克莱尔船长(Francois le Clerc)——西班牙人管他叫“独腿航海者”(Piede Palo）——洗劫一空。但这次，西班牙人开始报复了。在船长佩德罗·梅嫩德斯·德阿维莱斯（Pedro Menéndez de Aviles）的带领下，一支舰队冒着法国海盗的枪林弹雨驶进拉罗谢尔，抢回了被法国私掠船船长圣东日（Jean Alphonse de Saintonge）所掠走的五艘西班牙船只。德阿维莱斯的手下冲上圣东日的旗舰“玛丽号”(Marie)，杀死了圣东日和他的手下。1552年圣东日的儿子安托万（Antoine）企图为父亲报仇，袭击圣克鲁斯特内里费（Santa Cruz de Tenerife)，结果他的船中弹着火，安托万和他的手下及船一起沉入大海。

▼哥伦布第一次从新大陆探险凯旋后，朝见了资助他的西班牙国王斐迪南二世及伊莎贝拉一世。

# 英国插手

英国人在美洲有着自己独占的利益。1497 年，探险家约翰·卡波特（John Cabot）从英国西部的港都布里斯托尔（Bristol）起航，将都铎（Tudor）王朝的旗帜插在了缅因（Maine），宣布占领现在的美国和加拿大这一大片地区。不过这里的收获比起西班牙在南美洲的掠夺差了许多，所以英国人也不肯善罢甘休，开始了海盗掠夺。1545 年英国南安普顿（Southampton）的罗伯特·瑞内奇（Robert Reneger）偷袭了“萨尔瓦多号”，这是一艘运载着糖和兽皮的商船，从圣多明各驶回西班牙。起初瑞内奇只是要船长签字，把船上部分要交给西班牙当局的货物占为己有。后来他发现船上还有大量的黄金，船长哀求他不要告诉别人，因为这是作为海盗的战利品走私到西班牙去的。瑞内奇认为，黄金是任何人都可以自由掠夺的对象，他立即赦免了那些西班牙人。当西班牙当局知道了这件事时，伦敦已经以此为理由和马德里开出了外交交换条件。瑞内奇贿赂了海军上将和亨利八世，当他从海上退役时，他已是个富翁，还捞到了南安普顿海关总长的肥差。有了他的范例，巴尔的摩（Baltimore）和爱尔兰的许多农民由于收成不好，纷纷效法。基利格鲁（The Killigrews）和特雷梅尼斯（Tremaynes）形成了西方世界最强大的海盗联盟，即使在1554年英国女王玛丽·都铎（Mary Tudor）与西班牙国王菲利普二世（Philip of Spain）联姻后，这个海盗联盟也没有因此而削弱。当海盗不但可以赚钱谋生，而且还可以被看爱国的体现。此外，还具有宗教的意义：获取西班牙天主教的货物，这是每一个新教徒（Protestant）的职责。

# 法国海盗

当英国人正小规模地袭击西班牙船只时，法国胡格诺派新教徒组织了大规模的反对西班牙殖民者的进攻。1553年4月29日，8艘私掠船载着800名全副武装的海盗在圣多明各北部海域着陆，洗劫了拉亚瓜那（La Yaguana）和蒙特克里斯蒂（Monte Cristi）两个城市。第二年夏天，他们又袭击了古巴城市圣地亚哥。西班牙殖民者无法召集这么多武力来对抗来势汹汹的进攻者，只好败北。

这些胡格诺派新教徒中，雅克·索合这名原“蕾克蕾号”（Le Clerc）的海军上尉在特纳里夫（Tenerife）攻击葡萄牙大帆船“圣地亚哥号”时，表现突出，如同一匹黑马——作为一名虔诚的新教徒，他把船上的38名耶稣会信徒（Jesuits）扔进了海里。据说，他统率的舰队有“好几十只”私掠船。1555年7月10日，他们100来号人登陆古巴，距离哈瓦那1.5英里处，从背后袭击了有着12架大炮的炮兵连。在破晓时分，攻下了最后一架大炮，守护的24个人投降。索合的手下随后占领了这座城市，把他们的船开进海港下锚停泊，其中四艘船身倾斜以便维修。而后索合要求西班牙当局以钱来赎人，每个西班牙居民用500比索的西班牙金币交换，奴隶每人100金币，另外付3万金币就可以保住建筑。

西班牙政府并没有妥协，总督安哥路博士（Dr. Angulo）带着5名西班牙士兵、8名印第安人、220名非洲奴隶出其不意地进行了反击，结果却失败了，人质全部被杀害。索合对待奴隶特别残忍，他下令把大批的奴隶捆着双脚，倒挂在城墙上，以儆效尤。他的手下将哈瓦那夷为平地，方圆5英里都被洗劫一空。8月5日，海盗们又带走了堡垒里的12门炮，装在船上回去了。哈瓦那无人驻守的消息不胫而走，2个月后，又有16艘法国海盗船出现在这里，寻觅剩下的兽皮和其他战利品。

1559年，著名的法国海盗首领让·邦当（Jean Bontemps）和让·马丁·古德（Jean-Martin Cotes）率领的由7艘海盗船组成的舰队，攻击圣玛尔塔（Santa Marta）、哥伦比亚、新西班牙（即现在的墨西哥），可是遭到了印第安人的弓箭抵抗，因此没捞到什么好处。他们后来又沿卡塔赫纳海岸掠夺，收获较大。4月11日，400名海盗扛着重炮般的火绳枪上岸偷袭，这些侵略者歼灭了40来个武器不如他们的守卫，洗劫了这个城镇，不过城里的房子还留着，并以此来要求4000比索的西班牙金币。

与此同时，1559年4月法国的国王亨利二世和西班牙国王菲利普二世再次签署了和平条约。但是信奉天主教的亨利二世所签的条约对法国的胡格诺派新教徒并没有什么约束作用，尤其当7月份亨利二世在出席庆祝和平的锦标赛时被枪矛击中头部死亡以后，这个条约更是发挥不了什么作用。同年晚些时候，3艘西班牙的大帆船，包括一艘名为“圣玛利亚”（Santa María）的商船，船长是罗德里格斯（Batolome Rodriguez），都遭到抢劫；一艘开往哈瓦那的商船宁可在附近海岸卸货，也不愿冒险经过法国海盗盘踞的港口。

1561年，法国的胡格诺派新教徒还袭击了位于洪都拉斯北岸的波多黎各卡韦略（Puerto Cabellos）、特鲁希略（Trujillo），以及墨西哥的坎佩切（Campeche）。1561年7月海盗们第二次袭击坎佩切时，来了3艘船、30名海盗，当地人奋力反击，最后一艘海盗船和所有的海盗都被赶出了瓜纳拉岛（Guanaja）和洪都拉斯。3名胡格诺派新教徒被当场处死，其他的海盗被锁链套着送去了危地马拉（Guatemala）。

1572年海盗首领让·邦当在攻占西班牙属地库拉索（Curacao）时被杀死。他和70名手下一般都是速战速决打败对手，结果这次袭击遇上了倾盆大雨，他们的火药都派不上用场。邦当被箭射中喉咙，他的头被当做战利品送往圣多明各。

不过，这些失败都不能震慑法国的胡格诺派新教徒们。他们打算在美洲建立长久的基地以抢夺西班牙的珍宝船。1562年——英国在弗吉尼亚（Virginia）的詹姆士敦（Jamestown）建立起第一个美洲殖民地的45年以前——在来自迪耶普的海盗头子让·里博（Jean Ribault of Dieppe）的带队下，150名胡格诺派新教徒乘两艘海船和一艘大型单桅帆船在勒阿弗尔（Le Havre）看见佛罗里达海岸的圣奥古斯丁（St. Augustine）。他们转向北，一直驶向现在的南加利福尼亚，建立了一个小堡垒——查尔斯堡（Charlesfort）——在巴利斯岛（Parris Island）的南端。里博留下了20名志愿者驻守这里，由船长艾伯特（Albert de la Pierria）负责一切事务，他答应说6个月以后会带着武器装备和更多人手回来。然而，等他回到法国，法国正进行着大规模的宗教战争，于是他的回程被迫延缓。一年后，这个据点作废。1564年，里博的代表海勒·罗多尼（René de Laudonnière）率领3艘船，载着300名胡格诺派新教徒，使胡格诺派新教徒们最终回到了佛罗里达。他们在现在的杰克逊维尔（Jacksonville）附近的圣约翰河入河口处建立了一个大的领地，命名为“凯若琳堡垒”（Fort Caroline）。就像其他在美洲早期的殖民地一样，“凯若琳堡垒”也遭受饥荒、疾病、兵变，还有印第安人的攻击。为了逃脱这里的艰苦条件，一群殖民者抢了两艘浅水敞舱舰，重操旧业，当起了海盗。

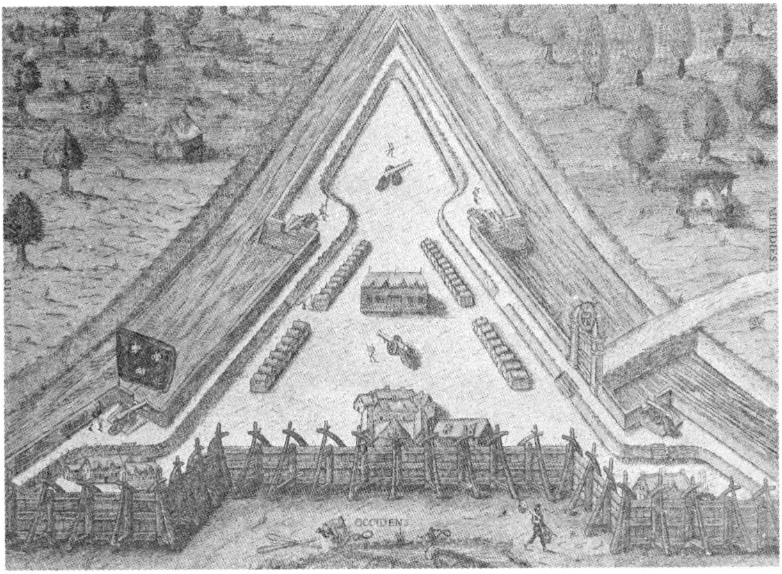


▲这是一幅（荷）狄奥多·德·布里（Theodore De Bray）所作的雕版，刻画的是1564年法国殖民者在佛罗里达海岸建立的凯若琳堡垒。

第二年，里博自己带着5艘船、600号人回到美洲，他自己也发现很难金盆洗手，在路上他们就截获了两艘小的西班牙珍宝船。这激怒了20年前圣东日（Saintonge）的仇人德阿维莱斯——他这时已被封为圣多明各之令的骑士。德阿维莱斯和他的旗舰“圣佩拉尤号”（San Pelayo），还有四艘僚舰在“凯若琳堡垒”外准备发起攻击，里博赶紧切断铁锚的绳索，逃回海上。他们停在圣奥古斯丁以南35英里处，躲过了德阿维莱斯。他们又从圣多明各派出两艘浅水敞舱舰来增援，这时德阿维莱斯的部队来了。1565年9月16日，一支扛着火绳枪的400人部队，挺进“凯若琳堡垒”。虽然遭遇了台风，不过四天以后，他们还是进攻了。

里博预见到了这一情况，他带着他的主力部队，大约600号人赶去“凯若琳堡垒”救援，企图占领圣奥古斯丁，从后面突袭德阿维莱斯。不过这场让对手迟到的台风，却让里博的船沉海了。他的手下被困海边，没有食物，没有水，也没有火药。“凯若琳堡垒”的120名防卫者缺少外援，寡不敌众，统统被杀，而西班牙士兵无一伤亡。70名妇女儿童被抓；而海勒·罗多尼、里博的儿子雅克（Jacques）以及大约60名幸存者成功逃脱，返回法国。攻占了“凯若琳堡垒”后，德阿维莱斯开始搜索里博的手下。10月10日，里博和他的手下投降了。他们的手绑在背上，还被割破了喉咙，尸体丢在圣奥古斯丁南部，现在叫做马坦萨斯（Matanzas）的地方——在西班牙语中这个词代表着“杀戮”；只有5个年轻人幸免于难。在卡纳维拉尔角（Canaveral Cape）附近的150名胡格诺派新教徒投降了，希望能免于一死。他们被关在“圣佩拉尤号”上，带往哈瓦那。但是在途中，他们发动叛乱，劫了船，开往丹麦。

西班牙殖民者将“凯若琳堡垒”重命名为“圣马特奥”（San

Mateo），因为他们是在圣马太（St. Mattew）占领这里的，留下一艘大帆船交由船长比利亚罗埃尔（Villarroel）负责。1568年，在加斯科涅（Gascon）海上游荡的高格斯（Dominque de Gourgues）率领 260 名胡格诺派新教徒，乘着三艘船包围了这里。由于寡不敌众，比利亚罗埃尔和他的手下试图趁着天黑从圣奥古斯丁南部逃跑。结果他们失败了，30 人被杀，38 人被抓。为了报复里博和他手下的惨死，这些人无一幸存。

然而，到此时，法国国内的宗教战争大大削弱了胡格诺派的实力，法国的海盗也开始走向衰弱。与此同时，英国的海盗掠夺却与日俱增。尽管英国在法国与西班牙交战时与西班牙结盟，但在宗教问题上却分道扬镳。1558 年英国女王玛丽·都铎去世，伊丽莎白一世继位，英国成为一个坚定的新教国家，而西班牙则用它在美洲掠夺的丰厚财富资助反新教活动（counter-Reformation）。自从墨西哥学会使用新的生产工艺，可以从中等纯度的矿石中提取银。这种从原以为不能使用的含量低的矿石里提取白银的新办法，使西班牙变得更富有了。不过，西班牙不但没有让友善的盟友们分享美洲的财富，连殖民地的贸易都不允许他们进行。

# 约翰·霍金斯爵士出海

1562年普利茅斯（Plymouth）商人约翰·霍金斯（John Hawkins）开始了他三次前往加勒比海的首次航行。他的船队有3支——120吨的“所罗门号”、100吨的“燕子号”，还有抢来的1艘葡萄牙船。他们先去了几内亚海（Guinea Ocean），装了300名非洲奴隶。1563年年初，他们到达圣多明各北海岸，霍金斯那时已经与一名叫洛伦索·贝纳尔多（Lorenzo Bernaldo）的西班牙人结仇了，他统领着120名轻快帆船的好手专门准备好对付霍金斯，所以这些黑奴被扣了下来。霍金斯交际很广，他已经将购买的一些货物通过西班牙船穿过塞维利亚航行，运回了英国。尽管此事引起了西班牙当局的注意，货物被扣押，但是霍金斯自己的船上运的东西足够多了，他马上就成为普利茅斯最富有的人。

当他1565年计划第二次航行时，他这次的航程吸引了不少支持者，有城市商人和金融家，甚至连伊丽莎白女王也鼎立相助。这次出海，他用了他的“所罗门号”、“燕子号”、50吨重的“老虎号”，还有伊丽莎白女王的船——700吨的“吕贝克的耶稣号”（Jesus of Lubeck），船上装备着30门炮。他们从塞拉利昂（Sierre Leone）买了400名黑奴，经由多米尼克（Dominica），到达玛格

▲英国伊丽莎白女王（1533 — 1603）60 岁时的“彩虹肖像”，她是英国海盗们的皇家支持者，不但颁发“私掠许可证”，而且赞助了诸多著名的海盗船长，如弗朗西斯·德雷克、沃尔特·罗利爵士。

丽塔岛打算卖出，但是西班牙人拒绝了这项交易。所以霍金斯就改航道向西，沿着海岸前往博布拉塔（Borburata），就是现在委内瑞拉的卡贝略港附近。经过一番“军事演习”，这里的人们愉快地接受了这项交易。由于西班牙殖民者至少是表面上不愿与其他国家做生意——他们试图以此来取悦马德里的统治者，因此这种假装抵抗的军事行动在加勒比海地区是很常见的。霍金斯采用同样的伎俩在里奥阿查（Riohacha）、哥伦比亚这么脱手他的货物，这次总的收获要比第一次大得多。

当霍金斯准备第三次出海时，西班牙大使向伊丽莎白女王抗议，而女王对西班牙的警告置之不理。然而，这次的航行却是个严重的错误。首先，弄到奴隶遇到了困难；其次，他派自己的年轻的表弟弗朗西斯·德雷克（Francis Drake）先去里奥阿查探路，结果自己的船被偷袭，经过短暂的枪炮战，德雷克赶紧撤走，封锁了港口。当霍金斯五天以后回到港口时，他的 200 号人手一起上了岸。他们打败西班牙守护者，迅速占领了这个城市。然后霍金斯派一名逃跑的黑奴率领一个分遣队去寻找西班牙的藏宝之处。

然后他们去了圣玛尔塔，轻松地打了场胜仗来显示自己的威力，当地长官被迫同意贸易。第二个月，霍金斯在卡塔赫纳重施旧计，不过这次西班牙人做好了准备，他们只好空手而归。穿过加勒比海后，他们继续往北，他的小船却遇上了飓风，被迫在现为墨西哥委拉克鲁兹（Veracruz）对面的圣胡安港（San Juan de Ulúa），寻找庇护。委拉克鲁兹这一带是美洲殖民地通往西班牙和欧洲的最重要口岸，又有香料、丝绸和珠宝来自东方，这里还是秘鲁和智利开采黄金和白银的地方。

霍金斯的小型舰队在半夜到达，放哨的人以为他们是每年这时候来运送白银的西班牙护航船。早上，霍金斯挂上假旗，大摇大摆地着陆，受到了专门的欢迎。这样，英国船就在西班牙的枪炮底下光明正大地入港。他们神不知鬼不觉地拿下了整个小岛，西班牙人才意识到原来他们是外国侵略者。霍金斯希望给船补充供给，进行些必要的修理，可是两天后，真正的海军护卫队到了，

▲在一次贸易航行中，弗朗西斯·德雷克爵士和约翰·霍金斯爵士的船舰在新西班牙停靠，西班牙偷袭了他们，结果只有两艘英国船逃脱了危险，弗朗西斯·德雷克爵士和约翰·霍金斯爵士幸免于难。

新西班牙总督恩里克斯（Martin Enriquez）共率领 11 艘大帆船来到这里。霍金斯放话出来说他可以允许西班牙护卫队入港，前提是他们要让英国船只修缮完毕，安然无恙地离开。由于多日穿越大西洋的海上航行，恩里克斯的船队已经没有什么食物和淡水供给，他只好同意了霍金斯的要求。不过恩里克斯并没有遵守协议。当晚，西班牙护卫队员偷偷爬上了英国船队旁边的废船，正当英国船长准备起航时，霍金斯有所觉察，下令开火扫射旁边的废船，这时西班牙护卫队冲上英国船，抢占了海岸炮台，向英国船队开火。战争持续了一天，6 艘英国船只，只有霍金斯所在的副旗舰“宠臣号”（Minion）带着 200 人和德雷克 50 吨的“朱迪思号”（Judith）成功逃离。岸上 100 人投降，然而，由于船上供给不足，最后回到英国时，船上只剩下 15 名存活者。

# 弗朗西斯·德雷克爵士

霍金斯曾经尝试着和印第安人进行贸易，结果失败了。现在这种想法变得更为实际。在 1568—1572 年，法国和荷兰的新教徒海盗们与英格兰西部海盗结为合作伙伴，英国海盗们接受了胡格诺派新教首领亨利（Henry of Navarre）的指令，在英国的怀特岛郡（Isle of Wight）这个著名的海盗出没的地方卖掉战利品。

1570 年，德雷克召集了一批人乘坐小船“龙号”和“天鹅号”偷偷横渡大西洋，重新回到了加勒比海地区。尽管关于这次航行发生了什么鲜有人知，但是人们一般认为他们一定是进行了海盗掠夺。他一直想为霍金斯在圣胡安港所受的失败复仇，而且他的父亲是非神职牧师，非常虔诚的清教徒，受他父亲的影响，他最喜欢的书是《殉教者书》（*The Book of Martyrs*），这本书中作者约翰·福克斯（John Foxe）生动描述了那些支持新教而遭遇不幸的清教徒们。他的探险经历已经为人所知，据说伊丽莎白女王给了他许可支持他的海盗行为。他航海的祷告词也很简单：“主啊，让我们富有吧！因为我们必须有黄金才能回英国去。”

第二年，他带着 25 吨的“天鹅号”再次闯入加勒比海，这次是和法国船舰结伴出航。一份当代西班牙资料详细记录了他进攻巴拿马地峡北侧的迪奥斯港（Nombre de Dios）的情况，“德雷克抢劫了在查格雷斯河（Chagres）上运送价值达 4 万达克特钱币（ducats）、天鹅绒、平纹皱丝织品的船只，并把它们都运回普利茅斯，和同伙分赃”。

1572 年，德雷克得到霍金斯的支持，乘着霍金斯的 70 吨的“复活节号”（Pascha）和他自己的小船“天鹅号”回到了加勒比海。这次，他获得了女王的“私掠许可证”，这意味着他对西班牙领地掠夺的海盗行为受到了英国女王的许可。船长詹姆士·罗恩斯（James Raunce）带着另一艘船和 30 个手下，也加入了他的队伍。他们在达里恩地峡选了一处隐蔽的驻点，将船停在那儿，并聚集了四条小船准备夜袭迪奥斯港。他们试图趁守备空虚时进行袭击，却在一次短暂守卫交接时，中央广场匆忙地聚集了一群民兵进行抗击，德雷克负伤了。罗恩斯船长因此离开了他们，但德雷克没有退缩，选择将船退转到墨西哥湾的圣布拉斯开始骚扰西班牙美洲殖民地（Spanish Main）——即现在的东至库拉索的南美洲大陆。第二年，当护卫舰进入到巴拿马港口时，德雷克的手下艰苦跋涉地进入浓密的丛林中，试图伏击从秘鲁出发穿过整个地峡运送珍宝的骡队。尽管他们得到了当地部落人、逃跑的非洲黑奴、印第安奴隶的帮助——他们都很痛恨西班牙人，并被称为“未驯服的人”（cimarrones）——行动还是失败了，因为有个水手喝醉了酒，惊动了骡马运输队。德雷克站在高高的山脊上，却看到整个太平洋上都是西班牙船舰。这次德雷克手下的一半人，包括他的兄弟，都死于黄热病或者丛林疮。不过两周以后，当一切似乎已经没什么指望时，奇迹发生了：德雷克终于在 1573 年 3 月截获装载着金银的一支骡马运输队，他们顺水漂流了 6 个小时，回到了自己的船上，满载而归。德雷克此次虎口拔牙，出奇制胜，立刻在英国成为家喻户晓的传奇人物。

## 周游世界

1577 年，德雷克带领 5 只小船，再次从英国出发，横穿大西洋。这次航行的目的是穿过智利南部的麦哲伦海峡，沿路打劫。出发前，女王亲自告诉他说，她“将很乐意被西班牙国王报复，因为我的海军也受过重创”。他们花了 16 天通过麦哲伦海峡，在这过程中，一次猛烈的风暴让德雷克的“金鹿号”同船队失散了，他的副手以为他的船失踪了，就回国去了。就这样，德雷克独自前行，乘着旗舰“金鹿号”直奔南美洲沿岸，这一路因为鲜有侵略者入侵，所以几乎没有设防。他的船队在瓦尔帕莱索（Valparaiso）打劫西班牙商船，为自己补充供给，其中一艘名为“卡卡弗戈号”（Cacafuego）的马尼拉的大帆船运载着“满满的 13 箱金属板、80 磅重的黄金、26 吨白银”。装载着黄金、白银、西班牙钱币、贵重石头和珍珠，这使得“金鹿号”载重过度，开始下沉，为了让船浮起来，他只好把船上的战利品扔掉了一半——即使是这样，这次航行也为他获得了 47 倍的回报。

由于船上珍宝太重，德雷克努力找到人们常常说起的西北航道回英国，他发现了太平洋西北湾，并宣布那片海岸为英国所有，取名为新英格兰（New Albion）。德雷克和他的手下是第一批看到现在的加拿大西部的欧洲人。由于寒流影响，“金鹿号”转向西行，经过了 68 天见不到陆地的航行，最后终于到达一些岛屿——很可能是遥远的帕劳群岛（Palau）。从这里，德雷克继续往菲律宾前行，然后是印度尼西亚东北部马鲁古群岛（Moluccas）——名副其实的香料群岛。在这个岛上，他和当地穆斯林国家的最高统治者达成协议，交易香料，而这以前一直是西班牙垄断的行业。

▲在冒险家、探险家及私掠船船长德雷克爵士的率领下，“金鹿号”完成了漫长且孤独的环球航行。

尽管德雷克的航海技术超级好，但是他所行驶的都是未知的水域，所以不可避免会撞上暗礁。然而，他成功地摆脱了这些灾难，来到印尼爪哇岛来补给。停靠爪哇岛以后，他继续穿过大西洋朝着好望角航行。此时已是他们穿过麦哲伦海峡的两年以后了，再次回到大西洋时，船上原有的100人只剩下了56人。

1580年9月26日德雷克的船队满载着珍宝和香料，回到了阔别已久的普利茅斯港。他再次成为了“民众的英雄”，这次航行是继麦哲伦之后的第二次环球航行，但德雷克却是第一个自始至终指挥环球航行的船长（众所周知，麦哲伦在菲律宾被土人做成三明治吃掉了）。他是第一位航行太平洋和印度洋的英国人。尽管西班牙人抗议德雷克在他们帝国的水域抢夺财富，但伊丽莎白女王不但没有处罚他，而且还重赏了他。德雷克船队满载财宝到达泰晤士港湾驶进普利茅斯港，受到隆重欢迎。女王接见了他，足足和他聊了6个小时，女王问了许多关于这段史诗般的航行问题，因为她也是股东。德雷克带回了数以吨计的黄金白银，丰富了女王的腰包，伊丽莎白女王在德普特福德（Deptford）登上德雷克的旗舰“金鹿号”，在甲板上授予德雷克骑士爵位。女王这么公开地给“海盗”授予皇家许可，大大鼓励了英国的海盗们，前往加勒比海掠夺的海盗数量由此而上升。

由于德雷克是佃农的儿子，女王的朝臣们和皇室成员都瞧不起他，可是伊丽莎白很喜欢他。1585年，德雷克再次出发前往加勒比海，此时的德雷克统率着2300名士兵和25艘战舰，其中两艘是女王陛下资助的：250吨的“帮助号”（Aid）和600吨的“伊丽莎白号”（Elizabeth Bonaventure）。其中“伊丽莎白号”是德雷克的旗舰。同行的还有400吨的大船“莱斯特号”（Leicester），爵士马丁·弗罗比舍（Sir Martin Frobisher）的海盗商船“樱草号”（the Primrose）。德雷克的命令是对西班牙帝国的实力造成尽可能大的损失。

▲ 1580年伊丽莎白女王在德普特福德登上弗朗西斯·德雷克的旗舰“金鹿号”，在甲板上授予他骑士爵位，以奖赏他环游世界为英国带回的财富。

首先，德雷克和他的船队向伊斯帕尼奥拉岛航行，这里他抢占了一艘西班牙商船，船上的希腊航船者告诉他最好的着陆的地方是圣多明各以西10英里处的吉安娜河（Jaina）的入河口。当晚，克里斯托弗（Christopher Carleill）带领800名人手上岸，第二天，德雷克率领这支庞大的舰队在这个港口驻留，西班牙舰队急忙派出两艘船来阻止他们的入侵。克里斯托弗的部队在正午时候从后面攻击西班牙船舰，两面受敌，西班牙舰队很快就投降了。德雷克占领了圣多明各，在此待了一个月。这期间，他们烧杀抢掠，向当地居民勒索赎金，总数多达 25000 达克特（旧时用于某些欧洲国家的各类金币）。

后来，德雷克率领他的英国舰队向西班牙在加勒比海最大的城市卡塔赫纳出发。总督佩德罗·费尔南德斯（Pedro Fernandez）听说德雷克来了，急忙召集他的守护者。他的部队有 450 名配备火绳枪的士兵、400 名印第安射手、100 名配备长矛的士兵、54 名驾船的好手，还有 20 名非洲黑奴在陆地候命。在这个港口，他有两艘武器精良的大帆船，船长是非常有经验的老手佩德罗·曼里克（Pedro Vique Manrique）。然而，尽管这个阵容很强大，但是佩德罗对德雷克的大名耳闻已久，知道自己很可能输给他。离开圣多明各一周以后，德雷克直接驶向卡塔赫纳的大港口，让克里斯托弗和他的 600 人部队先着陆，走陆路盘旋而上往北。与此同时，弗罗比舍守在博科隆（Boqueron）占领的阵地。第二天早上，克里斯托弗的部队先进攻，打败外部防线。西班牙的士气崩溃了，这时奴隶们趁机造反，大帆船只好逃回去了，士兵们也纷纷逃散。在斗争中，30 名英国士兵被杀，西班牙人死了七八个，不过第二天，抵抗就结束了。德雷克在这里也待了一个多月，这次的掠夺更为全面彻底，直到当地居民交了 107000 达克特赎金这些海盗才离开。

同样，德雷克在回英国以前，还洗劫了佛罗里达的圣奥古斯丁和佛得角群岛（Cape Verde Islands）的圣地亚哥。这次的抢夺规模空前，影响极具灾难性。西班牙银行崩溃了，威尼斯银行由此成立，其最大的债权人就是西班牙国王菲利普二世，德国的主要银行奥古斯堡银行（Augsburg）拒绝为西班牙君王继续贷款。即使是伊丽莎白一世主要大臣伯利（Lord Burghley），尽管他非常憎恶德雷克以及他的那些伎俩，也不得不承认“弗朗西斯·德雷克爵士对西班牙国王来说是个很可怕的人”。

这次探险经历使得以前所有的探险都相形见绌。从此，海盗的含义发生了偏移，逐渐朝向海军领域发展。海盗的数量也急剧增加，并且成为英国可以依赖的海上力量。伊丽莎白一世的时代见证了新一代海盗的诞生，在接下来的15年里，英国每年有100～200艘私掠船出现，平均每年要给英国带来15万～30万英镑的收益。

# 托马斯·加文迪希船长

德雷克的环球航行激起了萨福克郡（Suffolk）的托马斯·加文迪希船长的航海热情，他花了巨资装备他的船队，1586 年 7 月 21 日，他率领 3 艘船以及 123 名手下，从普利茅斯出发。通过了麦哲伦海峡后，他开始攻击太平洋沿岸的西班牙居住地。在加利福尼亚海岸,他发现一艘名为“圣塔安那”（Santa Ana）的珍宝船，于是双方开始交战，他们很快拿下了这艘船，并将 500 吨货物搬上自己的船队。“在智利、秘鲁、新西班牙沿海，”他在给自己的主人亨斯顿勋爵（Lord Hunsdon）写的报告里这么说，“我摧毁了很多船和居住地。被我们烧掉或者沉没的大大小小的船总计 19 艘；所有我们登陆的村庄和城市都被我们烧杀掠夺。”

当他经由菲律宾、马鲁古群岛、爪哇岛和好望角回到英国时，船舰只剩下“欲望号”一艘。1588 年重回泰晤士河时，这艘船的船桨镀上了一层金，最高的那根中桅用金片包裹而成，船帆的布料是南海和卡文迪什出产的多彩的丝草制成的，船员们穿的都是昂贵漂亮的丝绸织锦。

1591 年，他卖掉自己的部分庄园，也抵押了一些庄园，筹集经费，开始第二次航行。不过，这次他未能穿过麦哲伦海峡，在从北大西洋回英国的途中不幸去世，他怪这些“无礼叛逆的海员”造成了这次的失败。

1588年，西班牙“无敌舰队”（Armanda）的失败使得西班牙海军一蹶不振。在接下来的三年里，英国私掠船为英国带回了许多糖、兽皮，伦敦市场因此而大大繁荣了起来，航船也可以经由汉堡港以减少损失。这些受女王册封的海盗们已经非常富有，纷纷效力女王，繁荣英国的经济，其中有罗利爵士（Sir Walter Raleigh）、坎伯兰郡（Cumberland）和艾塞克斯（Essex）的伯爵们。萨福克郡的爱德华·格伦厄姆（Edward Glenham）卖掉祖传宅第，资助目的为攻占亚述尔群岛上的圣乔治岛（St. George's

▲图为约翰·霍金斯爵士、弗朗西斯·德雷克爵士以及托马斯·加文迪希船长的肖像画。

Island）的航行。当攻击失败后，船长带领手下们就开始掠夺过往商船，开始了海盗行径。罗利爵士面对弗兰西斯·培根（Francis Bacon）的谴责是这么替他的海盗同伴辩护的："你有听说过抢了百万的海盗吗？只有那些抢小东西的才称为海盗。"

# 海盗的民主

不过，海盗们主张自由意志主义的传统这时就已经开始了。不错，德雷克的确是要求下属严格服从纪律的，他是伊丽莎白时代为数不多的要求下属服从铁的纪律的船长。他的船队纪律严明，惩罚严厉：对长官拔刀的惩罚是砍掉一只手；侮辱船员的惩罚是从桁端（就是横杆端）上将头没入水中三次；被抓到偷窃的，要把头发剃光，用羽毛和滚烫的油浇在头上;值班时打瞌睡，或者赌博、玩牌以及“在混乱中讲脏话”亵渎了神明，都会被处以鞭刑或者放逐荒岛。不过，加勒比海的海盗们可受不了这么严格的纪律。约翰爵士的儿子理查德·霍金斯( Richard Hawkins )把船员们比做“脖子硬的马，用牙齿咬住马勒，强迫主人按他的意愿行事”。到了16世纪90年代，船长向海员咨询意见已是常有的事，海员们常常强迫船长改变线路或者改变航行目的。

从英格兰西部的港口城市布里斯托尔到英格兰东部的东安格利亚（East Anglia）西北方的方形入河口沃什（the Wash），年轻人们纷纷放弃他们的田地，放弃正在做学徒学的技术或者是原本熟悉的生活，投身海上，尽管他们很清楚自己走上了一条以生命来冒险的道路——随时可能患上坏血病、痢疾、坏疽，随时可能被淹死或是被遗弃，随时都可能死得很悲惨。他们盘算着，一年辛辛苦苦就赚 40 先令，而他们抢一条船分的赃就能比这多得多，还有他们自己从乘客或者船员随身带来的物品中抢来的东西，为什么要为这区区小钱而终日劳作呢？

每个人发现的东西都应该交到主桅处，在此大家按地位等级来分赃。不过，本来只是分点儿战利品，在分赃最兴起的时候，海盗们就像是批发商一样索性用麻袋来装。理论上来说，战利品的 1/3 都该归船员们所有。这就意味着能分多少要看船长的算术能力怎样，所以海盗们往往在抢劫的时候就先藏起一些，然后再大家一起瓜分。当私掠船“老虎号”的小头目威廉·艾维（William Ivey）被指控“偷藏货物”时，他说："这是佣金（shite on thy commissions）。”他和他的帮手一起，用刀戳着船长，威胁说要把他扔下船去。

船长们也不是那么审慎正直的：许多人把掠夺来的货物在突尼斯或者阿尔及利亚卖掉一些，或者让人走私到爱尔兰或者威尔士，以此填充自己的腰包。黑市操盘手也会买进一些，海盗们用这些钱来喝酒或者赌博。

官方对这些行为都视而不见。一位出名的商人乔治·凯瑞（George Carey）指出："女王陛下没有必要去窥视那些为她去冒险的人们做了什么坏事。”许多赞助者们甚至懒得去提取佣金，他们相信这些海盗们回到英国，他们一定会有钱赚，他们的投资一定会有回报。

1603 年威尼斯大使乔凡尼·司卡拉梅里（Giovanni Scaramelli）写回国的信这么说道：

人们对英国的仇恨是多么的正义啊！因为英国人正将整个世界搅得一团糟……他们不但不为自己的行为感到羞耻，反而以此为荣。女王的船舰顶多不过就她自己的十五六艘，她的收入不足以支持更多的开支，因此整个国家的海军力量和威望靠的是众多的海盗船来创造的。他们与政客为伍，共同分赃，因为这样就不会冒险被审查，他们的战利品通过这些政客们自己委任的执法机构来负责瓜分。这个不幸的王国已经从崇高的宗教信仰沦落到背离神的深渊。

海盗的生活吸引着英国那些叛逆不安分的灵魂。许多圆颅党（17 世纪中期英国国会中的一知名党派，发迹兴盛于 1642—1651 年的英国内战时期）的财富来自西班牙黄金，许多人很快积累了不少财富，也影响着国王至高无上的权力。不过这也有危险之处。德文郡一富农家庭的儿子约翰·奥森汉姆（John Oxenham）是德雷克的副官，1574 年他带着 70 号水手，乘着 140 吨的大船，远征达里恩地峡（Isthmus of Darien，现在的巴拿马地峡）。当地人警告说现在运黄金的骡子运输队都武装充分，他把船泊在水边的树丛中，用树枝树叶把船桅伪装起来。派四五个人留守船上，他与其他的海盗们徒步前行。

当他们到达一条流往太平洋的河流时，他们乘着一条小船，顺水直下。当他们到达巴拿马湾的珍珠群岛时，他们抢占了从秘鲁首都利马来的两艘珍宝船。抢劫完后，奥森汉姆犯了一个大错，他让这两支船队继续向巴拿马前行，西班牙当局很快接到报案，上前追击奥森汉姆，并且缴获了他的船队。奥森汉姆的手下被击毙，他自己被带往利马，绞死在大广场上。

西班牙无敌舰队的失败削弱了西班牙在荷兰的地位，荷兰新教徒们拒绝与西班牙做生意，也开始走向私掠和海盗之路。1593年，在阿根廷海岸10艘荷兰商船被缴获，船长们被绞死，船员们沦为战舰上的奴隶。西班牙当局对待与他们的对手进行贸易的人也一样残酷。1605年，圣多明各长官带着150名手下，来到伊斯帕尼奥拉岛西北岸的巴雅哈城（Bayaha），他宣读了西班牙国王的指令，谴责居民与海盗“走私成癖，造成了很坏的影响”，并且要求他们搬家到南海岸，以便监控。之后，整个城镇被烧。附近蒙特克里斯蒂、普拉塔港（Puerto Plata）以及拉亚瓜那的居民也都被驱逐，第二年舰队司令路易斯·法哈尔多（Luis Fajardo）亲自指挥舰队，沿海岸横扫这些地方，驱逐顽固分子。

休战12年后，1621年荷兰反对西班牙的独立战争再次开始，这给了荷兰的商船一个很好的借口从事海盗掠夺。1624年彼得·斯考腾（Pieter Schouten）率领3支船队穿过加勒比海，洗劫位于墨西哥湾和加勒比海之间的尤卡坦半岛（Yucatán Peninsula）北部海岸上的城市西沙尔（Sisal）和子兰姆（Zilam），并劫下了一艘从洪都拉斯运货回来的西班牙大帆船。第二年，瀚瑞森亚（Boudewijin Hendricksz）率领800人以及14艘大船入侵波多黎各，攻占圣胡安，将要塞重重围困，结果被击退，人员伤亡惨重。

不过荷兰人没有因此受挫。1628年，51岁的彼特松·海恩（Pieterszoon Heyn）——更出名的称呼是派特·海恩（Piet Heyn）——率领31支船队，带着1000名士兵，2300名水手和679门大炮，开始远征。他们在古巴北海岸马坦萨斯港口围攻了一支满载从墨西哥运来珍宝的船队。这次收获不少，利润高达700万荷兰盾。回到荷兰后，他们用了五天，才把几千箱的钱币和金币装在1000多匹骡子上，这个浩浩荡荡的运输队跟在海恩的马车后面，在阿姆斯特丹的街头行进，气派十足。由于西班牙错误地将经济发展寄希望于美洲的宝藏和矿产，这次海恩的胜利又给了他们沉重的一击。荷兰将这些钱财投入到独立战争的军备中去，最终于1648年取得了独立战争的胜利，摆脱了西班牙的统治。

▲图为海盗决斗的场景。插图出自《霍华德·派尔的海盗故事丛书》。

# 第三章　巴巴利亚海盗

海龟岛（Tortuga）的巴巴利亚海盗最初是猎人或者熏肉制品的贩卖者，后来又有逃跑的奴隶、有前科的罪犯、被遗弃的水手加入了他们的行列。这些海盗让新大陆与西班牙往返的珍宝船闻风丧胆。

当1605年西班牙居民被迫从伊斯帕尼奥拉岛东北海岸撤离时，他们留下了许多牲口，很快，这些猪和家畜就繁殖成群，在这里到处游荡。猎人由此而来。一些当地的阿拉瓦（Arawak）印第安人教他们如何在木头架子上熏肉，这种熏肉用的木架子用法语表达就是boucan，熏出来的肉就叫做viande boucanée。猎人们用这些肉和在北班达（Banda del Norte）港口停泊的船队换取一些朗姆酒、白兰地、衣服、香烟、枪支，枪支最好是法国南特（Nantes）或者波尔多（Bordeaux）的长筒枪，或是其他的一点儿供给。这样，商人们就把这些猎人称为boucanier，因此相应的英语词buccaneers就成了海盗的另一个名词，又称巴巴利亚海盗。有趣的是，这个词语在英文中保留了下来，而法语中海盗用的是flibustiers，或者是filibusters。

他们也卖些牛肉和猪肉干、兽皮、牛羊油——从肉中提取出的涂抹在船体上以免蛀船虫侵蚀船身的油。由于罪犯、契约工人被大量运往殖民地，但其中相当一部分因为营养不良而被更能适应热带气候的非洲奴隶所取代，这些人与逃脱的奴隶加入了海盗，致使海盗数量急剧上升。这些逃亡的非洲奴隶也被称为放逐者（maroons）——这是个西班牙单词。白人逃亡者也被称为放逐者，他们被遗弃在一些孤岛或者其他人迹罕至的地方，随身只有一把火枪、一些子弹，还有一罐水。巴巴利亚海盗也被称为放逐者。由于他们靠捕杀野生动物来生存，因此个个都是好枪手；他们也擅长使用短剑，用来切开捕杀的动物。

这些海盗们一般6～8人一组，约定好所有的猎物都一起分享。有些人是同性恋，就被称为水手同伴（matelotage），这个词是由水手的法语词而来。两个同性恋男人会把他们的财产作为共同财产来对待。当女性加入到海龟岛的巴巴利亚海盗的行列时，男同性恋依旧存在，不过如果其中一个男人结婚，他的妻子将同样被

▶画家霍华德·派尔作品中所画的典型的巴巴利亚海盗船长，身配火枪一支，燧发枪一把，还有偷来的珍宝，看起来很威风。但实际上现实中远远没有这么富有魅力。

他和他的同伴分享。不过，在17世纪中叶，当法国国王企图占领这块领地时，总督引入数百名妓女，唤起他们异性恋的欲望，让他们在这里安定下来。

这些早期的巴巴利亚海盗在寻欢的时候，他们的性伴侣可没有什么香味，因为他们没有那么多的水来洗掉身上的恶臭和油腻。他们用牛羊油涂抹脸部以驱逐昆虫，身上穿的自织的亚麻衬衫可能还粘着已经干硬的血迹。他们的裤子、皮带、鞋子还有无边的圆帽,都是用未晒过的兽皮制成的。他们住在棕榈树叶做顶的小屋，睡在烟熏的火堆旁，以免蚊虫叮咬。每人都带着6英寸的火绳枪，皮带间插着一两把短剑，腰上还挂着火药袋、子弹袋还有盘绕成团的夜晚外宿用的蚊帐。

他们常吃从刚杀死的动物身上取下的骨头里的骨髓，吃在嘴里还带着动物的体温。他们最喜欢的娱乐就是赌博或者喝酒，他们喝的是朗姆酒和火药混合在一起的一种烈酒，这种酒成为后来的海盗们日常喝的一种。巴巴利亚海盗们在这里都用昵称，抛开了过去的生活和名字，也不希望被问起他们以前的故事。

在雨季，打猎收获不大，他们就开始海盗掠夺。他们一般在晚上出动，因为在晚上，风吹向大西洋，珍宝船驶往位于古巴岛和海地岛之间的向风海峡。白天船反向而行，不过他们对来的船可没什么兴趣——只有从美洲驶向欧洲的船队才有珍宝。

巴巴利亚海盗们把树干凿空，做成独木舟，或者三桅船（barque），出发时，船员必带枪炮。一般的原则是4支火枪相当于一门大炮的火力，船首侧推器总是指向珍宝船。朝着珍宝船尾一阵枪炮精准的扫射后，独木船冲上前，干扰船舵的方向，之后海盗们再冲上船尾。

▲ 17 世纪加勒比海上伊斯帕尼奥拉岛地图（即现在的海地和多米尼加共和国）。海龟岛，这个臭名昭著的“海盗之岛”就在海岸的西北处。

西班牙当局很快对这批土生土长的海盗们警觉起来，企图铲除这班海盗，总督下令屠宰海盗们赖以生存的所有家畜和猪。不过这样不但没有把他们饿死，反而促使他们专门从事海上掠劫以谋生，海龟岛成了他们首个总部。这里有新鲜的淡水、肥沃的土壤、船的停泊处和抛锚处，以及易于防守的港湾，还是攻击通过向风海峡的珍宝船的理想位置。西班牙有时企图围剿这个殖民地，但是巴巴利亚海盗们成功挫败了他们的每一次进攻，因此据早期去过海龟岛的人说，那里成了“各种邪恶的避难所，海盗和小偷的发源地”。

海龟岛第一个大的胜利来自皮埃尔·勒·格朗（Pierre le Grand）。他率领28名手下从珍宝护卫队那里截获了一艘中将的旗舰。当他们发现这艘大帆船时，自己已经处在饿死的边缘了，饥渴交迫。但是大家投票表决决定去进攻这艘船，赌一赌运气。为了激起大家的斗志，他们将小船底部凿了些洞，破釜沉舟，冲向了他们的猎物，成败在此一举。船长和手下官员们正好没值班，在打牌，他们趁机拿下了这艘船，直接开往迪耶普的海盗船港口。和英国海盗一样，巴巴利亚海盗们只要他们战胜敌人，为本国带回财富，才不管自己有没有什么君主授予的捕拿特许证。勒·格朗对自己的这一战非常满意，从此金盆洗手，再也没有出过海。不过他的事迹激发了其他海龟岛海盗们的热情，尽管其他海盗不一定有他的运气。法国巴巴利亚海盗皮埃尔·弗朗索瓦（Pierre Francois）往南航行，袭击位于委内瑞拉（Venezuela）海岸的一艘载有打捞珍珠的渔民的小船，船上共26人。当他们遇到两艘大兵船护航的12艘独木舟时，他们降低自己的船帆，和打捞珍珠的渔船混在一起，跟随着两艘大兵船中较小的那只。虽然这艘兵船上有60名武装的水手还有大炮，但是一场搏斗后，还是输给了海盗。可是海盗们不满足于这个小胜利，他们向大兵船挑衅，结果失败了，全部被捕。

# 巴巴利亚海盗船

早期的巴巴利亚海盗偏爱小的单桅船（single-masted sloop），这种船既可以划，又可以用帆，速度较快，操纵灵活，还能在浅水里航行。在百慕大生产的单桅船是最好的，可以装载多达 50 人、11 ~ 14 门大炮。英国海盗偏爱大炮，而法国海盗更喜欢用刀和其他小型的武器。

自 1640 年起，海龟岛的巴巴利亚海盗自建了“海岸兄弟会”（Brethren of the Coast），并制定了严格的规则，名为“海岸守则”。他们会选举船长，遵守条约。在船上会议第一件要决定的事就是他们应该去哪里获得供给品——尤其是猪肉，因为巴巴利亚海盗除了猪肉其他吃得很少。他们常常袭击西班牙殖民者的养猪场，不过他们也喜欢吃海牛[①]（manatees 或者 seacows）或者海龟，新鲜的或者盐腌的都可以。

---

① 海牛：水生哺乳动物，体宽扁，尾圆，有鳃状肢。

# 瓜分战利品

议事日程的第二项是如何瓜分战利品。一般的原则是“不劳不得”（No prey, no pay），船长和船只所有者可以得到额外一份奖励。造船者、木匠的工资是固定的。海盗们也要商讨要留下多少钱来购置供给，要给外科医生多少钱，以及在医疗上要花多少钱。第一个发现珍宝船的人也有奖励，不过在甲板上的船上侍者只有普通份额的一半。最后，他们再定下该给受伤或者残疾的同伴们多少补偿。

▼霍华德·派尔在插图中所画的海盗们分发战利品的场景。早期的巴巴利亚海盗对于每个成员能享有多少份额的战利品，有着严格的规定。

一名叫做亚历山大·艾斯克梅林（Alexander Exquemelin）的外科医生和巴巴利亚海盗一起航行，他把船上的故事写在一本叫做《美洲的巴巴利亚海盗们》（*Bucaniers of America*）的书里：“少一只右臂，补偿价值 600 西班牙古银币或者 6 名奴隶；少一只左臂或者右腿，补偿价值 500 西班牙古银币或者 5 名奴隶；少一只左腿，补偿价值 400 西班牙古银币或者 4 名奴隶；少一只眼睛或者一只手指，补偿价值 100 西班牙古银币或者 1 名奴隶。这些补偿从贮备里支付。”这本书 1678 年首次出版于阿姆斯特丹，是第一本关于海盗的书，立刻成为全世界最畅销的书。当这本书以英文发布时，海盗头子亨利·摩根起诉他诽谤罪，罪名成立。艾斯克梅林将摩根描绘成一名黑心的恶棍，不过摩根对此并不介意。他介意的是书中说他是从西印度逃出来的，身份是有契约的仆人。摩根坚持说他“这辈子从未做过任何人的仆人，除了女王陛下”。出版社败诉，被罚款 200 英镑，艾斯克梅林也不得不修改了英文版本。

巴巴利亚海盗与私掠者的不同之处在于，前者从未获得官方许可从事私掠活动。这些巴巴利亚海盗们发誓不得私自藏匿任何掠夺品，也不能从别人那里偷东西。在他们的船上，船员都不准有锁或者钥匙。被发现偷窃者要割掉鼻子或者耳朵；第二次再犯，就被罚放逐孤岛。

# 臭名昭著的罗罗洛亚

海龟岛的巴巴利亚海盗中最臭名昭著的是让·达维德·瑙（Jean-David Nau），也叫做弗朗索瓦·罗罗洛亚（Fran.ois lOlonnais），因为他来自法国莱萨布勒多洛讷（Les Sables d'Olonne）。起初他在多米尼加做苦役，服役结束后，他成了一名巴巴利亚海盗。他的出色表现引起了海龟岛长官多杰隆（Bertrand d'Ogéron）的注意。多杰隆杀了海龟岛本来的首领，为法国西印度公司占领了这座岛。担任土图嘉岛法国长官时期，他认为要巩固法国在该岛的统治地位"永续经营"，最好的方法就是让海盗能成家有归属感，因此从法国本土"引进"妓女。不过当他在该岛推动西印度公司垄断国际贸易时，当地居民表示不满，还烧了他的船。因此多杰隆聪明地不至于去打击海盗，而是给罗罗洛亚配上船舰。

罗罗洛亚很快因他的残酷而出名。艾斯克梅林在书里这么回忆说："罗罗洛亚有令，如果任何人不肯说实话，那就虐待到他说为止。罗罗洛亚会用自己的短剑把犯人割成一块块的，再把舌头扯出来。"在"用火烧之类酷刑"之后，他会"把人砍得支离破碎，先是身上的肉，接着是一只手臂，再来是一条腿，有时还会用绳索捆着头，再用棍子去挖他的眼睛，直到眼睛掉出来为止"。

最恐怖的一次是在袭击尼加拉瓜时，为了逼其他犯人说出珍宝的藏匿处，他把一个犯人的心脏活生生挖出来，挖出来的时候它还在跳动，再当着这个可怜犯人的面把它吃下去。据说他的残忍让他的手下也看不下去，他们离开了他，跟着他的副手摩西·凡（Moses van Vin）另起门户。不过，也有可能是因为罗罗洛亚的船后来在洪都拉斯沉了，他们花了 6 个月的时间才建好一条船，然后他将手下的一半分给副手摩西·凡，让他们自立门户去了。

还有一次在西班牙的围剿中，罗罗洛亚的船在墨西哥附近的坎佩切湾沉了，船上所有水手被杀，罗罗洛亚将死人的血和地上的泥涂在脸上，藏在死人堆里，才侥幸逃脱。后来他和一些法国奴隶一起逃回到海龟岛。

1667 年，罗罗洛亚和迈克尔·巴斯克（Michel le Basque）重组团队。同年 4 月，他们率领 8 艘小船共 660 名海盗从海龟岛出发。他们在伊斯帕尼奥拉岛北部海岸的巴雅哈停驻，补些供给，又招了些人把阵容扩大到 700 多人。3 个月以后，他们在伊斯帕尼奥拉岛和波多黎各的莫纳海峡（Mona Passage）发现了一艘西班牙大帆船，船上还有 16 门炮。罗罗洛亚用他的仅有 10 门炮的小船追了上去，另外两艘海盗船也加入这场战斗。在两三个小时的激烈战斗后，他胜利了。

罗罗洛亚和他的手下驻守在伊斯帕尼奥拉岛南岸的沙乌那岛（Saona Island）上，等待手下们将西班牙商船在海龟岛卸货，后来这条船就成了他的旗舰。与此同时，他又截获了一艘运载弹药和给圣多明各、委内瑞拉的库马纳（Cumaná）两地驻军的薪水的带有 8 门大炮的战舰。他的战利品到此时为止共有一货船的可可豆、无数多箱的宝石、4 万西班牙银币。由于又有了两艘战舰，罗罗洛亚和他的手下可以驶向委内瑞拉海湾，去袭击西班牙殖民地。他们在马拉开波湖（Lake Maracaibo）[①]附近的海岸着陆，这个湖其实是委内瑞拉一个大瓶颈式的入口。他们的火力主要有16门大炮。当他们已经进入了这个大湖时才发现马拉开波的居民们都已经撤走了。于是，他们在没有遭遇任何抵抗的情况下，在此驻扎了两个星期。巴巴利亚海盗继续去附近偏僻的地方抓人，用酷刑逼他们说出财宝在哪里，不过这一招已经不管用了，因为西班牙人早已将财宝从马拉开波湖移往直布罗陀城（Gibraltar），并且派了数百名士兵驻守。于是他们穿过马拉开波湖，驶向直布罗陀城，罗罗洛亚率领他的手下，大喊："来吧，兄弟们！跟着我，没有人可以当懦夫！"

罗罗洛亚的队伍受到重创，40人死亡，30人受伤。不过到了直布罗陀城被拿下时，西班牙士兵死了500多人，他们的尸体被摞在旧船上，送到马拉开波湖，连船一起沉没。罗罗洛亚和他的手下用了一个月的时间掠夺直布罗陀城，他们要求西班牙人付1万西班牙金币来保留城里的住房，否则就全部烧掉。这次的战利品有26万银币、许多首饰、丝绸、银器，还有数不尽的奴隶。还有2万银币和500头家畜，用于保留直布罗陀城。他们满载宝藏起航三天后，马拉开波的居民惊恐地发现这些海盗们又回来了，一只船开过来要求有一位会导航的人帮助他们把最大的珍宝船驶过马拉开波湖入口处的沙地。居民们马上派出一名导航者跟着他们走了。

巴巴利亚海盗继续前往伊斯帕尼奥拉岛南海岸的牛岛（Cow

---

① 马拉开波湖：位于委内瑞拉西部，它的北面与加勒比海连通，实际上是一个大海湾，面积5217平方公里，是拉丁美洲最大的湖泊。

Island),把赃物分了。罗罗洛亚接着前往牙买加,把一艘重达80吨,配有12门大炮的双桅帆船卖给两个荷兰海盗，他们的名字分别为洛克·巴西利亚那（Rok Brasiliana）和吉尔斯·德·乐卡（Jelles de Lecat）。

当罗罗洛亚最终回到海龟岛时，他获得丰厚战利品的消息早已传遍岛上的酒馆、客栈、妓院，人们纷纷前来签约受雇做他的水手。1668年，他又起航了，这次的部队足足有1000人。同样，他们在巴雅哈驻留，补充“咸肉作为供给”。他们又朝古巴南海岸航行，企图掠夺些船只。他的目标是尽力赶上亨利·摩根的壮举，摩根爵士曾在3年前在拉丁美洲尼加拉瓜（Nicaragua）沿圣胡安河（San Juan River）逆流而上，洗劫了格拉纳达（Granada）。罗罗洛亚的船队因无风而停止向蚊子海岸（Mosquito Coast）前进，不能绕格拉西亚斯—阿迪奥斯角（Cape Gracias a Dios）航行，只好漂流到洪都拉斯海岸。食物很快就要吃完了，他派觅食队沿阿关河（Aguan River）逆流而上。朝西行时，他们截获了一只西班牙商船，装备着24门大炮还有16挺旋转手枪。他又占领了科尔特斯港（Puerto Cortés），强迫两名战战兢兢的人质带着300个海盗进入洪都拉斯西北部城市圣佩德罗苏拉（San Pedro Sula）。在丛林行进了10英里后，他们截获了一些西班牙人，这些人说前面有埋伏。罗罗洛亚命令说不必害怕西班牙人,只要他们自己来势汹汹，对方就会不战而退。可是事与愿违，前方果然有埋伏，他的攻击遭到挫败。双方达成妥协，允许休战，让西班牙人撤退。当罗罗洛亚占领圣佩德罗苏拉时，他放火烧了整个城市，还掠夺了整个郊区。

回到科尔特斯港后，罗罗洛亚得知一艘从西班牙来的大帆船将要停驻在阿马蒂克湾（Bay of Amatique），于是他派了几艘小

▲法国巴巴利亚海盗船长弗朗索瓦·罗罗洛亚，海盗史上最令人闻风丧胆、最令人憎恶的人物之一。

船去沿海驻守，而自己的船则停驻在洪都拉斯湾的另一侧整修。三个月以后，这艘船到了，船上有42门大炮，远远超过罗罗洛亚的28门大炮。最终，四艘海盗船拿下了这艘西班牙大帆船，不过战利品却令人失望。大部分的货物已经在其他港口卸下，现在船上只剩下葡萄酒、纸和铁。一些船员纷纷辞职不干了，其中包括皮埃尔·皮卡尔（Pierre le Picard），他从此自闯门路，成功建立了自己的船队，成为非常出色的海盗船长。

罗罗洛亚保留着这艘大帆船，但事实证明这艘船太重了，不容易航行。第二年，这艘船撞上了洪都拉斯附近的岛屿。船员们用船的残骸做成了几艘长船。此时，罗罗洛亚遗弃了一半的人手，很可能包括他的副手摩西·凡。罗罗洛亚率领剩下的人前往圣胡安河，希望再截获些新船，不过他们被西班牙人打败了，被迫逃走。后来，他又攻击了达里恩地峡，企图获取更大的船只。这次他们遭到印第安人的反击，所有剩余船员只有一人死里逃生，据他回忆说："罗罗洛亚被劈成一块一块的，还被拿来一条一条地烤。"罗罗洛亚，那个时代最声名狼藉的海盗，生命就此终止。他所受的酷刑，也是那个时代里对待海盗的常用方法之一。

# 巴巴利亚海盗的繁荣

由于私掠船和巴巴利亚海盗削弱了西班牙的财富和力量，其他国家也纷纷进驻加勒比海地区。法国、荷兰、丹麦、英国都在这块土地上插上了他们的旗帜。西班牙企图铲除这些海盗，结果却激增了海龟岛上海盗的数量。许多股份合作公司纷纷资助英国殖民者。对政府而言，没有什么理由去挫败这些海盗，因为这样不需要任何的花费；而西印度洋则成为了流放罪犯、异教徒、乞丐的灰色区域。英国、法国许多在街上流浪的孩子被绑架，当下的赎金是每人 900 磅重的棉花，如果没人来赎，那就要签下合同贩卖到西印度洋，服役 5 年。这些合同常常被买卖，因此很多人从未获得过自由。他们的待遇比奴隶还糟糕,奴隶还比他们卖得贵。奴隶主们也将同等数量的男奴和女奴运往美洲，因为他们认为如果想要男人们好好工作，就少不了女人的安慰和照顾。这是个避免黑奴们逃跑的有效办法，因为在这个大陆上，几乎看不到什么其他女性。而欧洲那些签了契约的劳动者们就没有这种性优先权了。

英国内战使议会获得了胜利，在这之后，这里成了克伦威尔（Cromwell）的支持者的地盘。7000 名战争中的苏格兰犯人，还有不计其数的爱尔兰天主教徒被运往巴巴多斯和圣基茨，这些岛屿突然变成了世界上人口最密集的地方，有的人还变成了小佃农。不过西印度洋的经济发生了变化，在17世纪50年代，糖成了唯一重要的产品。这是有钱人才能种的作物，要有相当多的资本投资。种植烟叶的农民和其他佃农会受到排挤，许多人除了做海盗外，别无选择。

▲图中的海盗头子与船员们在放松休息。插图选自《霍华德·派尔的海盗故事丛书》。

由于大部分人没有海上航行经验，所以这些船员要签协议才能加入“海岸兄弟会”，否则只会被迫白白为巴巴利亚海盗工作，分不到战利品。奴隶船上的奴隶有时也要签署类似的协议。曾经也是签订了合同受剥削的巴巴利亚海盗们当然没理由让别人逍遥自在，没有约束，因此也要以合约的形式，保证他们为自己服务。

# 贵族恶棍

巴巴利亚海盗不都是来自社会最底层的人：海龟岛上最富有的海盗之一——葛拉蒙（Chevalier de Grammont）就是一名法国贵族的儿子。他 14 岁击剑决斗时不小心杀了人，只好背井离乡，逃到海上。他加入了法国皇家海军，很快就升了几级。不过当他受命指挥三帆快速战舰时，他开始做起了自己的买卖。在马提尼岛（Martinique）抓获一艘荷兰船后，他把战利品运到伊斯帕尼奥拉岛，卖了 40 万法币利佛，这些钱被他用来喝酒、赌博、嫖妓。这样一来，他自然不能再回法国去了，他加入“海岸兄弟会”，由于他的名气很大，又很慷慨公正，很多人加入了他的队伍，愿意跟随他。在 17 世纪 70 年代法国与荷兰、西班牙交战期间，葛拉蒙在这些海盗中脱颖而出，拥有 6 艘大船和 13 只小船，率领 2000 号水手。1678 年，他作为圣多明各的代表团首领，成为舰队副司令功特·德·埃丝特雷（Comte d’Estrées）的副手，远征库拉索——荷兰在加勒比海的驻地。不过副司令的舰艇在艾斐岛（Isled’Aves）附近的珊瑚礁上触礁了，埃丝特雷和剩下的幸存者返回马提尼岛时，葛拉蒙则带领他的手下继续勇往直前。他们绕过了库拉索，往更大的宝藏地行驶——马拉开波。

西班牙人为这个地方增设了一个堡垒，密切监视着敌人的入侵。不过，由于他们的炮火都朝着海的方向，葛拉蒙派他的1000名手下在圣卡洛斯半岛（San Carlos peninsular）着陆，沿半岛从西班牙人的后方偷袭。西班牙人企图用火枪阻挡巴巴利亚海盗的进攻，所以葛拉蒙用大炮与之对抗。一阵短暂的轰炸之后，西班牙人投降了。

葛拉蒙将6艘大船留在马拉开波湖入口外的沙洲上，自己率剩下的战舰驶往马拉开波。当地的居民再次逃跑，其中包括刚上任一周的长官费雷拉（Jorge Madureira Ferreira）。马拉开波无人防守，被葛拉蒙轻松地占领了，并被洗劫一空。两周以后，他们去了直布罗陀城，可惜城里的人都已经撤走了，葛拉蒙他们稍微轰炸了一会儿，驻守的22个士兵就投降了。巴巴利亚海盗们上岛跋涉了50英里，在350名士兵面前用4门火炮拿下了特鲁希略。洗劫完直布罗陀后，葛拉蒙的船队在圣诞前夜回到了海地，受到英雄般的欢迎。

18个月以后，他勇敢地袭击了拉瓜伊拉港（La Guaira），他的部队只有47个人，却只用了一个晚上就拿下了这个港口。当消息传到了加拉加斯（Caracas），当局下令运载珍宝的骡子运输队掉转方向，回内陆去。长官弗朗西斯科·德·艾伯勒（Francisco de Alberró）的大部队出发救援，不过此刻拉瓜伊拉港的局势又发生了戏剧化的变化。在光天化日之下，港口船长胡安·德·雷雅·穆吉卡（Juan de Laya Mujica）发现海盗们的数量其实很少，于是发起了反击。葛拉蒙与手下被迫撤回到海滩，9人被杀，他自己的脖子也被弯刀割伤。不过，他们劫持了几名重要的人质，所以得以逃走，还运走了不少战利品。虽然他们回海地的途中遇上了飓风，损失了不少财宝，但是葛拉蒙的声望还是再次高涨。

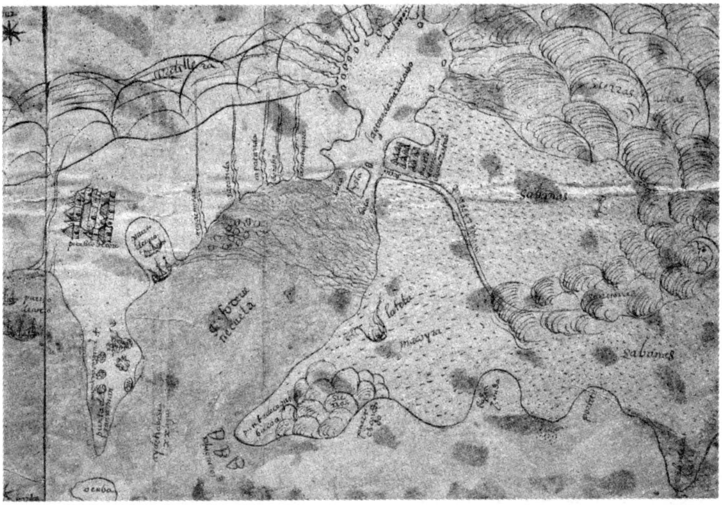

▲ 1552 年委内瑞拉的地图上的马拉开波港，这里是弗朗索瓦·罗罗洛亚和亨利·摩根等巴巴利亚海盗最喜欢的攻击目标。

1682 年夏天，他率领 8 艘海盗船沿着古巴北海岸行进。游荡了两个月后，没有发现运宝藏的西班牙的大帆船，葛拉蒙让他的船队继续巡逻，自己回到了伊斯帕尼奥拉岛。1683 年年初，皮埃尔·伯特（Pierre Bot）和简·威廉（Jan Willems）率领的“勤奋号”（Diligente）和“凯功号”（Cagone）在向风海峡截获了一艘西班牙商船。伯特将幸存者放在关塔那摩（Guantanamo）的海岸上，剩下的舰队回到海地。与此同时，名为尼古拉斯·凡·霍恩（Nikolas van Hoorn）的荷兰海盗的满载奴隶的船被西班牙在圣多明各的当局截获，以此来报复他们被荷兰海盗劳伦斯·格拉夫（Laurens de Graaf）劫走的西班牙商船“弗朗西斯卡号”（Francesa）。凡·霍恩逃往该岛的最西角，现在是法国海盗船“圣尼古拉斯号”和船上 24 名海盗的地方。当地长官给了他一张捕拿特许，这样就可以加入葛拉蒙的海盗队伍来报复西班牙人了。他们一起勇敢地前往洪都拉斯的罗丹岛（Roatan Island），英国海盗船长科克森（John Coxon）报告说，葛拉蒙和凡·霍恩“试图联合所有的私掠船去攻打委拉克鲁兹”——这在他的有生之年，还从没被攻击过。

# 格拉夫逍遥法外

在洪都拉斯湾，他们发现了两艘停泊的西班牙商船，名字分别为“康索拉西翁号”（Nuestra Se.ora de Consolación）和“瑞格拉号”（Nuestra Se.ora de Regla），不过船上的战利品并不多。他们并不知道在这附近海湾上传奇人物格拉夫（De Graaf）正在倾斜着船修理，格拉夫正等着从危地马拉的贸易会上满载货物回来的商船。

据说格拉夫（De Graaf）是以西班牙海军炮手的身份来到加勒比海的，在被巴巴利亚海盗们抓获以前，他已官至指挥者，结果后来成了海盗的俘虏，自己也沦为了海盗。他的首次海盗行为记录在1672年3月31日晚上攻击墨西哥东部的坎佩切湾。他的手下潜上岸，放火烧了一堆本来用来建海防城堡的木头，他自己带着船舰借光驶进海港。防守者们落荒而逃，第二天上午，一艘满载着货物，还有12万比索银币的商船驶进海港，这些自然都落入了格拉夫的手中。

很快，只要提到格拉夫的名字，就足以让西班牙殖民者跪着祈祷，祈求能捡回一条小命。不过，他还带了小提琴和小号在船上，这样一来，船上就多了些娱乐。据说，“他的礼貌和品位使得他在粗俗的海盗中脱颖而出”。他个子很高，一头金发，长得很帅。两撇胡子往上翘，典型的西班牙式的胡须“正好很适合他”。在加纳利岛（Canary Islands）上一个名为德古兹曼（Petronila de Guzman）的地方，他与一位西班牙女子结了婚。

1679年格拉夫截获了一艘从向风海峡驶来的西班牙海军战舰，名为“老虎号”，船上配有24～28门大炮。这使他成为英国船只的一个巨大危险。当时牙买加的执行长官亨利·摩根这么描述他：他是“一个很有本事又很淘气顽皮的海盗”。他给皇家海军“挪利其号”（HMS Norwich）的船长海伍德（Peter Heywood）的警告是“要小心劳伦斯……建议带上一艘28门炮，200人的舰艇”，当他巡逻时，他又从皇家港调拨给了海伍德40名士兵。

1682年，格拉夫在连接大西洋及加勒比海的莫纳海峡截获了一艘从顺风岛来的船，名为“弗朗西斯卡号”，该船的前身名为“海豚号”。这次船上有价值12万的秘鲁比索银币，用于支付圣多明各和波多黎各驻军的军饷。激烈的战斗之后，船上250名水手死了50人，剩下的人被一艘重20吨的粉色双桅帆船运回古巴。“弗朗西斯卡号”变成了格拉夫的旗舰。海盗们在伊斯帕尼奥拉岛北海的莎玛那湾（Samana Bay）分发战利品，总共140份，每人获得700西班牙银币。分完赃物，格拉夫才回到洪都拉斯湾整修他的战舰，顺便等待“康索拉西翁号”和“瑞格拉号”这两艘西班牙船的到来。

葛拉蒙和凡·霍恩曾截获了两艘空船，破坏了格拉夫的计划，这让他很生气。不过，他同意加入这两个大海盗，跟他们一起攻打委拉克鲁兹。这次的计划共有7名海盗头子加入。

葛拉蒙在罗丹岛的海滩上用一番慷慨激昂的演讲激起了一人

群海盗们重整旗鼓的斗志。听说有两艘来自加拉加斯的珍宝船会来委拉克鲁兹，800 名海盗们整装待发，乘上两艘船，出发去委拉克鲁兹。1683 年 5 月 16 日，葛拉蒙、凡・霍恩和格拉夫率挂着西班牙国旗的船舰，驶向委拉克鲁兹。当地驻守的军队误以为来的是西班牙珍宝船，燃起篝火、烤上熏肉欢迎他们。格拉夫迅速地侦察了该港口，派上了 200 人从陆地方向进攻。之后，葛拉蒙和凡·霍恩率 600 人的大部队到达庞达荷它镇( Punta Gorda )。当晚，两拨海盗跨越沙丘，翻过栅栏，爬进寨子。在漆黑的夜晚，海盗们在街上分布开，葛拉蒙带着 80 号人冲进总督官邸，粉碎了他们的进攻。早上 4 点，他击溃了惊慌中的驻军。

格拉夫和葛拉蒙组织攻击以及掠夺掩护的同时，凡・霍恩进行的是正面的抢夺。他们已经预料到西班牙会派骑兵来追击，于是葛拉蒙先袭击了马厩，组织一队相当数量的海盗进行攻击，切断了他们的后备力量。第二天上午，当城市西边的骑兵受命正要出发时，他们惊讶地发现数百名全副武装的海盗骑在马背上，来势汹汹，西班牙骑兵不战而退。

洗劫完这个城市以后，葛拉蒙要求居民们用钱来保留城市的房屋。为了进一步恐吓他们，葛拉蒙把居民都赶到一个大教堂里，周围围起柴火，说如果再不交钱出来的话，就放火把大家都烧死，男人、女人、小孩，一个都不放过。于是居民们只好同意用 15 万比索来做赎金。

▲法国贵族葛拉蒙成为巴巴利亚海盗。图为1685年德贝尔（Debelle）在《海盗的基督教历史》一书中所画插图。

巴巴利亚海盗们在哥查哥科斯（Coatzacoalcos）海岸停驻，补充供水，然后绕尤卡坦半岛向女人岛（Isla Mujeres）①航行，到达目的地之后，才开始分赃。每人获得 800 西班牙银币。不过格拉夫和凡・霍恩在分赃上很有争议，双方还打了起来。这个故事的另一种版本是说凡・霍恩嫌赎金交得太慢，决定将一些俘虏的头挂在海滩上以示警告。格拉夫掏出短剑，刺伤了凡·霍恩，后来凡·霍恩被铁链捆着，送到"弗朗西斯卡号"船上去。不论是哪个版本，总之凡・霍恩的手腕确实受了伤，受伤的地方变成了败血性感染，两个星期后死于坏疽。

葛拉蒙驶向海龟岛，不过他的进程受到逆风的影响，当他最后在哈瓦那劫下一艘名为"拉坎德拉里亚号"（Nuestra Se.ora de la Candelaria）的商船时，他的手下都快要饿死了。幸运的是，这艘船上运载着一船的面粉。尽管手下都能吃饱了，但是逆风使得他们回不了海龟岛。于是，葛拉蒙驶向海地的柏迪高维（Petit Goave），在这里他释放了"拉坎德拉里亚号"，还给了船长路易斯·贝尔纳（Luis Bernal）一张通行证，"这样其他海盗船就不会伤害他了"。

格拉夫以自己不受任何国家的委任为荣，任何国家的港口他都敢侵犯。不过，1683 年 9 月 3 日，在海地抛锚时，他派人送信给牙买加的总督托马斯・林奇爵士（Sir Thomas Lynch），表示愿意效忠英国。林奇爵士受女王之命，特赦了格拉夫。同时，他和他的党羽安德瑞森（Michiel Andrieszoon）、威廉斯（Jan Williems）还有弗朗索瓦（Francois leSage），开始了一项新的计划——攻击

① 女人岛：Isla Mujeres 在西班牙语里是"女人岛"的意思，名字得来于最初西班牙探险者在岛上发现的一尊月亮女神雕像。

卡塔赫纳。当他们1683年圣诞节前到达卡塔赫纳时，当地总督派出了40门炮的“圣弗朗西斯科号”（San Francisco），还有34门炮的“和平号”（Paz）和一艘28门炮的战舰来抵御。海盗们的船虽然小，但是很灵巧，不容易被追上。相反，他们进行了反攻，冲上“圣弗朗西斯科号”，迅速占领了这艘船，几个小时以后，“和平号”投降，小战舰也被攻下。格拉夫拥有了“圣弗朗西斯科号”，将它命名为“幸运号”（Fortune）作为自己的旗舰，后来又改名为“海王星”（Neptune）。他们将船上的俘虏都送回岸上，要他们带个口信，说感谢总督的圣诞节礼物。然后他们住下，封锁了这个港口。

▲巴巴利亚海盗攻占了西印度群岛上的西班牙的卡塔赫纳港要塞。

1684年1月中旬,英国奴隶船在48门大炮的“红宝石号”( HMS Ruby ) 的掩护下到达。由于格拉夫对英国的友好态度，他就放行了这艘船，还邀请了英国官员们在他的新旗舰上娱乐娱乐。其中一位名为迪耶哥·迈柯唯（Diego Maquet）的访客，带来了格拉夫妻子的来信，她说西班牙国王已经许诺只要他放弃海盗生活，并且为西班牙服务一次,就可以赦免他以前的罪行。格拉夫并没有答应，他从迈柯唯那里预订了猪肉和葡萄酒，从皇家港运到洪都拉斯的罗丹岛，然后打破了封锁。

在他去洪都拉斯的途中，格拉夫发现了两艘船。他远远地跟在后面，直至天黑，再向其中一艘靠过去。这是一艘武装有14门大炮的西班牙战舰。当晚，巴巴利亚海盗们爬上这艘船，才开了两枪，就拿下了这艘船。他们发现船上装着“治疗疟疾的特效药奎宁和47磅黄金”。第二天清早，他们又拿下了另一艘船。这是一艘被西班牙人俘获的英国船，装着糖，要运往哈瓦那。格拉夫将船交还给了英国船员，并放行了这艘船，还给总督托马斯·林奇爵士写了一封信，以表示自己对英国的忠心。作为回报，英国承诺只要他加入英国籍，发誓成为英国的盟友，在牙买加买块庄园，就可以赦免他的罪行。英国还派大使向西班牙国王请求赦免格拉夫的罪行，还为他的妻子从加那利群岛（Canaries）离开提供必要的文件和相应的费用。

不过格拉夫觉得自己很难金盆洗手。他在古巴附近拦截了一艘西班牙船，派人送消息说法国和西班牙又开战了——不仅仅是因为海龟岛的巴巴利亚海盗们袭击委拉克鲁兹。格拉夫将他的14门大炮西班牙珍宝船开往柏迪高维卸货；而他的其他同伙封锁了古巴，当他们靠近哈瓦那时，抢夺了荷兰西印度船“伊丽莎白号”

等两艘船，还有牙买加同西班牙做贸易的战船“詹姆士号”。不过西班牙当局很快把这些账都算在格拉夫的头上，进行报复。一艘名为“皮拉瓜”（Piragua）的私掠船发现了“海王星”，趁船员上岸砍树之际大肆屠杀捕获。剩下的人手及时割断“海王星”的绳索，落荒而逃。

格拉夫和剩余的手下，重振旗鼓，仍坐上他的西班牙珍宝船，穿过向风海峡，向属于西班牙的美洲大陆（Spanish Main）驶去。1685 年 1 月 17 日晚上，一艘小船向他的旗舰开火，他走了出来，清理了甲板，做好应对准备。他远远地看见两艘大船和三艘小船，很担心自己是不是撞上了西班牙的舰队。格拉夫很谨慎地靠近这支船队，打开两只火药桶，必要的时候就把自己的船炸掉。据船上的一名海盗拉弗诺（Ravenau de Lussan）交代，这也比“落入敌人手中，遭受千刀万剐要好，而且船长总是第一个受刑的”。这时远处其中两艘船发来信号，一艘是“海王星”，另一艘是原来的“和平号”，现在叫“流氓号”。那艘向他开火的小船原来是自己的同伙，一艘英国商船，船长名为让·罗斯（Jean Rose），由于夜晚太黑，他没认出那是自己同伙的船。

格拉夫命令他的船向荷兰在加勒比海的驻地库拉索行进。在博内尔（Bonaire）海岸外，他们发现一艘从拉瓜伊拉港来的芬兰船，他们跟在后面，当晚就征服了这艘船。格拉夫派了一艘船去库拉索买船用的桅杆，用来替代在圣托马斯港遭遇暴风时损坏的那些。虽然桅杆没买成，这些海盗们依旧很高兴地在岸上庆祝享乐，直到西班牙人用枪指着他们的脑袋赶他们出去。

# 在坎佩切湾的攻击

格拉夫后来决定要再进行一次大规模攻击，就像攻打委拉克鲁兹那样，于是他再次北上，驾驶着他的旗舰“海王星”。1685 年 4 月，海盗们再次举行集会，这次聚会在古巴南海岸的皮诺斯岛（Isla de Pinos）讨论他们的下一个目的地。大部分海盗认为应该再次攻打委拉克鲁兹，而格拉夫认为，经过上次的洗劫，西班牙人一定会提高警惕，恐怕不易得手。其他海盗不听，于是他们就分道扬镳了。葛拉蒙跟随格拉夫的方向，在蚊子海岸追上了他。他们一起制定了方案，把目标锁定在较小的坎佩切湾，在这之前，先在女人岛上做准备。他们在这里待了一个多月，招来许多航行路过卡托切角（Cape Catoche）[①]的船只加入他们的队伍。这些海盗们要攻打坎佩切湾的消息不胫而走，不过，西班牙当局并没有围剿这群海盗，驻坎佩切湾的副总督维莱加斯（Felipe de la Barrera y Villegas）只是派一艘船出来警告他们不准攻击。到了 6 月底，有

① 卡托切角：墨西哥尤卡坦半岛东北部沙洲地岬，与古巴西部隔犹卡坦海峡。据说是西班牙人最早在墨西哥登陆之地，当时很多追求梦想的欧洲人都被海风吹到这个海角。因为离墨西哥湾很近，所以这里也被称做“离暴风最近的地方。”

消息说一艘不明身份的船正朝这个方向驶来。7月6日下午，一支由6艘大船、4艘小船、6艘多帆单桅船、17艘双桅平底船(piragua)组成的海盗舰队，出现在距离坎佩切湾6英里处的海面上。

700个人上了船，前往离城市稍远点儿的海滩。大约200名驻军开始防守，沿海滩开火。但是海盗们并没有上岸，第二天早上，他们就开始折回他们的大船。原来这是一招调虎离山计。在西班牙士兵到达城市以前，这些海盗们已经赶到了港口，这样一来，他们很轻易地就挫败了岸上的抵抗。很快他们的人手组成了四队，向城市中心挺进。

在港口，西班牙船长托巴尔·丁尼兹·阿塞维多（Cristóbal Martínez de Acevedo）接到命令要去凿沉自己的船，但是海盗的攻击速度太快，以至于他只好下令甲板长用火药点燃导火线，直接炸掉。这样自然是大大打击了士兵们的斗志，船也被毁。士兵们撤回到城堡，在那里驻守了近一周。

1685年7月12日，海盗们开始轰炸这座城堡，这时两支西班牙援救队从尤卡坦半岛(Yucatán)西北部的省府梅里达(Mérida)前来助战。一般来说，这么强大的军事力量肯定能把海盗们赶走，但是葛拉蒙这边先进行了反击。他们借助城墙，攻打援军，连续射出的一排子弹将第一批西班牙战士打倒在海滩上。然后，葛拉蒙的海盗们围成圆形，从后面攻击这些援军。西班牙部队被打得落花流水，在一片混乱中落荒而逃。当晚，驻军彻底撤退了。晚上11点，两名英国犯人告诉海盗说城堡已经空无一人了。

葛拉蒙组织了另一支人数众多的部队去追击西班牙人。他们掠夺了方圆25英里，占领了两个月，但是由于这些居民预先得到了警告说海盗要来，城里的值钱宝藏都已经被运出了坎佩切城外，所以海盗们没有什么收获。这样一来只会让葛拉蒙采用更加残忍的手段来逼出宝藏。

8月25日，葛拉蒙的手下燃放烟火来庆祝法国路易十四的神圣日，海盗们准备撤离。但是他们首先寄给总督布鲁诺·特列斯胡安德·古兹曼（Juan Bruno Téllez de Guzmán），要求西班牙付出8万比索、400头家畜，否则就烧毁坎佩切城。几天后，被俘虏的巴雷拉（Barrera）副总督收到回信，海盗们逼他当场念出回信，信中这么写道：

我们一个比索也不给，你们可以把这个城市烧光，反正西班牙有足够的资金来重建一座城市，也有足够的人来繁衍后代。

葛拉蒙非常愤怒，他把整个城市烧了，又发信威胁说要杀掉所有的居民。但这次西班牙的回复仍是鄙视他们，葛拉蒙唯有下令让俘虏列队走向广场，一个个地绞死。杀了6个以后，副总督和其他一些有名望的市民向格拉夫求情，他们觉得“格拉夫要比这个法国人葛拉蒙有人性些”。他们表示“如果能够饶恕坎佩切城的其他居民的话，他们愿意一辈子跟随他，做他的奴隶”。格拉夫随后和葛拉蒙进行了很长时间的会谈，最后，他说服了葛拉蒙，剩下的居民被带到船上。

# 葛拉蒙的消失

9月初期，他们离开了坎佩切城，继续去女人岛分赃。然后，葛拉蒙乘着原先凡·霍恩的旗舰“尼古拉斯号”，现在命名为“放肆号”（Hardi），前往洪都拉斯的罗丹岛去修船，同行的还有尼古拉斯·比古特（Nicolas Bigaut），指挥西班牙的多帆单桅船和大帆船。葛拉蒙的下一个目标是圣奥古斯丁，这个城市现在在西班牙的手上，很可能与居住在卡罗莱纳（Carolinas）的英国殖民者勾结。3艘船一起向佛罗里达的大西洋海岸前行。当比古特打着西班牙的国旗，进入马坦萨斯内海时，葛拉蒙和他的大帆船暂时先停驻在外。但比古特的船遇上了暴风雨，沉没了。3天以后，葛拉蒙驶进内海，看看为什么比古特没有回应，但是同样的风暴把他的船往北吹，从此以后，葛拉蒙再也没有出现过，与他同船的180人也不见了踪影。

# 格拉夫和西班牙海军

格拉夫和旗舰“海王星”满载宝藏从女人岛出发，同行的还有皮埃尔·伯特和其他 3 个海盗头子。1685 年 9 月 11 日，他们被西班牙向风海峡的舰队发现，还被跟踪。4 个小时以后，伯特的旗舰“瑞格拉”（Regla）和另一艘海盗多帆单桅船落在后面，被西班牙人攻击。为了保命，伯特和他的船员们纷纷把船上的战利品扔掉，以减少船身重量，但还是被打中。伯特最后同意如果能仁慈对待他的话，他就投降。

西班牙人在他的船上找到 130 名巴巴利亚海盗，还有坎佩切城俘虏的 20 名西班牙人、13 名印第安人、许多非洲黑奴。该船上装备着 22 门大炮，10 架回旋炮（swivelguns），还有 200 多个火器——这些还不包括刚才扔掉的或者已经被西班牙水手抢走的，他们比海盗更贪婪地抢夺战利品。出纳员胡安·涅托（Juan Nieto）不得不击退这群带着短剑的“无赖、酒鬼、贼”，珍宝总管安赛恩·佩德罗德（Ensign Pedro de Iriate）还压制住了一堆手脚敏捷的水手。当更多水手从旗舰布尔戈斯（Santo Cristo de Burgos）来的时候，整个局势就变得难以控制了。他们手上都抓满了战利品，而剩给官员们的就只剩下30磅重的教堂装饰品、一点点钱和一些储存的干货。

4天以后，西班牙的大部队追上了格拉夫。同样，他也不断地把船上的宝藏扔掉，以减少船身的重量。第二天早上，两艘西班牙船继续追击，一整天下来，西班牙旗舰开动了14门机身侧部的舷炮，还消耗了许多子弹，而另一艘船“康塞普西翁号”（Concepcion）共开火1600次。这是对格拉夫开船技术的极大考验，因为他的船只有一些备件受损——有时他的船是被西班牙战舰的火枪左右夹击。

西班牙海军司令奥乔亚（Ochoa）对胜利非常有信心，他已经很悠闲地坐在后甲板里的帆布椅子上。但到了晚上，他就蒙了——交接仪式很快开始，阿斯迪纳（Astina）接替了他的位置。

到晚上，格拉夫又扔掉了不少枪炮。第二天早上，西班牙人发现格拉夫已经趁顺风驶向古巴和卡托切角之间的尤卡坦海峡去了。阿斯迪纳急忙追去，但在逆风中，他的战舰的上部构造受损，掉在甲板上，只能靠另一艘船帮它支起。西班牙的战舰跛着回到了委拉克鲁兹，在这里，将伯特和他的海盗，还有6个在他手下卖命的西班牙人一起处死。

奥乔亚回到港口没几天就死了，免受了法庭的审判。相反，格拉夫则逃得远远的，逍遥法外。他又重操旧业，截获商船。1685年12月，他在古巴海域修葺他的5艘船，储备些家畜。第二年2月，他带着7艘船驶向犹加敦东岸的阿森松海湾（Ascension Bay）。500名海盗上岸，行走了60英里，开始掠夺提霍苏口城（Tihosuco）。居民们落荒而逃，任凭海盗们烧掉整个城市。后来他们又行走了40英里去瓦利阿多里德（Valladolid），同样，当地居民也逃走了，只留下 36 个士兵防守。不过海盗们没有发动攻击，格拉夫突然下令回到自己的船上去，据说一个名为努涅斯（Nú.ez）的聪明的混血儿在珍宝堆前安放了虚假的警告，说西班牙人设了埋伏。于是，格拉夫带着他的战利品，回到了海龟岛。

# 为法国服务

不过，政治局势变幻无常。在格拉夫袭击委拉克鲁兹之后，牙买加的林奇总督和海地的法国总督都邀请格拉夫将总部设在自己的海港。但是到了 1685 年，法国放弃了对西班牙殖民地的袭击。法国国王路易十四下令要巴巴利亚海盗们停止海盗行为。海地的一位长官弗朗坤斯内（de Franquesnay）铲除了一批海盗，结果海盗们威胁说要举行武装反抗。皮埃尔·保罗（Pierre-Paul Train de Cussy）取代了他，任由海盗攻击别国商船，但是国王路易十四再次下令禁止巴巴利亚海盗——法国长官也不能纵容他们了。

格拉夫继续在海上掠夺，1686 年秋天，当他在追一艘名为“圣洁玫瑰”（Santa Rosa）的 14 门炮的船时，自己的船却不幸触礁了。不过，他成功地截获了这艘船，代价是自己人死了两个，伤了 8 个，把这艘船开回了海地。到此时，西班牙人已经厌倦了和劳伦斯·格拉夫的较量，甚至给他个昵称“小劳伦斯”。他们许可了一帮自己的海盗组建舰队，从比斯坎湾（Biscay）出发去对付加勒比海盗。在离开比斯坎的圣塞巴斯蒂安（San Sebastian）以前，他们的司令发誓：“不惜一切代价找到小劳伦斯。”但是，1687 年

5月，格拉夫在古巴南岸遇上一艘比斯坎私掠船，船长是费尔明·撒拉贝瑞尔（Fermin de Salaberria）。格拉夫将这艘船逼到了浅滩上，一些古巴士兵前来营救，结果格拉夫打败了他们，抢走了一艘多帆单桅船，有一艘双桅平底船还沉入海底；他还杀了不少古巴人，剩下的作为俘虏掠到船上。其中一名被杀的古巴士兵的哥哥布拉斯·米格尔（Blas Miguel）发誓要杀了格拉夫为弟弟报仇。1687年秋天的圣劳伦斯日，他带着85人乘着一艘双桅平底船和一艘双桅帆船，驶进柏迪高维，希望趁格拉夫在庆祝之际将他们一网打尽。结果自己却很快就被海盗们围困住了。格拉夫先出去把值班不利、让米格尔混进他们领地的卫士杀了，然后再将这个来报仇的古巴人处以车轮刑。这是一种很残酷的刑罚，要把受害者绑在轮子上，打断四肢，直到活活打死为止。

很快，海地总督皮埃尔·保罗下令格拉夫率250人乘坐两艘战舰执行法国在海地南海岸牛岛的巡航。法国当局还警告牙买加总督莫尔斯沃思（Molesworth），如果英国船舰敢来他们的海域捕鱼或者在他们的岛屿上打猎，就可以认为是对两国目前休战协议的挑衅。实事上，由于近日在卡卡斯角（Cape Carcass）发现了一些对西班牙珍宝船的残骸还虎视眈眈的寻宝者，保罗这么做是要利用巴巴利亚海盗们赶走那些寻宝者。

第二年，保罗从抓到的一个西班牙船长那得知在牙买加西南岸180英里处，又有一处西班牙珍宝船的残骸在塞拉尼亚岛（Serranilla）海岸，得到消息后，他命令格拉夫前去搜索。格拉夫赶到时，与一艘英国战舰发生了枪炮战——此时英国和法国的战争又开始了。

格拉夫立即赶往海地，在牙买加的蒙特戈（Montego）湾驻守，这次他并没有伤害当地的居民，只是警告他们说自己是来柏迪高维执行一项命令的，之后会回来掠夺整个岛北部。惊慌失措的居民们赶紧逃往南部的皇家港。确实，一个月以后，格拉夫带着一些法国战舰，还有在北岸截获的 8 ~ 10 艘牙买加的多帆单桅船，回到了这里。他的一支突击部队洗劫了一个种植园，在整个岛上造成了恐慌，而他自己的船队则控制了附近的海域。

由于这里的英国人还没有收到从伦敦来的官方的对法国宣战书，格拉夫的行为因此被判为海盗行为。商船仅限于港口，“德拉德号”（HMSDrade）的船长爱德华·斯普拉吉（Edward Spragge）率领了一支舰队抗击海盗，不过被击退。第二年年初，他们再次攻打格拉夫。直到 1690 年 3 月，格拉夫对牙买加的封锁才被解除。

但是，格拉夫在海上巡逻时截获了一艘在开曼岛上巡航的牙买加多帆单桅船，他从这儿得知英国要与西班牙联手，结成同盟，打击伊斯帕尼奥拉岛的法国殖民地。海地总督保罗命令格拉夫将他的总部从伊斯帕尼奥拉岛南部的母女岛移到北部的弗朗索瓦角（Cap Francois）。他亲自带领一支部队，和格拉夫并肩作战。他们行进至内陆，袭击了圣地亚哥城。西班牙急忙从弗朗索瓦角调了 2600 人的部队，还有弗朗西斯科·桑多瓦尔（Francisco de Segura Sandoval）率领的 700 人，前来援救。

尽管西班牙部队的人数是海盗们的三倍，但是巴巴利亚海盗们在一开始的前哨战中屡战屡胜。不过，由于皮埃尔·保罗过于自信了，他决定要在萨巴安（Sabane de Limonade）的平原上和西班牙军队决一死战。这次海盗们的深夜偷袭没有成功，也没有成功地保护他们的家园。1691 年 1 月 21 日，一系列的战斗之后，西班牙人赢得了这次战役的胜利，他们将它称为“萨巴安的胜利”。包括保罗在内的 500 名左右的法国人被杀。格拉夫逃到山里，这次轮到西班牙人洗劫法国人在这个地区的领地了。

很快，海地的新总督让·巴蒂斯特·杜卡斯（Jean-Baptiste Ducasse）上任，格拉夫是他身边重要的长官。1692 年的法语记录是这么说的：“格拉夫阁下是国王在海龟岛和圣多明各的副官，帮助国王管理这里的事务。”格拉夫在弗朗索瓦角附近组织防御西班牙的进攻，并且再次袭击了牙买加。

1694 年 6 月，3000 名巴巴利亚海盗乘坐 22 艘战舰在牙买加东部海角着陆。他们一路在乡间蹂躏掠夺，直至佯装攻击皇家港。当英国人前来追击时，他们已经撤回自己的船上。然后格拉夫又驶向皇家港西部的卡里斯尔湾（Carlisle），于 1694 年 7 月 28 日夜晚，着陆了 1500 名士兵。第二天，他们赶往皇家港，发现只有 250 人、12 门大炮在驻守这座城市。他们直到占领了驻军上方的有利地形才开始开火，从河流西部的守军战壕将他们消灭。那些往东的战士们守住了东部海岸，不过格拉夫的部队发现附近的农村无人守护，他们可以随意掠夺。不过，英国人的种植园却不容易攻打，周围都有小城堡防御，如果没有大炮轰炸这些城堡，恐怕很难攻下这些种植园，所以海盗们只好满足于现有的一点儿小小的战利品，8 月 3 日，格拉夫下令撤退，同时还俘虏了 1600 名黑奴。

英国方面当然不会就此善罢甘休，他们派出了海军上校力林顿（Luke Lillington）和威尔莫特（Commodore Robert Wilmot），率领远征军讨伐这些法国海盗。同时，西班牙也派出了吉尔·科乐索(Gil Correoso)将军和海军司令弗朗西斯科·科尔特斯(Francisco Cortes)，与他们结盟。1695年5月24日，英国和西班牙联军合力攻击了在伊斯帕尼奥拉岛北海岸的法国海盗。格拉夫率领部队进行抵抗，但在如此强大的敌人面前，他败退了，农田和房屋也都被烧毁。当英国和西班牙联军打到他在弗朗索瓦角的总部时，他居然不战而撤，而他自己刚娶的妻子——一名叫乐隆（Le Long）的寡妇和两个女儿，都落入了西班牙人的手里。

因为荷兰与英国、西班牙联合对抗法国，法国指控格拉夫与西班牙签署协议反抗自己，免了他的职，并逮捕了他带回法国审问。格拉夫回到了圣多明各，但是威望大减，他在那等待了三年，直到1698年10月，他的妻子乐隆（Le Long）和他的两个女儿作为交换犯人被释放。

# 格拉夫的结局

在法裔加拿大探险家伊贝维尔（Pierre Le Moyne d'Iberville）到达圣多明各的殖民地路易斯安娜不久以后，格拉夫答应加入他的远征军。1699 年的一个有雾的上午，5 艘法国船在佛罗里达彭萨科拉（Pensacola）西班牙的小小定居地附近停驻，等待导航员。一名西班牙官员走上他们的有 58 门炮的旗舰“弗朗索瓦”（Francois），由于伊贝维尔不会说西班牙语，他的翻译上来和这位官员沟通。在众多翻译中，这位官员认出了“小劳伦斯”，于是拒绝让他们进入港口。后来有人看见格拉夫在海峡与西班牙士兵交火，西班牙驻军奋力抵抗，打退了这几艘法国船。他们只好向西行，最终在现在称为密西西比的比洛克西（Biloxi）建立新的法国殖民地。1700 年，格拉夫被列入国王在这里的官员，这是有关他的最后的记录。有人说他死于 1704 年，也有人说他去了阿拉巴马（Alabama）的墨比尔（Mobile），是那里最早的定居者之一。

▲一艘满载着巴巴利亚海盗的敞舱船悄悄靠近了一艘大的商舰，并袭击了它。

# 第四章　“新世界里最富有、最邪恶的城市”

当奥利弗·克伦威尔（Oliver Cromwell）派遣一支由上将威廉·宾统领的舰队到新世界传播清教主义时，他怎么也无法想到，正是这支军队缔造了牙买加皇家港（Port Royal）——世界上最富有、最邪恶的城市。

法国人在1665年取得对海龟岛的永久所有权之后，试图清剿海盗，此时，牙买加皇家港取代海龟岛成为加勒比海盗们频繁出没的地方。加勒比海与现在的金斯敦港口之间夹着一条长达10英里的狭长沙嘴——牙买加皇家港就是位于该沙嘴末端的天然港口。这座城市以其放荡不羁而闻名，是新世界里最富有也是最邪恶的城市。

1509年，牙买加原为西班牙的殖民地，但由于岛上黄金匮乏，殖民者渐渐忽略了这块属地。1642年，威廉·杰克逊舰长（William Jackson）倚靠舰队上将华威伯爵（The Earl of Warwick）的势力，无视西班牙大使安格鲁瑟·卡丁那斯(Alonso de Cardenas)的抗议，奉命在新世界劫掠西班牙人的财物。他拥有300名海员，并在巴巴多斯岛和圣基茨挑选了大约700名志愿兵。他们洗劫了西班牙于美洲大陆（Spanish Main）和中美洲（Central America）的一些港口，包括马拉开波港口和位于洪都拉斯的特鲁希略港，并在一次冲突战中，以牺牲40名英国士兵的生命为代价，占领了圣地亚哥德拉维尔（Santiago de la Vega）——现为西班牙镇。所得的战利品少得可怜，只有7000银比索、1万磅木薯面包和200头牛。然而，岛上的自然风光让入侵者流连忘返，有23名海员自愿留在这座孤岛上。取得英国内战胜利后，奥利弗·克伦威尔认为应履行其宗教使命，把清教主义思想传播开来，尤其是要向新世界宣扬这一思想，这是他的拉丁语秘书约翰·米尔顿（John Milton）极力敦促的西方计划的一部分。多米尼加人托马斯·盖奇（Thomas Gage）足迹遍及西印度群岛、墨西哥和中美洲，他建议克伦威尔武装驱逐加勒比海地区的信仰天主教的西班牙人。1654 年 12 月，在与西班牙商讨结盟的同时，克伦威尔派遣罗伯特·维纳布尔斯（Robert Venables）将军率 2500 名士兵，由上将威廉·宾的舰队护航向该地区进发；1655 年 1 月，他们到达巴巴多斯岛，在当地搜罗了更多的船只，并新征了 4000 名志愿兵；到圣基茨时，又新增 1200 名。凭借强大的军队，他们试图侵占圣多明各。由于损失了大量的奴隶和黑人牧工，英军首战告败，随即封锁了圣多明各港。但西班牙的一艘装有 50 架大炮的舰艇迅速解除了封锁，并歼灭英军 3000 余人。

▲牙买加皇家港今日的航空照片，反映了 1692 年大地震的破坏之大。

英军不愿无功而返，便转向位于西班牙加勒比海中心的牙买加，再次占领圣地亚哥德拉维尔，命令当地的西班牙居民放弃所有的财物，并在10天内离开。这样的做法似乎有些苛刻，但是，当年西班牙人把英国人驱逐出普罗维登西亚岛（Providencia Island，现为圣他凯特利那的哥伦比亚岛）时，英国人也面临同样的遭遇。大多数西班牙人表面上同意这些条件，实际上都逃往内陆，并在那里组成了一支游击队。

尽管英军占领了该岛，但是威廉·宾和罗伯特·维纳布尔斯返回英格兰后，却以失职罪被关入伦敦塔。西班牙人完全有能力夺回该岛，但由于古巴爆发瘟疫，西班牙人一直无力远征，这样的状态持续到1657年，托巴尔·阿诺尔多·亚希（Cristobal Arnoldo Ysassi）率领西班牙—牙买加游击队占领了该岛的北岸。

▲“皇家港欢迎您！”

## 建立据点

瘟疫也蔓延到了牙买加，在第一年内，驻扎在那里的7000名军官和士兵中有4500人染病身亡，到1656年，殖民地的海军防护战舰由原来的30艘缩减为10艘。然而英国人在该岛的南部、皇家港周边以及现在的金斯敦港都站稳了脚跟。代理司令官——上校爱德华·多利（Colonel Edward D'Oyley）训练了一支由500名士兵组成的军队，驱逐西班牙人。在该岛北部沿海的新里奥（Rio Nuevo），英军与西班牙军队展开第二次对抗，300名西班牙军人战亡，100名负伤，而英军仅损失60人。1660年，西班牙军队的第三次远征被击退，当地自发组成的游击队也被剿灭。

尽管信仰天主教的西班牙人并不抵触不列颠的新教政权，但是他们对目前英国的扩张心存恐惧，因此在1658年克伦威尔辞世时，整个墨西哥城一片欢腾。然而爱德华上校却决心抓着牙买加不放。被法国人赶出海龟岛的英国海盗很快发现皇家港是个理想的基地，可以袭击西班牙运载财宝的船只。爱德华上校也极力争取法国、葡萄牙以及荷兰的海盗加入他的队伍，并向他们颁发了捕拿特许证，要求他们袭击西班牙人，使敌军处于顾此失彼的状态。

可容纳500艘战船的皇家港迅速满位。港口朝海的南边由弗特·克伦威尔（Fort romwell，复辟之后改名为弗特·查尔斯）镇守。他们从爱尔兰、苏格兰以及西印度群岛的其他英属殖民地和伦敦监狱、穷街陋巷征募了新兵。到 1658 年，牙买加有 4500 余欧洲人和 1500 名左右的非洲黑奴居住在此。皇家港一下子变成一个繁华的城镇，到处充斥着妓院、赌窝和酒馆，仅 1661 年的 7 月，就有 40 家这样的店被授予营业许可,这些地方供应的一种别名“杀死恶魔”（kill devil）的朗姆酒,非常受欢迎。牙买加总督托马斯·马佛（Sir Thomas Modyford）写道：“西班牙人一直想知道牙买加民众遭遇的瘟疫带来的后果，当他们了解民众们的那些倍受欢迎的酒时，他们对牙买加瘟疫丧失了兴趣，转而惊叹瘟疫没有全部毁掉这个地方。”皇家港也有一两个教堂，但是一个刚从英格兰抵达皇家港的牧师随即乘着同一艘船离开，临走时说道：“这里的大部

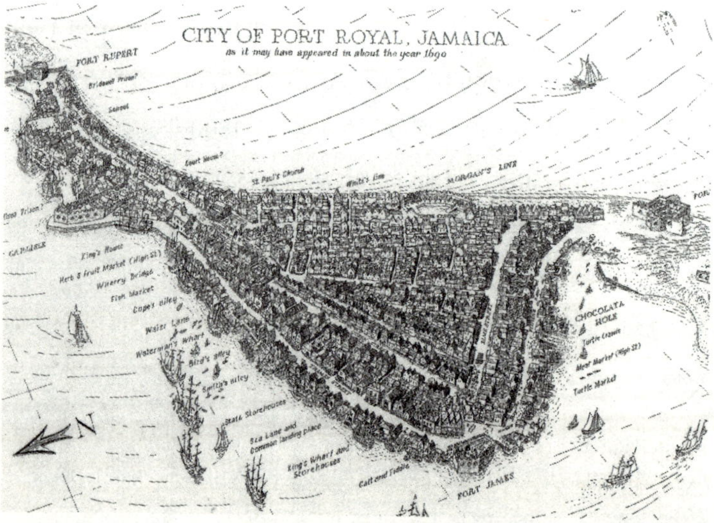


▲昔日繁华：1692 年大地震以前的皇家港。

分人是海盗、杀人犯、妓女和世界上最邪恶、最肮脏和最卑鄙的人，我在这里似乎没有任何的用处。”

罗伯特·维纳布尔斯和威廉·宾的一些军官们开始袭击哥伦比亚的里奥阿查和圣玛尔塔，以打击西班牙在美洲大陆的势力，然而短命的牙买加总督罗伯特·塞奇威克（Robert Sedgwick）却谴责这些行为是不光彩的。但爱德华上校在1661年被撤职之前发起并很可能有直接参与过对巴拿马（Panama）和卡塔赫纳的多次袭击。在英国占据牙买加后的6年里，皇家港海盗袭击了西班牙属地中的80个城市、4个城镇和36个小一些的殖民地，有些地方还频繁遭遇奇袭。即使是殖民地的内陆地区也难逃掳掠，因此，西班牙殖民者一发现海平面上有不明来历的船只便落荒而逃。

▲皇家港广场上的大炮在1692年6月7日的大地震中安然无恙。

1659年，在爱德华上校的发起下，克里斯多弗·敏上校（Christopher Myngs）洗劫了委内瑞拉沿海的库马纳港和卡韦略港，并从小城科罗劫掠了价值20万～30万磅的财宝。惊慌逃窜的西班牙人留下了22箱财宝，每箱都装满400磅的银币、各式各样的银制雕饰物、珠宝和可可豆。

1659年4月23日，战利品运抵皇家港，全城一片欢庆。之后，克里斯多弗·敏上校由于在官方验收财物之前中饱私囊，被逮捕并遣送回英格兰接受审讯。在起诉过程中，克里斯多弗·敏发现爱德华上校和其他皇家港官员也染指了财物，于是向法院提起了控诉。与此同时，1660年，英国恢复了君主政体。查理二世登基后立即与西班牙讲和，好战的圆颅党人爱德华上校被保皇党人温莎公爵（Lord Windsor）取而代之。1662年8月，温莎公爵抵达皇家港，他对其前任爱德华毫不客气，拒绝了其留在牙买加的请求，把他送回了英格兰。

# 违法掠夺

尽管政体改变，但温莎公爵并不打算结束获利丰厚的殖民地掠夺。他仅仅取消了原来的委任状，之后签发了新的委任状，并建立起海事法庭来保障他在分赃中的所得份额。尽管英格兰与西班牙正式缔结了和平协议，但这样的和平关系很快就因为1661年查理二世与葡萄牙公主凯瑟琳（Catherine）的联姻而受到冲击。除此之外，加勒比海地区处于英国法律管辖之外，一张和平协议显得无足轻重，尤其在财宝危如累卵的时候，双方都得拔弩相见。早在1662年，劫掠到皇家港的金银财宝堆积如山，政府提出建一家铸币厂。

1662年，克里斯多弗·敏返回牙买加，率领1300名士兵突袭古巴圣地亚哥（Santiago de Cuba）。尽管遭遇暴风雨和逆风，被迫在崎岖地形夜晚行军，克里斯多弗·敏最终还是拿下了这座城镇。两个月后，牙买加岛屿理事会允许克里斯多弗·敏向坎佩切发动突袭。1663年2月9日破晓时分，他率领1000名士兵登岸，率众冲锋，不幸脸部和大腿严重负伤。爱德华·曼斯菲尔德（Edward Mansfield）接管指挥任务，在上午10时拿下该港，并截获货物300余吨，但没有银币。西班牙历史学家把这次突袭称为“曼斯菲尔德突袭”。

这些袭击严重损害了英西两国的关系，也让西班牙国库一时损失惨重，存放在玻利维亚（Bolvia）的波托西城（Potosi）(当时隶属秘鲁总督管辖区）的巨额银币几近用光,菲利普四世（Philip Ⅳ）无法重新整顿墨西哥湾和向风岛屿上的舰队，只好再次求和。查理二世与西班牙缔结了新的和约并互换战俘。对于皇家港的海盗们，这意味着先前由克里斯多弗·敏领导的半官方性质的探险必须改为酒馆投资了。克里斯多弗·敏回到英格兰，并被授予爵位。后来，克里斯多弗·敏担任海军中将，指挥英国名舰“胜利号”参加英荷战争，1666 年 6 月在“四日战役”中身中两枪，被打穿了喉咙而死。

1663 年 6 月，巴纳德舰长（Captain Barnard）率军离开皇家港，洗劫了奥里诺科地区（Orinoco）的圣多美（San Tome），带回大量的战利品。1664 年 10 月，库珀舰长（Captain Cooper）以一艘装有 8 门大炮的护卫舰护航，率领 80 名海员和两艘西班牙的战获舰驶进皇家港。较大的那艘叫“玛丽亚”(Maria)，要驶往委拉克鲁兹，船上装着橄榄、油、酒和许多银汉鱼，还有 1000 英担（等于 46000 千克）水银，准备用于溶化新西班牙的低劣银矿。西班牙大使唐·帕特里西奥·莫勒迪（Don Patricio Moledi）对这些行为表示抗议。但牙买加的副总督查理·利特尔顿声称，最新的和平协议只禁止侵犯西班牙属地上的财物，而海上舰艇的角逐仍然属于公平的竞争。

皇家港最臭名昭著的海盗之一是洛克·布莱斯里阿诺（Rok Brasiliano)。他出生于荷兰的格罗宁根（Groningen)，后来移民到荷兰殖民地，现为巴西的巴西亚。1654 年，西班牙人和葡萄牙人侵占了巴西亚，洛克去了牙买加，对于那里的英国人而言，洛克是一个“令人震撼的巴西人”。他从私掠船上的普通水手晋升为拥有三桅帆船的指挥，他从海滨酒馆里征募了一批海盗，掠夺从新西班牙来的运宝大帆船。著名的艾斯克梅林是这样描述洛克掠宝归来的生活的 :“他穷奢极欲，把掠夺来的财物在几天内消耗殆尽，最终，他的胆大妄为让整个牙买加人心惶惶。”

在他早期的征伐中，他也曾在坎佩切被捕并送到西班牙，但最终他得以逃脱，返回牙买加。1668 年，他从海盗罗罗洛亚那里购买了一艘双桅帆船，船重 8 吨，装有 12 门大炮，并找了杰里斯·德·里卡特（Jelles de Lecat）作为他的第一个合伙人。同年 7 月，他们到蚊子海岸与亨利・摩根会合一起袭击巴拿马的波特贝洛港。在突袭委内瑞拉的库马纳港之后，带着俘获的第二艘西班牙双桅帆船回到皇家港。布莱斯里阿诺把这艘船作为自己的旗舰，船上有 8 名英国海员和 34 名荷兰海员，原来的那艘船归里卡特指挥。

1669 年春天，布莱斯里阿诺的两艘舰艇在摩根的老兵约瑟夫・布莱德利（Joseph Bradley）的八人舰艇的护卫下，驶入墨西哥湾袭击坎佩切湾的特尔米诺斯泻湖（Laguna de Terminos）周围的西班牙殖民地。三艘舰艇在远离坎佩切的海域上守候了 3 个星期，一无所获。布莱斯里阿诺在袭击坎佩切海滨的莱尔马港时损失了两名船员，之后布莱德利俘获了一艘满载面粉的古巴船只。他们返回特尔米诺斯泻湖，布莱斯里阿诺整修他的帆船，而里卡特则砍伐当地珍贵的染料木。休整两个月后，布莱斯里阿诺和布莱德利重新封锁坎佩切。布莱德利堵在港口的入口，布莱斯里阿诺则往该港的西南方向巡视守候过往的敌船。在靠近拉斯博卡斯（Las Bocas）的海面上，布莱斯里阿诺抓捕了三名渔民。在严刑逼供下，一名渔夫透露近期会有一艘从委拉克鲁兹来的船只，船上可能载着新的总督。然而事实上，船上所载的并非新总督，而是一名审计员。但是在该船到来之前，三艘西班牙武装舰艇出动驱逐海盗。布莱斯里阿诺往东北方向逃跑，他试图留在尤卡坦附近，但在希克苏鲁伯 [Chicxulub，现在普罗格斯雷索镇（Progreso）东边的一块狭长的沙洲 ]，一股强劲的北风导致船只失事。一位被捕的渔夫肆机逃回尤卡坦州府的梅里达，报告海盗登岸的消息。一支特遣部队随即出动。他们到达时，发现布莱斯里阿诺正在掩埋大炮和其他失事船留下的重型物件。正当他们准备拘捕，布莱斯里阿诺及其船员却驾船逃跑，有两名船员未及时逃脱。他们投降于西班牙人，并挖出了布莱斯里阿诺的战利品——60 枚炮弹、两架铜制回旋炮和一架镶有西班牙菲利普二世徽章的铜制大炮。

布莱斯里阿诺及其船员被里卡特所救，由布莱德利送回皇家港。之后不久，里卡特连同他的伙伴杰伊拉兹马截获了一艘西班牙商船。他们将其改名为“斯威利安”，凿沉了西班牙的双桅船，并带着战利品返回皇家港。

当时，西班牙人也试图反击。西班牙私掠船船长曼努埃尔·韦罗·帕达尔（Manoel Rivero Pardal）开始进犯牙买加海岸，这导致了亨利·摩根计划以袭击巴拿马来报复西班牙。在这场征伐中，布莱斯里阿诺和布莱德利在袭击查格雷斯河河口的圣洛伦索城堡（San Lorenzo castle）时双双负伤。布莱德利战死，而布莱斯里阿诺，据说在完全恢复后，加入了摩根的队伍，进军巴拿马地峡，一直到 1673 年，仍然在海上频繁活动。根据艾斯克梅林所说，布莱斯里阿诺后来落入西班牙人手中，在坎佩切遭到当地严厉的审讯和折磨。最后他供认，他把财宝藏在皮诺斯岛，西班牙军队前往该岛，挖掘出 10 万多的八里尔银币（即西班牙古银币）。

# 海盗首领

亨利·摩根大概是皇家港最出名的海盗。他1635年出生于威尔士的一个军事世家。他的两个叔叔托马斯和爱德华都是欧洲大陆上的军事冒险者，在30年战争中一路晋升。英国内战爆发后，托马斯加入了议会派，而爱德华则成为保皇党人。查理一世被处决之后，爱德华逃亡，托马斯成为议员派军队的少将和征伐弗兰德斯（Flanders）的副指挥员。亨利受家庭的熏陶有多少,鲜为人知，但他曾经说过：“我太早离开学校，以至于对海事法和其他的法律知之甚少，我一直都比较习惯用武器来解决问题，而非用书本上的知识。”

他19岁参加了克伦威尔的西部计划，跟随威廉·宾和罗伯特·维纳布尔斯。在占领伊斯帕尼奥拉岛的战争失败后，摩根留在牙买加，他逃脱了瘟疫，在战争和其他恶劣的环境中生存了下来。温莎成为总督后重新组织了民兵团，摩根成为皇家港民兵团的指挥。他拥有一艘舰艇，负责虏获过往商船，他还与克里斯多弗·敏一起袭击古巴圣地亚哥和坎佩切。

后来，摩根主张留在海上巡查，他在海上待了22个月。之后，他加入皇家港老兵大卫·马丁恩（David Martein）和约翰·莫里斯（John Morris）的队伍，进攻墨西哥湾。严格意义上，这次征伐是不合法的，因为当时的英国和西班牙有和平协议，牙买加新总督托马斯·马佛发出命令“停止一切对西班牙的敌对行为”。执行命令对于摩根是一件很困难的事情。但是，复辟之后，他的叔叔爱德华返回英国，并成为牙买加副总督，摩根的处境更加难堪。在前往牙买加就职的途中，爱德华在圣多明各停下，向西班牙总督传达了官方的意见，即他们会控制所有的敌对行为，但是应该允许对方自由使用各自的港口，允许对方文明地登岸、用水和借款。亨利·摩根和其他海盗首领一样，宣称自己对停战毫不知悉，继续按照两年前温莎所授予的使命行事。

1665 年 2 月，马丁恩、莫里斯和摩根环绕着尤卡坦巡游，虏获了停泊在坎佩切海域的一艘装有 8 架大炮的西班牙旗舰。2 月 19 日，他们停泊在格里哈尔瓦河（Grijalva River）河口的圣玛利亚镇。一队由 120 名海盗组成的先头登陆部队沿河而上，行军 50 英里，到达塔巴斯哥州（Tabasco）的省会维雅艾尔摩萨（Villahermosa）。凌晨 4 点，他们发动突袭，洗劫了整座城市，把战利品和战俘带上船，意欲离开。但当他们到达河口时，却发现由坎佩切发出的三艘西班牙旗舰早已俘虏了他们的战舰。

海盗们的退路被截断，他们释放战俘，同时试图找出别的河道逃走。但是当他们再次到达海滨时，300 名从坎佩切来的民兵架着刚斩获的十炮旗舰和八炮战舰正在等候他们。西班牙指挥官若瑟·阿尔达纳（Jose Aldana）要求他们投降，海盗们佯装听不懂。翻译到场后，他们表态，在战死之前决不放弃。西班牙民兵放弃与海盗硬碰，纷纷上岸，因为海盗们用沙袋垒成战壕，在后面架满小炮，依势盘踞；而西班牙部队皆为武装民兵，他们不愿以卵击石。

第二天，海盗们发现他们的战舰在海滩上搁浅，逃跑无望。

他们返回海滨，沿途抢夺小船。在西沙尔的海域上，他们截住了一艘运载谷物的船只，抢了船上的谷物后，释放了船只，并放话给尤卡坦的总督，扬言会回来并摧毁尤卡坦。海盗们在罗坦岛加水，随后袭击特鲁希略港，侵占港口，盗走了一艘新船。在蚊子海岸，他们雇用当地人当向导，把船只藏在尼加拉瓜的猴子港口（Monkey Point），之后乘着轻便的船只由圣胡安河进入尼加拉瓜湖。他们在晚间过湖，暗中靠近格拉纳达。1665 年 6 月 29 日上午，他们对市中心进行轰炸，摧毁了阿玛斯广场上的 18 架大炮。他们占领了驻军指挥部，抢走了那里的所有武器和弹药，把 300 多人锁在教堂里，在这座城市里烧杀抢掠长达 16 个小时。随后他们释放了囚犯，凿沉他们的船只，扬长而去。在过湖的时候，他们还截获了一艘 100 吨级的船，抢劫了苏冷提娜梅岛（Solentiname）。之后他们沿着圣胡安河返回战舰，在那年的 8 月返回皇家港。尽管他们的侵略行为是违法的，但是所有人都不能无视他们带回的战利品，因此他们没有遭到任何的指控。

当年年末，摩根与他的大堂妹伊丽莎白结婚，她是和她的父亲——海军中尉爱德华一起来到牙买加的。这时，爱德华·摩根已去世。1665 年 2 月，英格兰与荷兰再次爆发战争的消息传到了牙买加，托马斯·马佛派遣一支海盗舰队，在海军中尉爱德华的指挥下，袭击荷兰的库拉索岛、博内尔岛、圣尤斯达求斯（St. Eustatius）和萨巴岛（Sabá）。爱德华写下遗嘱后，于 1665 年 4 月 28 日登上他的旗舰“演说者号”离开皇家港。他手下有 9 名海盗和 500 余名士兵。由于风向多变导致航行速度缓慢，他们到圣多明各请求加水和其他的补给，但遭到拒绝。最后，海盗舰队袭击圣尤斯达求斯，摩根率领 350 名海盗登岸，很快占领了这座岛屿。然而军队的副指挥西奥多·卡里上校（Theodore Cary）却是这样描述的，“这位优秀的老长官，越出船舱的时候，由于体态肥胖不灵活扭伤了，烈日炎炎之下，对敌人穷追不舍，导致身体虚脱，突然身亡。”

爱德华·摩根成功占领圣尤斯达求斯岛后，海盗们拒绝跟随性情过于随和的副指挥卡里。他们转向对老对手西班牙人开火，尽管西班牙在第二次英荷战争中持中立态度。托马斯·马佛仍然需要得到海盗们的帮助，所以他再次召集海盗们。但海盗们不愿意返回皇家港接受君主的管辖，因此马佛选择在牙买加西南方的布卢菲尔德湾（Bluefield Bay）召开会议。600 名海盗出席会议，他们同意在曼斯菲尔德的指挥下向库拉索岛进发。

进发前，他们拟订了侵略古巴的行动方案，伪装成载有供给的船只。途中，他们拦截了一艘西班牙三桅帆船，杀害了船上的 22 名船员。在圣诞节前夕，他们驶入古巴的胡卡罗（Júcaro），要求购买补给品。遭到拒绝后，他们便顺理成章地洗劫了这个城镇。二三百名海盗向内地进发 42 英里，拿下了圣斯皮里图斯（Sancti Spíritus）并纵火烧城。海盗们把当地居民赶到海滨，用他们换取 300 头肉牛。尽管海盗们对古巴的掳掠没有经过马佛的授权，但他们争辩道，按照由海龟岛法国总督签发的葡萄牙人委任状，他们有权力这么做。

此时，马佛的特使来了。海盗们向特使保证，他们尊爱德华·曼斯菲尔德为他们的舰队司令，将要向库拉索岛进发。但他们很快就改变主意了，甚至连曼斯菲尔德的海员们都不愿意逆风向荷兰西印度群岛进发。他们公开声称，和西班牙人对抗，能够捞到更多的利润，并少冒一些风险，而这个正是海盗们的利益所在。因此，他们转而向位于巴拿马地峡牛嘴位置的博卡斯德尔托罗（Bocas del Toro）进军。此时，海盗舰队一分为二，曼斯菲尔德率领7只战船向哥萨黎加（Cosa Rica）西北方向航行，而其他8艘船则向东南沿海逆着那塔城（Natá）航行。

曼斯菲尔德1666年4月8日到达波蒂蒂港（Portete），在警报响起以前，就抓住了放哨者。他将船抛锚在蓬塔德尔托罗（Punto del Toro）之外，巴巴利亚海盗们就登陆了。海盗们的原计划是向内陆行军50英里，夺取卡塔戈（Cartago）的省会，实际上，他们首先夺下了距离河口6英里的小镇马第纳（Martina）。一位名叫埃斯特拉·亚佩利（Esteban Yaperi）的印度人从附近的托提克村（Teotique）逃出，将消息告知聚集众人于山中的图里亚尔巴（Turrialba）要塞的首领胡安·洛佩斯·德弗洛尔（Juan López de Flor）。他们武器很少，但茂密的丛林让这里易守难攻。曼斯菲尔德的部下很快在丛林中晕头转向，当看到有印度人带着点儿小麦，便互相厮打以求获得那极少的份额。听说敌军的这些情况，洛佩斯开始反攻。曼斯菲尔德和他的部下逃回到船中已筋疲力尽，近乎饿死，他们的两艘船也被摧毁。为了恢复名誉，曼斯菲尔德驾着剩下的两艘旗舰和几艘小帆船，试图袭击普罗维登西亚岛或者圣塔凯特利（Santa Catelina）。

这个地方20年前是英国人的地盘，不过现在还被少数的西班牙驻军占领着。

1666年5月25日中午，他们抵达普罗维登西亚岛，半夜200名海盗划船上岸。根据艾斯克梅林所说，亨利·摩根也是参与这次突袭的100名英国人之一。其余100名巴巴利亚海盗中，有80人是来自海龟岛的法国海盗，余下的20人是葡萄牙人和荷兰人。

他们横穿该岛，把分散的殖民地的西班牙人驱赶到一起。次日黎明，他们猛攻要塞，里面只睡着8名士兵，驻守的其余62名士兵四处逃窜。他们不费吹灰之力拿下该岛。岛上非常贫乏，曼斯菲尔德他们一无所得，法国海盗们还阻止英国人洗劫教堂。

10天后，曼斯菲尔德带着170名战俘上船，让哈特塞尔舰长（Captain Hatsell）、35名海盗和50名非洲黑奴留守岛上。他把囚犯扔在巴拿马地峡的巫婆角（Witches Point），然后返回皇家港，于6月22日抵达。他很幸运。因为三个月以前马佛和牙买加议会已经作出决定，针对西班牙的捕拿特许证是符合牙买加的利益的。然而马佛在给国务大臣亚灵顿（Lord Arlington）的信件中训斥曼斯菲尔德在没有得到命令的情况下擅自袭击普罗维登西亚岛，他在信中提到“如果曼斯菲尔德在接到命令后采取行动，那么这个行动是可以接受的”。曼斯菲尔德再也没有收到来自皇家港的委任状，因此他前往了海龟岛。根据西班牙大事记，他于1667年因中毒身亡。但是英国同时代大事记却是这样记载的：他被西班牙人逮捕，在哈瓦那被绞死。

曼斯菲尔德死后，马佛无法成为皇家港海盗的官方领袖。但他继承了他的叔叔的权力衣钵，成为私掠舰队的指挥。1667年年末，马佛惧怕西班牙的入侵，命令摩根集合英国的私掠船队和西班牙的囚犯。他与爱德华·科利尔（Edward Collier）及约翰·莫里斯一起出发。约翰是一名老将，曾参与过克里斯多弗·敏对古巴和坎佩切的袭击，以及摩根对墨西哥和巴拿马的突袭。这次的征伐还有一些法国海盗的参与，他们的参与给这场征伐提供了一个借口——法国与英国不同，法国与西班牙正处于交战阶段。他们在古巴南部小岛的海域上集合，摩根于1668年5月28日率12艘战舰驶入安娜玛利亚湾，700 人的登陆部队进军波多普林西比( Puerto Principe )，即今天的卡马威 ( Camaguey )。

西班牙人以马队和枪骑兵进行反击，但海盗们的强大火炮让西班牙人死伤接近 100 人，摩根的部队靠猛攻拿下了城镇。掳掠持续了 15 天，但只得到 5 万面值 8 里尔的银币。当大家要均摊时，这些钱币远远不够。后来，西班牙人又以几百头牛来换取人质。准备好充分的给养后，海盗们向位于蚊子海岸的格拉西亚—阿迪奥斯角进发。摩根提出袭击波特贝洛，但遭到了法国海盗的拒绝，他们对摩根在古巴的战利品中分到的微薄份额非常不满，开始抱怨征伐的危险与困难。最后，摩根率领 4 艘旗舰、8 艘小帆船以及不到 500 名的士兵，向巴拿马方向开去。

波特贝洛防御严密，摩根试图出其不意，一举拿下。他在博卡斯托罗抛锚，把士兵们转移到小划艇上，让他们向东划行 150 英里横渡蚊子海湾。他们于 1668 年 7 月 10 日到达波特贝洛附近，并在当晚登陆。他们迅速行军，在天亮前靠近城市。他们到达城市的第一个堡垒后，俘虏了一个哨兵，让他去说服他的同志们，不投降即死。他们得到的回答是一连串的枪声。海盗们翻过墙，在守军还未完全清醒的时候摧毁了他们的防守。摩根实践了他的话，他把西班牙的部队锁在堡垒内，并引爆了炸弹。

摩根的海盗们很快占领了城镇，他们朝一切活物开枪，无论是白人还是黑人，甚至连狗也不放过，意图制造恐怖气氛。第二座堡垒很快攻下。但由于地方长官率领 80 名士兵奋力抵抗，第三座堡垒却久攻不下。到中午，战争到了白热化阶段，当地居民趁机带着贵重物品躲进山林。摩根加倍努力，他令他手下做个梯子，顺着梯子爬上城堡的墙，用修女和修道士作为人体屏障。他们拿下了这个城堡，杀了 47 个西班牙士兵，还有很多受伤的。第二天早上，摩根率领 200 名巴巴利亚海盗穿过海湾，强迫驻守港口城堡的 50 名士兵投降。摩根后来派他的船只从位于巴拿马地峡牛嘴位置的博卡斯德尔托罗出发——他们的船现在已经可以安全地停泊在波特贝洛港口。摩根拿下了这个城市，并只损失了 18 名巴巴利亚海盗。

屠杀开始了。摩根手下们纵酒狂欢，在城市里烧杀淫掠，无恶不作。外科医生艾斯克梅林在他的《美洲的巴巴利亚海盗们》中说：摩根用残忍的方法折磨有钱的居民，直到他们说出把钱财藏在了什么地方；他们从水槽、花园、山洞里找到了大量的黄金、白银、金银器皿、首饰，他们先把这些值钱的东西放在海滨的仓库里，之后再将这些财宝运到摩根的总部。1668 年 7 月 14 日，摩根写信给巴拿马总督，说："明天，我们计划把整个城市烧掉，然后把城堡里的枪支炮弹和其他一些军需品一起运回来。我们会把战俘一起带回来……我们会按照他们怎么对待这里的英国人一样对待他们的。"

不过，摩根并没有马上把城镇烧掉。他向当局索要 35 万比索来保留这座城市。不过执行总督布拉卡蒙特（Agustín de Bracamonte）已经派出援军，他带了 800 人正向巴拿马赶过来，他给摩根的回信是：

我将你视为海盗。我的回答是西班牙国王的封臣不会跟低等人签定条约的。

摩根的回信如下：

虽然你的信并不值得我回复，因为你管我叫“海盗”，不过我还是得给你写几行字叫你们快点儿过来。我们非常乐意在此守候，准备用火药和炮弹迎接你们。如果你们不赶紧过来，我们将以上帝之名，以及武力的优势，在巴拿马城恭候你们大驾光临。现在我们打算驻守城堡，并为我的主人——英国国王来看守它们。我的主人有意守护这些城堡。不过，我相信明天如果你要和我决斗，你的人手肯定不够，所以我会下令释放这些可怜的俘虏，让他们来帮你一起作战。

当布拉卡蒙特第二天赶到时，他发现摩根说得是对的。他的人手确实不足，根本不足以对付波特贝洛的军事要塞——这些地方现在全都是摩根的人，一个个凶神恶煞、嗜血如命。在城外的丛林驻守一周之后，布拉卡蒙特下令撤退，剩下一名副官去和摩根谈判，最终以 10 万比索成交。7 月 27 日，摩根撤回到皇家港，带回了 50 万银币，300 名奴隶，像小山一样多的战利品。整整一个月，他和手下都在皇家港的酒店和妓院庆功，据说“皇家港的妓女非常多，这座城市简直无法开化”。

1668 年 10 月，摩根再次出发，号召巴巴利亚海盗们在牛岛和他会合，去攻打西班牙的另一个驻地。他走了不久，34 门炮的皇家海军三帆快速护卫舰 101“牛津号”（HMS Oxford）就到了皇家港。它的使命是来镇压海盗的，由牙买加来承担费用。不过牙买加总督托马斯·马佛认为这可以成为摩根的增援，于是派它跟在摩根后面，等待命令拿下卡塔赫纳。不过，该船船长与领航员发生了争执，当船航行到牙买加最东端的莫兰特港（Port Morant），他杀了领航员后逃走了。所以总督马佛只好任命爱德华·科利尔为船长，船上有 160 名巴巴利亚海盗。

12 月 20 日，“牛津号”再次出发时，它有了新的使命：要截获法国海盗船“风筝号”（Cerf Volant），船长是维维安（Vivien La Rochelle）——他刚抢了一艘弗吉尼亚的商船。新船长科利尔则直接往牛岛航行，他发现要抓的“风筝号”也在摩根的舰队里。他邀请船长维维安来他的船上，并把他扣下，将他的船一起开回皇家港，并且改名为“满足号”（Satisfaction），再回到摩根的船队。

回到牛岛以后，数千名巴巴利亚海盗聚集在一起讨论，有了“牛津号”，他们现在有实力去攻打卡塔赫纳了。当晚，他们狂欢狂饮，庆祝新年，也预祝他们的远征胜利。摩根邀请了一些海盗船长，比如阿莱特（Aylett）、比弗德（Bigford）、科利尔、莫里斯和桑伯利（Thornburry）——这些都是在海盗世界里很出名的人物，他们在“牛津号”的后甲板上用餐。同时普通海盗们就在前甲板畅饮，觥筹交错，“为国王的健康举杯，为胜利干杯、欢呼”。忽然，船上一阵火花，爆炸声起。船上的外科医生查理·布隆尼（Richard Browne）当时和摩根在同一张桌子上吃饭，他回忆说：“我正和伙伴们吃晚餐，这时突然主桅中弹着火，掉下来砸到了阿莱特、比弗德船长和其他人——直接砸在他们的头上。”

200 多人只有 6 个人活了下来——包括摩根和海盗船长约翰·莫里斯。不过莫里斯的儿子却死了。海水被血水染成了红色。其他船上的海盗们划船过来，从尸体上寻找值钱的东西，把死人手上的金戒指拔下来。

“牛津号”的惨败使他们放弃了攻打卡塔赫纳的计划，科利尔乘着“满足号”自己去劫坎佩切湾。摩根乘着 14 门炮的“莉莉号”，带着剩余的舰队朝东航行，企图抢劫一个叫特立尼达（Trinidad）

的西班牙小属地，以及委内瑞拉海岸的玛格丽特岛。不过这些都是些小岛，当他们到达圣多明各最东端的索阿纳（Soana）岛时，又有三艘摩根最好的船背叛了他。约翰·莫里斯依旧对他很忠心，虽然他自己还能召集 8 艘船，500 个人。

之后他们决定重复弗朗索瓦·罗罗洛亚两年前的做法，去袭击马拉开波。他们先在阿鲁巴（Aruba）补充供给——位于委内瑞拉海湾口上的一个荷兰小岛。1669 年 3 月 9 日，当他们靠近马拉开波湖入口时，发现自从罗罗洛亚的洗劫后，这里已经大大加强了武装防备，现在拥有 11 门大炮的城堡守护着海峡。所以摩根的手下只好先着陆再围攻城堡。驻军奋力反攻。但是驻军只有 9 人——8 名士兵和 1 名官员。当晚，驻军弃城堡而逃，就放了一束烟作为掩饰。摩根和手下在黑暗中一步步向前挪，却很有经验地发现驻军都不见了。他们迅速搜查烟的来源,找到后在“距离火药 1 英寸的地方”将之熄灭。

摩根的手下塞住大炮火门，通过浅滩航行至马拉开波湖。驻军已经撤离马拉开波城，只有 12 个士兵驻守——司令自己都已经开溜了。这些巴巴利亚海盗们故技重施，抢劫城市，搜索周围的农村，虐待有钱的俘虏，逼他们说出值钱的东西在哪里。三周以后，他们已经从马拉开波到了直布罗陀城，一样掠走了大量的财富。4 月 17 日，他们乘坐一艘古巴商船、5 艘双桅平底船回到马拉开波城，准备撤退。

不过，当摩根的海盗们忙着抢夺财富的时候，西班牙向风海峡舰队已经在马拉开波湖候命了，企图封锁住海盗的退路。这次，司令坎波斯（Alonso de Campos y Espinosa）准备了充足的火力来对抗摩根的海盗们，其中包括载有 14 门大炮、重 50 吨的“侯爵夫人号”（Marquesa），装有26门大炮、重218吨的“圣路易斯号”（SanLuis），以及有38门大炮、重达412吨的旗舰“梅格达莱纳号”（Magdalena），士兵总计500人。当他发现马拉开波湖入口处的城堡已经被遗弃时，他计上心来，迅速派了40名士兵占领这个城堡，配备重型火枪，并修好了里面的6门大炮。然后他将船上的重量减轻，往内陆航驶，以适应浅滩作战。司令坎波斯已经做好了充分的准备，他派人给摩根送了个条子，要他投降，他说已经获得“要彻底毁灭你,把你每一个手下用剑刺死”的命令。他在信里这么写：

这是我最后的决定——请留神听着，并记住我的大恩大德吧。我的勇士们已经准备好要向你复仇，为你在美洲土地上所残害的西班牙人报仇！

摩根在荒废的马拉开波城的集市上，向他的随从们大声宣读坎波斯的来信。在一片喧闹声中，海盗们直白地表示：他们即使战斗到死，也不愿意放弃他们的战利品；他们已经为了它冒过险，就不再乎多冒险一次。

西班牙人并不着急追赶摩根，摩根有了一星期的时间安排新的计划。1669年4月25日，他那支有着30艘舰艇的舰队驶入西班牙分舰队的视野，并停泊在那里。两天之后，在飘扬着舰旗的古巴商船带领下，舰队全速冲入封锁区，商船径直冲向坎波斯的旗舰。商船从旁边钩住“梅格达莱纳号”，并试图靠近它。但海盗们始终无法靠近它的栏杆。西班牙人终于跃上了商船的甲板，但他们发现另有12个海盗从另一边跳上了船——古巴商船上都是伪装物。那时，商船燃起了火焰，火焰很快就完全吞噬了“梅格达莱纳号”，坎波斯和他的那些惊慌失措的士兵们匆忙跳入水中以避免被火活活烧死。

旗舰很快就沉了，“侯爵夫人号”和“圣路易斯号”的船员立即砍断了锚索，去保护海盗们试图摧毁的碉堡大炮。但两艘舰艇都不幸触礁。船员们试图纵火烧掉它们，以避免落入海盗之手。然而，摩根的士兵们成功地扑灭了“侯爵夫人号”的大火，并使它重新浮起——尽管坎波斯想尽办法，他还是让海盗们又获得了一艘战舰。

碉堡仍然堵着摩根的去路。来自内陆和坎波斯舰队上的幸存者共计 70 名，他们组成了民兵团，在碉堡附近防守。第二天陆上的另一次猛袭被轻易击退，摩根只好退回到马拉开波，并向坎波斯提出以他手上的西班牙人质交换他的自由，但这个要求被拒绝了。

就在这时候，摩根从他逮捕来的俘虏那里知悉，碉堡的大炮并没有他想象得那么厉害，11 门大炮中只有 6 门能够正常使用。因此摩根开始重新安排他的作战计划。几天之后，他的舰队返回沙滩，并在大炮打不到的地方抛锚停泊。一整天，他的船只在海上来回地走，似乎是在把大量的士兵运到岸上；但事实上，士兵们只是躺在船底，一个都没有登陆。然而西班牙人却被这个把戏给愚弄了，他们认为摩根试图在当晚再次发动陆上进攻，所以他们把大炮转向陆地。但天色一黑，摩根的舰艇迅速起锚驶出浅海，途中一边扔下俘虏。

摩根于 1669 年 5 月 27 日成功回到皇家港，但此时他的海盗生涯也近乎结束。国务大臣亚灵顿重申国王的命令——必须停止一切针对西班牙的袭击。6 月 24 日，马佛声明，从今往后信仰天主的人民都应该是好邻居、好朋友。然而，时至今日，西班牙人已被皇家港海盗的频繁袭击折腾得很疲惫，他们决心采取报复。1669年4月20日，为了应对摩根对波特贝洛的袭击，西班牙摄政王玛丽安娜皇后授权美洲的西班牙官员可以自己签署委任状。葡萄牙私掠船船长曼努埃尔·韦罗·帕达尔收到一封来自卡塔赫纳总督佩德罗·德·乌略阿（Pedro de Ulloa）的委任状，于1670年1月3日登上“圣佩特罗港号”（San Pedro）——它有个更通俗的名字是“法玛号”（Fama），意思是“名誉”或者“流言”，在口语中还表示“屠夫”。韦罗向莫兰特港进发，但是一阵不和时宜的风让他错过了牙买加，到达了开曼群岛（Cayman Islands）。他烧掉了当地渔民一半的茅屋，然后乘着一艘双桅纵帆船，带着俘虏来的四个孩子想朝古巴驶去。他发现在靠近岛屿的东南端的曼萨尼约附近，还有一艘英国的私掠船，这是由伯纳德船长（Bernard Claesen Speirdyke）指挥的“玛丽与珍妮号”（Mary and Jane）。

1663年6月19日，伯纳德船长从皇家港出发，占领圣托马斯（St. Thomas），于第二年3月16日带着战利品返回皇家港。然而伯纳德船长对古巴的访问带着和平的使命。他释放了一些西班牙战俘，还附上了一封马佛给古巴当局的信件，表示两国和平友好。但是，他仍然是一个私掠船船员，他趁机偷偷地把走私货物贩卖给当地人。但当他离开古巴，在海上被韦罗的船只挡住了去路——他的船舰上还打着英国的国旗。韦罗开始询问伯纳德是从哪儿来的。

“从牙买加。”伯纳德船长回答道。

“伙计，准备开战吧，”韦罗降下他的旗子，叫嚣道，“我是来惩罚你们这些异教徒的。”

“法玛号”开火了，两船交火到天黑。伯纳德的“玛丽与珍妮号”试图趁夜色逃走，但韦罗的“法玛号”靠近它，船员登上了它的甲板。

尽管伯纳德船长只有 18 个船员，而对方船员数量是他们的四倍多，他仍然不愿意投降。伯纳德船长——这个韦罗所描述的“顽固而疯狂的异教徒”在“玛丽与珍妮号”被占领之前，与他的四名船员战死在船上。

韦罗放回了 9 名俘虏，让他们把消息带回皇家港，告知“为了报复占领波特贝洛港的牙买加人，西班牙国王授予他们为期五年的报复特许状，允许他们在整个西印度群岛附近活动”。同时，他驾着俘获的船舰回到卡塔赫纳，整个城市把这次胜利作为一个节日来庆祝。还有很多其他的国家愿意加入韦罗的船队。荷兰库拉索岛的总督威廉・贝克（Willem Beck）于 1670 年 2 月 5 日向古巴圣地亚哥的弗朗西斯克·格列西欧（Francisco Galesio）授权，允许私掠船可以在东印度群岛地区对英国采取各种形式的敌对行动，他还把授权书的复本寄给了马佛。5 月韦罗再次出海。这次，“法玛号”与“格拉迪娜号”（Galladina）一同出行，“格拉迪娜号”是两年前西班牙人从法国人那里俘获的海盗船。6 月 11 日，他们再次出现在牙买加的海面上，依然挂着英国的国旗。他们碰到了威廉・哈里斯（William Harris）的小帆船，他在牙买加的北边从事贸易活动，韦罗开始追赶这艘船，靠近船只，大骂英国人是“恶棍与无赖”。哈里斯的船冲上了岸滩，他们趁着韦罗的船只靠岸时向他们开火。韦罗最终让哈里斯的船又回到了海上，连同一只小皮艇一起带回了古巴。

第二个星期，“法玛号”和“格拉迪娜号”把 30 名士兵带到蒙特戈湾，在逃回古巴前火烧那里的殖民地。7 月 3 日，韦罗再次返回这里，这次船上有许多新人。船上的大部队刚开始持观望态度，不过第二天晚上他们在 50 英里外登陆，烧掉了一些房子。第二天，也是一样。这次，他们留下个字条，直接挑战摩根。字条上是这么写的：

我带着两艘船20门大炮专门来找摩根将军，而且现在已经见过了。我希望他能到海边来找我，见识一下西班牙人的威力。

摩根和牙买加政府不愿意上西班牙人的当。相反，他们决定用这个作为全面攻打西班牙人的一个铺垫——尽管国务大臣依旧在呼吁与西班牙和平相处。亚灵顿在给马佛的信里说，他已经取消了伯纳德船长的死刑，“在这些斗争以后，你也不必担心，因为你的人在他们的领地上也可以各自行事。”

尽管英国政府下过要和平相处的命令，但1670年7月9日，岛上当局任命摩根为“该岛上所有战船的将军和总司令”。摩根享有特权，领导所有士兵“攻击、捕获、摧毁所有敌人的战船”。8月11日，摩根率领11艘船以及600人出发。他的旗舰是120吨重的“满足号”，船上有22门大炮。不过，这次他的目标并不是西班牙船，而是巴拿马城，这个印度洋上的黄金仓库。摩根认为在巴拿马地峡靠着太平洋会比较安全。

# 摩根攻击巴拿马

摩根先去了海龟岛，然后去了牛岛，又有26艘海盗船1400名海盗加入了他的部队。当这支巨大的旗舰整装待发时，摩根派了些先遣队去探路。9月16日，爱德华·科利尔率6艘船从西班牙所属的美洲大陆补充些供给和情报。1670年10月24日破晓时分，他的舰队出现在哥伦比亚海域的里奥阿查。他先派小分队上岸，捣毁只有4门炮的小堡垒。他们射击的准确率非常高，西班牙驻军还以为他们遇上了正规军。驻军中有些是“加拉狄诺号”（Gallardina）战船的船员，这艘船就停在岸边。驻军很害怕落入英国人的手里，所以死命抵抗，坚持了一天一夜，最后终于投降了。然后科利尔处死了两三个居民，折磨剩下的居民，逼他们说出宝藏所在。一名西班牙市民说：“他们非常冷血，行为很残酷。”这样进行了4周，科利尔带着“加拉狄诺号”战船，38名囚犯，还有猪肉、玉米，回到了牛岛。

与此同时，约翰·莫里斯和他的“海豚号”在寻找供给的时候遇上了大风，所以只好将船停在了古巴东部的一个小海湾。两小时以后，天就快黑了，西班牙私掠船船长曼努埃尔·韦罗·帕达尔也来这个海湾避风。当他看见这里有一艘牙买加小船抛锚在此时，他很高兴，打算天一亮就开始攻击。没想到莫里斯先发制人，乘上他的“法玛号”，击中了韦罗·帕达尔的脖子，他就一命呜呼了。见到船长死了，他的船员们纷纷跳水，有的被莫里斯的手下打死，有的自己淹死了，只有 5 人被活捉。

当莫里斯乘着“法玛号”回到牛岛时，海盗们欢天喜地地迎接了他，他把船改为“羔羊号”，加入了摩根的舰队。当英国私掠船听说韦罗·帕达尔船长的死讯，更是惊恐万分了。有人说：“韦罗·帕达尔船长和摩根船长一样，喜欢烧掉房屋，抢劫岸上的居民，他令牙买加人闻风丧胆。现在他死了，挑战摩根船长的任务更为艰巨。”

即使是这样，韦罗·帕达尔船长一死，开战的理由也就没有了，摩根没有任何理由去改变他占领巴拿马的计划。现在他已经拥有 40 只船，2000 名英国、法国、荷兰的巴巴利亚海盗，外科医生艾斯克梅林也在其中。1670 年 12 月 18 日他们出征巴拿马，这次出征是有史以来海盗们最大规模的战斗。尽管他们这次的目标是巴拿马的财富，不过在经过普罗维登斯岛时，他们还是稍作停留，西班牙驻军不战而败，在圣诞日投降了。

摩根随后派出 3 只船共 470 人，船长分别为约瑟夫·布莱德利、洛克·布莱斯里阿诺和杰伊拉兹马，他们的目标是占领查格雷斯河河口的圣洛伦索城堡。杰伊拉兹马的父亲是哥本哈根的水手，他 10 岁的时候，第一次随父亲出海。他目睹过在北海上荷兰对法国和英国的战争。他的父亲在第一次英荷战争中（1652—1654）殉职，他本人则在第二次英荷战争中（1665—1667）被捕，在爱尔兰囚禁了 18 个月。之后，在与妻儿短暂的团聚之后，他去了苏里南（Surinam）。他和另外 6 人应是在那里重新建立一个荷兰殖民地，这个地方曾经被法国人占领过，后来这些法国人又被英国人驱逐了出去。当法国人返回这个地方，他们把杰伊拉兹马俘虏到马提尼克岛。他给一个退休的长官罗伯特·福里克特·德·弗利克(Robert Le Frichot des Friches）当船夫，并跟随他返乡。但来到海龟岛时，他就被遗弃了。刚开始，他在圣多明各的庄园里务农，后来被作为契约佣工卖给了海盗，但他很快重获自由。他回到了海上，在开曼群岛遇到了阿姆斯特丹的卡斯特船长（Captain Casten）正在检修船只。卡斯特船长拥有皇家港总督的委任状，杰伊拉兹马参加了他的军队。他们向阿鲁巴进发，带着西班牙的战船返回皇家港卖掉。杰伊拉兹马、洛克·布莱斯里阿诺和里卡合作买下了罗罗洛亚的双桅帆船。

▲巴拿马维埃荷（Panama Viejo）的遗迹。在这里所建造的第一个城市就是现在的巴拿马城。亨利·摩根和他的手下 1671 年烧毁了这座城市。

1671年1月6日中午，杰伊拉兹马和约瑟夫・布莱德利与洛克・布莱斯里阿诺在圣洛伦索城堡的视线范围内登陆。400名海兵大张旗鼓地向城堡进军。圣洛伦索城堡由佩德罗・德・伊利查德（Pedro de Elizalde）率360名士兵镇守。他告诉他的士兵们："尽管英军会来，但他们不会得到这座城堡。"

那天下午，杰伊拉兹马作为先锋攻打城堡。他的随从们遭遇了一场骇人的交火，洛克·布莱斯里阿诺报告说他们已经全部遇难，但是杰伊拉兹马竟奇迹般地存活了下来。第二次进攻仍然遭到了失败。太阳下山后，布莱斯里阿诺率众躲进冲沟里。他们匍匐靠近碉堡，往里面投掷手榴弹和火罐，大火顺势把木栅栏映得通红。大火持续了一晚上，摧毁了防御物，并炸毁了军仓。晚间，大约150名西班牙战士被困在城堡里。尽管如此，他们仍然拥有足够的士兵能够击退布莱德利第二天早上的首次进攻。但最后，一些从海龟岛来的法国海盗凭短剑打入城堡。此时，布莱德利身负重伤，但他仍然听到了"胜利了，胜利了"的呐喊声。伊利查德和剩下的士兵一直战斗到最后一刻。30名海盗被杀，另外76名受伤，其中包括布莱斯里阿诺和布莱德利，布莱德利被射穿双腿，在1月12日摩根及其主力到达前的5天逝世。

摩根是一个伟大的战略家和勇敢的战士，但是他绝不是一个好的海员。"满足号"领航去圣洛伦索城堡时触礁，并连同随后的四艘船只一起沉没。10人淹死，残骸后来被用于重造碉堡——理查・诺曼（Richard Norman）率领300人驻扎其中。摩根随后组织建造了36艘小船，装载1400名最好的船员去查格雷斯河。他们把所有能够带上的补给都带着，希望能在上游的村庄购买或者掠夺到更多的补给物。但当地的居民在大军到达前纷纷退去。摩根

▲在皇家港的废墟中潜水。

及其军队在丛林里行走了7天，没有任何的食物充饥，有些战士不得不煮了皮带和鞋子来充饥。他们被高烧和痢疾折磨着，在如此脆弱的时候，还要受到埋伏的威胁。200人在途中身亡。但在1月27日早上9点，他们终于到达山顶，看到了他们期待已久的南海，在那里，他们还能看到巴拿马城。当看到离小船不远处的运载着大量宝藏的船只时，他们备受鼓舞。随后，他们获知，这艘船上载着500万西班牙银币，它的僚舰也装运着大量的金币和珠宝。

大约中午的时候，摩根军队来到了一片平地上，平地上有好多的牛，于是他们停下来宰杀进食。酒足饭饱后，他们在能够看到巴拿马城瓦屋顶的地方安营扎寨。1月28日黎明，他们朝巴拿马城发动最后一次进攻，此时巴拿马总督胡安·皮尔·德·古兹曼（Juan Pérez de Guzmán）率300名骑兵协助2000名西班牙步兵向他们逼近。摩根的海盗们虽然寡不敌众，但都表现得非常大无畏，他们举旗向敌军发动进攻。随后，摩根意识到落日后的作战对他们有利。

古兹曼派出骑兵猛攻未受训练的海盗。第一次猛攻打垮了一百多人，随后西班牙步兵进发，印第安人把海盗军队后面的牛群吓得到处乱窜。但是摩根的军队一直保持冷静，他们精准的射击削弱了敌军的两次进攻。当西班牙步兵进入他们的射击范围内，他们发动齐射，随后扔下滑膛枪逃走，仅有4人或5人死在战场上。海盗军队在这次战斗中仅仅损失15人。

为了不让巴拿马城落入海盗手中，西班牙人在城中纵火，他们过于匆忙，炸毁碉堡的同时，连同碉堡内的战士一起炸死，然后逃亡而去。城中的百姓躲进了山林。摩根进入城内没有遭遇任何的阻碍，他们熄灭了大火，但发现城中已经被夷为平地，最富有的人家的房子以及满满的仓库都已经被清空。

摩根在巴拿马城待了4星期，派了几个分队去搜寻逃亡者。这些逃亡者被残酷地折磨，但是没有交代任何东西——城中的财富早就被转移到先前他们看到的那艘船上去了。非常讽刺的是，摩根还错失了这座城市最珍贵的战利品，这件战利品在他们占领这座城市的时候仍然还在，但一个狡猾的修道士却把纯金的祭坛涂成了白色。

西班牙人只好为摩根俘虏的人赎身，摩根因此而获得的战利品多达75万西班牙银币，包括一些达布隆、金块、银块、宝石、珍珠、丝绸和香料。这些用175头骡子来运载，穿过地峡到达圣洛伦索城堡。在那里这些战利品被瓜分殆尽。每个人得到的份额是200西班牙银币，大概价值18英镑，但所有人都认为他们的所得与所遭受的痛苦不成正比。另外，信仰天主教的法国人与信仰新教的英国人也存在着摩擦。有一部分人偷偷地支持一艘船去南海，摩根发现后把船凿穿。这一行为遭到了海盗们的抗议，他们认为摩根把战利品的大部分占为己有。

摩根乘着布莱德利的船“五月花”不辞而别，剩下的海盗军队四分五裂。艾斯克梅林在回牙买加途中，拦截了一艘在哥斯达黎加沿海地区肆虐的船只。杰伊拉兹马在蒙特戈湾遇到荷兰商船“白羊号”之前与西班牙人有些小摩擦。他在船上看到他的姐夫。他返回荷兰去见他的家人，他的告别晚会非常吵闹，以至于“白羊号”船长悄悄地离开，他却一无所知。杰伊拉兹马在接下去的27年继续在加勒比海地区从事着他的海盗生涯。当英国政府开始禁止海盗行为时，他仅仅把军队中的英国人放逐到孤岛上，这些人后来为前私掠船的船长莉莉所救。杰伊拉兹马与里卡合作，为西班牙人服务，他甚至改变了自己的信仰，信仰天主教，以此来达成与西班牙人的合作。1697 年他在比斯坎湾遭遇恶劣天气触礁沉船溺死。尽管在他的祖国荷兰，很少有人记得他，但是在库拉索岛，当地一直流传着这样的传说——他把财宝埋在海边的洞穴里。

1671 年 4 月，摩根洗劫巴拿马后，回到皇家港，皇家港一片

▲亨利·摩根在巴拿马城外，船长提醒读者，这座城市是他于 1671 年从“西班牙人手里夺来的”。

欢腾，当地的议会还发表了致谢信。查理二世却并不满意，因为他早已与马德里签订了和平协议。西班牙发出通牒，如果袭击巴拿马的海盗没有立即得到惩罚，皇家海军的“协助号”和“欢迎号”到加勒比海，那么西班牙将发动战争。1671 年 7 月皇家港新总督托马斯·林奇抵达皇家港，他倡导与西班牙和平共处。摩根和马佛被遣送回伦敦。尽管马佛被囚禁在伦敦塔中，他的生命和财产并没有受到威胁。第一年他被关在监狱里,但之后就恢复自由，并从未被起诉。他在 1675 年被释放，于 1675 年回到牙买加担任司法官。1679 年他逝世后，葬在西班牙的一个天主教堂。

# 一个东山再起的海盗

摩根以身体虚弱为由，从未被监禁过，在伦敦过着奢华的生活。他得到了众人的推崇，并有阿尔伯马尔公爵（Duke of Albermarle）为他求情。1672 年夏天，第三次英荷战争爆发，对西班牙的敌对行为恢复，摩根写了一篇关于牙买加安全的报告。

1674 年 1 月，林奇的总督位置被约翰·沃恩所取代，据说他是那个时代最出名的好色之徒之一，摩根成为他的助理。由于摩根需要有一个合适的爵位来担任新的职位，所以他被加冕了。

他回到牙买加担任海事法庭的审判官，负责审问海盗，他自吹道："我把我能够抓到的英国和西班牙海盗处死、囚禁或者遣送回西班牙。"

很少有人相信他。尽管摩根表面上是个令人尊敬的庄园主，但暗中却向他的老朋友——圣多明各总督德多杰隆颁发委任状，并在他的海盗行为中分得 10% 的利润。当时，英国海盗接受了法国人的委任状，查理二世称牙买加是"基督教的阿尔及尔"。

粗犷的摩根与贵族沃恩总督相处得并不融洽，他在牙买加议会多次控诉摩根。但摩根深受众人的推崇，多次都无罪开释，而沃恩的骄横跋扈却惹恼了海盗和议会。而摩根则把自己的精力放在酒馆的经营上，最后由于酗酒被停职。

一个名叫汉斯·斯罗恩（Hans Sloane）的年轻人，当时在皇家港当医生，后来成为大不列颠博物馆的创建者。他的西印度日记和其他的一些书后来成为大不列颠图书馆的奠基。在西印度日记中，他对摩根的描述是“瘦削、肤色微黄、眼睛淡黄、腹部突出”。他绝不是一个浮华的海盗，也“绝不会丢下他的随从，但他喜好酒和熬夜”。斯罗恩诊断的结果是——浮肿。他给摩根开了一系列的泻药和利尿药，包括蝎子油，但是摩根仍继续大量酗酒，药物治疗也没有发挥作用。“他进入了老年阶段，听不进任何人的建议，他的腹部膨胀得连衣服都扣不上了。”摩根更喜欢接受非洲黑人的巫术，让巫师不断给他灌肠，在他身上涂满石膏和水，但这样反而加重了他的咳嗽。1688 年 8 月 25 日，摩根逝世，留给妻子几千英亩的甘蔗园和 5000 多英镑。此时，沃恩被摩根的支持者阿尔伯马尔公爵取代，他要求举办一个全国性的丧礼悼念摩根。摩根的遗体放在炮架上在皇家港的街道上游行，最后被埋葬在圣彼得的教堂墓地——好多年前，摩根曾经出资建造这座教堂。摩根的资助并不完全是出于慈善，另一个原因是，从教堂的高塔上可以很清楚地看清通往港口的各条路线。摩根入土时，怀特船长命令停泊在港口的“皇家协助号”鸣炮 22 声行礼。皇家德雷克也仿效这一做法，停泊在港口的商船也如此。

▼1692年6月7日皇家港大地震的同时期版画，很多人认为这场地震是对这个邪恶的城市的报应。

亨利·摩根的去世标志这一个时代的结束。4年后，也就是1692年6月7日，皇家港毁于一场地震。拥有8000居民的城市沉入海底，夺走了曾经辉煌一时的海盗们的生命。这个曾经给他带来伟大声誉的海盗港口不复存在，剩下为数很少的幸存者建立了现在的金斯敦。

# 第五章　武器装备

一个心存恐惧的受害者，更容易成为真正的牺牲者；而武装到牙齿的海盗更容易使人产生畏惧。这章主要研究 17—18 世纪装备精良的海盗是怎样在他们的地盘活动的。

为了劫掠珍宝船或者更好地恐吓对方船员，让他们不战而败，精良的装备是十分重要的。海盗们所用的武器与那个时代的一般海员是一样的——确切说来是他们从海员那里掠夺来的。但是海盗们喜欢用抢来的武器来武装自己，像装饰品似的挂在身上，让受害者们感受到一种犹如对上帝般的恐惧。

# 短　剑

短剑是一种通常有两英尺长、粗糙沉重、宽刀刃、单刃槽的剑，据说是从早期的巴巴利亚海盗用来割肉的一种长刀演变而来。虽然短剑最初是用于岸上，确切地说是加勒比海和美洲中部的农业和林业者都随身携带的一种武器，但后来也同样得到海员们的青睐。短剑的刀刃有轻微的弯曲，刀刃外侧也十分锋利，这类似于马刀，只是刀刃比马刀略重且要短些。海盗们不像皇家海军一样拥有最先进的军刀——有优美的曲线，而且是银边的，把手是鲨鱼皮包的，并且很坚硬。

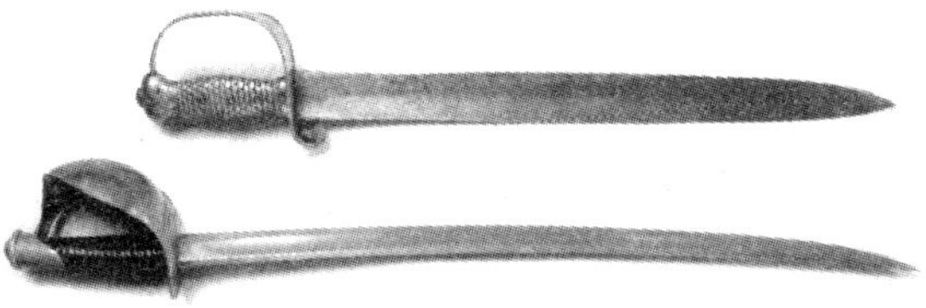

▲图中上边的是一把可以悬挂在皮带上的典型短剑，而下边的海军剑制作更为精良且优雅。

短刀刃的武器在船上战斗时也有一定的优势。当所有的绳索都混乱地堆积在甲板上时，通常就没有那么大的空间让你挥舞长刀刃的武器。短刀刃的刀可以在不增加重量的情况下造成更大的杀伤力，重型短剑一击就可以将海军那先进漂亮的军刀砍成两段。由于短剑有这样的优点，以至于世界各地的海军纷纷效仿。短剑适用于乱战之中，这就意味着宁愿砍断敌人的手也不要试图刺穿他的身体。而弯曲的短剑还能在战争中得到更好的掌控权：它不仅可以保持刀刃的锋利程度而且可以帮助你轻松地刺破敌人的皮肤；而它的锋利程度也足以劈开敌人的肌肉和骨头。当然短剑与能刺死敌人的细长的剑相比，威力相对较小一些，但是它用起来的速度快，劈人的效果也更加明显——用细剑刺人时，刀刃容易卡住，这会使你腹背受敌。

因为有着短而重的刀刃，短剑也具有捕杀大马林鱼、劈开船的舱口、宰杀家畜等功能，人还可以依靠短剑从树上爬下来。海盗们通常用它来劈开椰子以及生火，剥牛皮，劈开锚状物，或者将敌人劈成两半。

# 刀　具

在甲板船上，刀有很多种不同的样式。它们和其他利器一样，可以用来割断绳子和帆。任何的刀都可以用来作为最后一道防线，虽然海盗通常都携带着匕首（dirks）以及可以格挡的特殊短剑（mains gauche）、小剑（stilettos），宽刃匕首（poignards）和其他专门用于战争的剑。这些刀的刀尖都十分锐利，可以用来直接刺向敌人；虽然刀刃的两侧都有锋利边缘，但它们的劈砍效果并不是那么的好。

匕首的刀柄上有和刺刀一样的十字形槽，可以防止手从刀柄滑落到刀刃上，也可以防止敌人的刀刃滑向自己时伤到自己的手。一些匕首在设计时从精妙的剑术中，借鉴了可以用刀来防御对手的攻击和瓦解敌人的方法。有些匕首的特殊设计是为了砍断敌人的剑，也称为抵御匕首（parrying daggers）或重劈刀（blade-breakers）。

在刀战中，剑通常用于瓦解敌人的防御，使之处于暴露的状态，便可以用匕首刺死他们。但是海盗们通常变换着方式，匕首也可以用来抵挡或是回避剑的攻击，并且短剑也能随时用来反击。

海员们通常都随身携带着一种叫做“古力”（gully）的大刀。这种刀不是特地为了战斗而设计的，通常只有在困境中才会用到。这种刀很像我们今天在厨房里看到的刀，不过它们有些是像现代的小折刀一样折叠起来的。虽然有些大刀的两侧都很锋利，但是典型的“古力”大刀只有一侧是锋利的。这种大刀在船上有非常多的用处，如砍断纠缠不清的绳索、充当海员们的餐具，等等。也正是因为海员们常常使用这种刀，所以它们在内斗时，也成为主要的利器。

在加勒比海的船上存放着许许多多带有攻击性的刀，其中最常用的一种叫做熏肉刀，最早的巴巴利亚海盗在牙买加和圣多明各附近的岛屿上，就用这种刀来宰杀野猪、公牛等猎物。它们大小不同，形状各异，不过看起来很像劈砍弯刀。虽然这种刀主要还是生活中比较实用，但是战争中它们也能发挥有效的作用——它们主要是用来砍死对手而非刺死他们。

## 解索针

另一种很受叛乱者喜爱的武器就是解索针，也叫做穿索针。它的刀刃很粗糙，但是刀口却很尖锐。安装好木制刀柄的解索针看起来很像是准备调鸡尾酒时用的碎冰锥。解索针更多的是作为工具使用而不是武器，它是为了分开缠绕在一起的双股细缆而设计的，即如有两根涂有焦油的绳子松散地缠绕在一起时可以用它来分开。解索针还可以让船舶的木质的上层部分更加稳固。

大多数船长都会将武器收藏好，以免被人用作叛乱，但是解索针却不同，因为它们对船舶的正常运行有着不可或缺的作用，所以它就免不了会成为危险武器。

# 长　矛

17 世纪随着刺刀（the bayonet）的引入，长矛（hand-piks）和戟（halberd）便渐渐地从陆地战争中消失了。但是在西班牙开辟新大陆的时候又再次被使用。到了 19 世纪，长矛作为海上武器被保留下来并且成为了战舰的保护壁垒。

长矛的长为 10 ~ 20 英尺，有金属制的尖端和木制的矛柄。它们可以用于扔靶子，也可以和其他刺击武器一样用来近距离作战。而当用于阻挡进攻的时候，长矛有足够的长度进行更有效的防御，这一点是刺刀和匕首比不上的。但当在甲板上进行赤手空拳的搏斗时，长矛就会显得过于笨重而被弃之不用，并且随着高准确度的枪的引进，长矛最终被枪所取代了。

# 斧　子

斧子是海盗们用来辅助爬上船、斩断绳索、撬开密室的门或舱口的好武器，同时也是近距离战争中的一种致命武器。

斧子在防御过程中扮演着重要的角色。海盗们会经常将一个带有绳子的弯钩扔向另一艘船，借此把两条船的距离拉近，扯在一起，这时斧子就是斩断绳索的最有效武器。

长柄斧子是标准的战斧，木柄有 2 ~ 3 英尺，斧头是铁制的，重约两磅。斧头的一侧很锋利另一侧则是平的，因此它也可以当做榔头使用。斧子的最初设计不是用来投掷的，然而美洲的一些海盗却把印第安战斧（tomahawks）或短柄小斧（throwing hatchets）用作投掷武器。“印第安战斧”这一术语是出自弗吉尼亚的阿尔汞金语（Virginia Algonquian）的“tomahack”一词。起初，北美洲本土居民使用的斧子的斧头是石头做的，但是随着美洲殖民贸易的发展，一些猎人以及探索者们使用的金属制斧子渐渐取代了石制斧子，并且开始把印第安战斧作为标准的战斗设备。

▲海盗用这种斧子来辅助他们爬上敌人的船舰。

这是因为印第安战斧比一般的斧子来得轻巧，还可以用来投掷，所以它很快取代了匕首成为了新的防御武器。可是说到斩断绳索、撬开舱口，它就比一般的斧子略逊一筹了——不过它们在近距离驻扎战斗中还是很容易掌控的。

# 火 枪

在“海岸兄弟会”中，火枪是他们的战利品——西班牙人确信火枪就是世界上用来攻击这些“熏肉”海盗们的最好武器。

火枪只需用右手就可以很好掌控。在进攻的时候，火枪可以帮助海盗先清除甲板上的障碍，而且枪弹齐发的威力也不亚于大炮。另外，火枪在打猎方面也很有优势，当海盗们在陆地行动时就经常使用火枪来打猎，甚至还用来打劫村庄、伏击西班牙黄金列车和特殊兵团。

在 16—17 世纪，欧洲部队装备了大量的火枪，其中许多流往加勒比海地区，在此海盗们购买和抢夺了很多枪支。即使每个人都只携带自己的火枪，储备或分发各种各样的子弹也是一件复杂且不必要的事情——最好所有的火枪都可以来自同一个出处，拥有相同的口径。当海盗们抢占了一艘珍宝船后，他们总是要花很大力气来统一，或者至少是合理地处置他们的武器。

相较于重量主要集中于后膛的现代手枪，火枪的重量主要集中于枪口上，而弹头及所需的火药都是另外单独装入的。海盗火枪手对于武器需多少火药，以及火药得捣得多稠密都有着特殊办法。每次战前都需要准备一笔钱用于购置火药、填料、子弹等。在 17 世纪，更可靠的转轮式火枪取代了燧火枪。膛线——是枪管中一条可以使子弹快速旋转的螺旋形的槽——也是因为可以提高火枪的准确度而被引进的，然而在续装子弹方面，膛线火枪与滑膛火枪相比需花费更多的时间。

在甲板船上，火枪的尺寸却成了被广泛使用的最大障碍。它通常有5英尺长，所以一般都不会被用于近距离作战中，如当海盗船向受害者船只靠近时。原因在于火枪在射击时需双手，而手枪却只需一只手就行。火枪的射击更艰难也更费时，海盗携带火枪的唯一可能就是他们的腰上已挂满手枪。

滑膛枪（musketoon）是火枪的的缩短版。虽然它不够精准，但在使用上更为方便，尤其是在对精准度要求没那么高的近战中。可是当有标准击发装置的燧火枪出现时，滑膛枪就变得不那么可靠了。而且它体积太大，在赤手空拳的搏斗中一般还是使用短刀和匕首而非枪支，因为短刀和匕首都不需要消耗弹药。

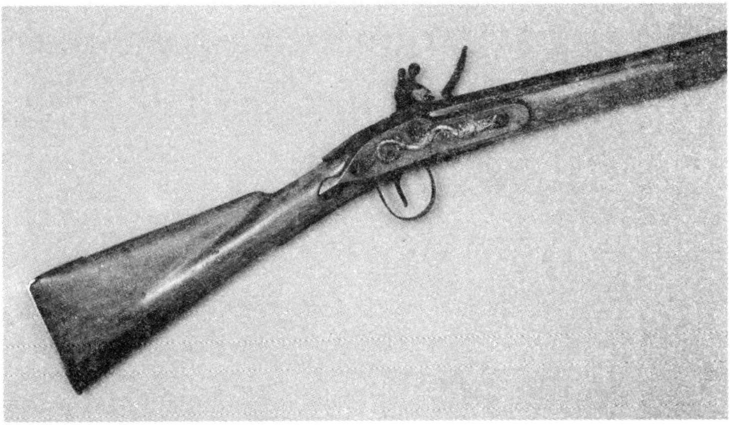

▲从18世纪起开始贸易的火枪，用的是燧石发火装置。

# 火 铳

像火枪一样，火铳也是一种短射程的武器。它的枪口口径足足有 1.5 ~ 2 英寸。相比起其他武器发射出一些小子弹或大量猎枪子弹，火铳可以发射一颗较大的子弹。这样，在拥挤的甲板上，它就可以用单一的爆炸造成巨大的杀伤力，效果更像手提式大炮而非一般的膛线枪（rifle）。

火铳的设计目的是发射大面积火力，因此会有一个漏斗状的铳尾来帮助散发弹丸。事实上，这对于提高散播弹丸的能力只起了很小的作用，但确实加强了火铳的威力，使它成为更可怕的武器。事实上，火铳早在 1530 年就被使用了，但直到 1840 年英国皇家才订购了大量的燧发火铳。

▼ 一对 18 世纪使用的火铳，虽然它们不适合远程射击，但是在近程射击时，仍是一种致命的武器。

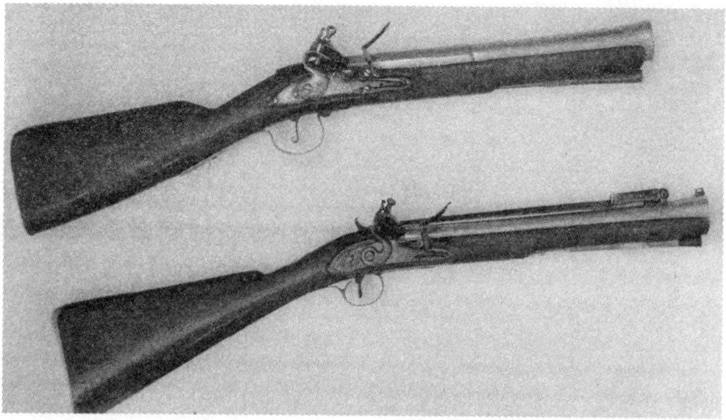

火铳的射程在 14 ~ 30 英尺。有些铳事实上就是大膛手枪，但是它们大多都有一个短小的把柄。这样的设计是为了避免它像火枪一样需要靠肩膀来固定，取而代之的是以臀部来作支撑，也可以在发射之前紧紧地握住把柄用身子的一侧来承担发射时产生的巨大冲力。这种武器通常没有瞄准镜的，所以也没有必要试图把它扛在肩上使用。

在短射程的射击中，铳是一种很致命的武器。10 ~ 20 英尺的射程发出的子弹和在 1 ~ 2 英尺时一样多，30 ~ 40 英尺则和 6 ~ 10 英尺一样多。但是，如果距离再远的话它就不起作用了。不过在多帆单桅小船（asloop）或兵船（a man-of-war）上，它的威力又显得更大了。

和火枪或是其他装子弹费事的枪支一样，铳在续装子弹上也是很慢且很困难的。在白刃战中，海盗们往往是一枪定胜负，而不太可能去开好几枪。没有子弹的火铳，只能用左手握着作为笨重的短棍使用——那你的右手就很难再使用短剑了。所以火铳应该在枪管头上再装一个折叠刺刀。不过由于枪管被设计得越来越短，最后它在刺的方面也没有什么效果了。

当海盗要准备上船攻击和搜查时，他们通常会先用火铳的枪声作为进攻标志，接着才用短剑展开战斗。因为轰隆的枪声和散发的烟气会使所有甲板上的人都心生恐惧。同样的，火铳在击退自己船上的敌人方面也是很有效的。虽然无法查找到任何相关记录，可以证实火铳是某些海盗船长在日常战斗中最喜欢使用的武器，同时它在击败叛变者方面也确实很有效。

铳从来没有大批量地生产过，可能是因为无论它们在甲板船上发挥过怎样重大的影响，但这终究没有发生在实际的欧洲战场上。

# 手　枪

手枪是所有武器中海盗最珍视的一种。各式各样、大小不一、价格不等的手枪都很受欢迎。手枪有普通款，也有为骑兵队和海军人员专门大规模生产的。然而，在那时候手枪的设计还是一种艺术形式，军械工人必须按订单来生产。例如，船长的手枪就要求专门设计成双枪，以此来象征他的地位。

与此同时，军械工人还特别注意枪管和火器机械装置的装饰。所以工人常会用银色、金色等华丽的色彩或精美的雕刻来装饰它们。装饰的图案有的是狗头或者锤子，或者是狮子、独角兽等一些来自他们自己祖辈的标志性动物。法国骑兵长的手枪一般都设计得很时尚精制，特别受海盗们的青睐。

船长把手枪作为对冲锋在前的第一批敢死队的一种奖励。分享战利品时，第一个志愿者可以从抢掠来的武器中任选一件作为奖品，因为志愿成为第一个冲锋上阵的人都是冒着生命危险的——对抗者通常都集中火力希望可以打退这第一次登船浪潮。而且即使你在反击中得以生存下来，你也需要付出更多的努力来继续作战直到第二拨人的到来。

手枪也是一种前装枪，但由于它的枪管较短所以比较容易装卸子弹。带膛线桶的手枪装卸子弹又比不带膛线的手枪更难，很多人曾尝试着找到制造后膛枪的方法，但当时大多数后膛装火药的武器都不太可靠，直到自成一体的弹药筒发明后，情况才有所改变。

# 击发装置

当海盗活跃在加勒比海一带的时候，火枪和手枪等击发装置经历了它们的过渡时期。刚开始的火枪，是一种很大的且要扛在肩上才能开枪的火绳枪。使用时要把一个缓慢燃烧的导火索或一些火药和蛇纹石连接在一起，形成一个相当于击铁或锤子一样的设备，然后在这个里面装满起爆粉末。扣动扳机的时候蛇纹石会自动下落，使得导火索掉进启动盘点燃粉末，火速地点燃枪管那头的火药，枪就能发射了。这种方法的使用率很低，因为它不能遇水，所以很明显不适合用于海上。

接下来是转轮式发火机装置代替了导火索。一个黄铁或电石制的轮状物与弹簧连接着——可以像时钟里的弹簧一样，起到紧致的作用。正因为这个原因，蛇纹石就不用再连接导火索而是连接一小片金属，当你扣动扳机时，弹簧被释放转轮开始旋转，随着蛇纹石的降落，金属碰撞，产生的火花就会掉入启动盘引爆火药。

之后出现了用弹簧击发的早期燧发枪（snaphance或snaphaunce）。这个时候一般把黄铁矿放在蛇纹石里，现在一般叫做“狗头”或者“击锤”，当“狗头”下降的时候，黄铁矿就会击中钢板或扣簧，产生火花，火花落到启动盘引爆火药，子弹就发射出去了。

到后来，加勒比海海盗的黄金时期大量使用的手枪改成了燧石发火的燧发枪（the flintlock）。燧石击像黄铁矿一样击中扣簧，产生火花，但是它们有大量更精致的附加装置，如扣簧上加了一个平锅似的盖子，在发射时保护盘内的启动粉末。他们还安装了一个弹簧式的装置，枪还可以半扳起来，以避免走火。

在燧发枪发射前,枪手将“狗头”拉回直到听到一个明显的“啪嗒”声，此时的枪是处于半扳起状态，启动粉末在这个时候注入枪管，这个过程和普通的火器相比，规模更小也更流畅，而且它所使用的起爆粉末被装在牛角做的火药筒里，包含了更多的硝石和硝酸钠，这使得它更容易引爆。接下来黑火药被大量引进，它是由硝石活性炭硫酸制成的。有许多办法是可以用于不断增强武器先进性的，但是从现今的标准来看，这些都还是比较弱的。如果把现今的高科技武器应用到 18 世纪的燧发枪上，那么它将具有毁灭性的力量。

填塞的原料被推进到枪管里之后就可以发射了，粉末还有填料子弹都需要用推弹杆（rammar 或 ramrod）来将它压实。所以在这种情况下推弹杆也就成为了枪支不可分割的一部分，如果没有它，枪就不能发射。推弹杆通过一个旋座附在手枪上，这样它就不易丢失了。

为了加快装卸子弹的速度，在装弹药之前海盗们通常将弹药用纸包起来，然后用一种特殊的弹药盒装起来，当需要的时候再将纸撕开倒入枪管中。

为了防止将枪管与面板连在一起的触摸洞被堵塞，以往海盗们通常只往手枪里装少量的启动粉末，但现在由于大铁锤和启动盘形成了一个弹簧式的装置，所以它可以装满满一枪的弹药。

通过拉回狗头直至发出另一种声音，我们可以知道此时的手枪正处于准备射击阶段，然后扣动扳手，狗头被释放，子弹就被发射出去了。

手枪的枪管通常有 4 ～ 10 英寸长，而且在手枪的手柄底部，通常有个金属制的盖子用来保持平衡。一旦子弹耗尽，手枪还可以被当做棒子来使用。在一些更贵重的武器中，这个盖子上还会有精美的雕刻图案或镶嵌珍贵的珠宝。

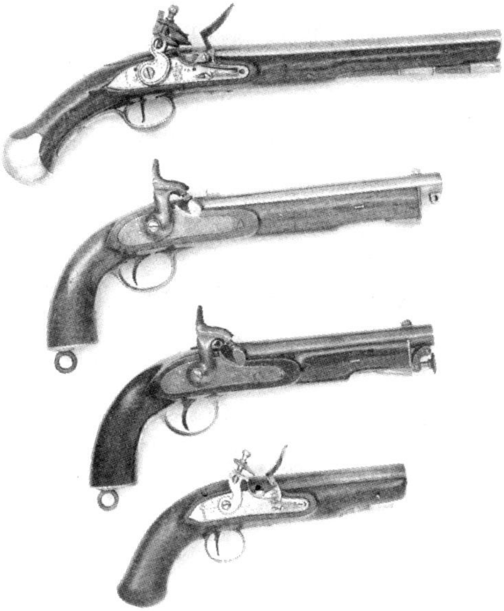

▲ 18、19 世纪各式各样的手枪：海上使用的燧火枪、打火式来复手枪，以及在印度洋上使用的打火式来复手枪和燧火枪。

某些枪身侧面有个增加存弹量的长管手枪，被叫做手枪卡宾枪（pistol cabines）。但其他方面和标准的手枪没什么区别，非常受偷猎者和强盗的欢迎。因为它们可以很容易地被隐藏起来。有时偷猎者会采用可以旋拧安装的枪管，以此来作为他们的专属标志。

早期的后膛装载燧发枪，也叫做“岔分手枪”（turn-out pistol）。装弹时将枪管拧下，将火药与子弹填入发射膛，然后再将枪管拧回去。这种装弹方式更加简单而安全，因为无须将火药与子弹通过枪管塞进去，填料和推弹杆也就都不需要了。从其他方面来讲，岔分手枪的原理和普通燧发枪也没什么区别，但岔分手枪却可以通过在枪管内刻蚀膛线来提高发射的准确度。

一般手枪的枪栓都设计在左边而不是右边，因此他们以“左手手枪”（left-handed pistols）而闻名。虽然这种设计并没有使射击变得更安全、更简单，因为事实上所有的手枪用任何一只手就可以很好地掌控,但是“左手手枪”可以让人更方便地用左手拔枪。大多数的人都喜欢用右手挥舞他们的短剑和弯刀，这就意味着左手正好使用手枪。当你要收起枪把它挂在腰上时，把枪栓朝向外侧也更安全和舒适。它也可以帮助避免拔枪时枪栓挂住衣服的现象。还有，即使你将普通手枪放在皮带上适合左手拔枪的位置，突出的枪栓也会顶住你的腰腹，而把枪栓放在相反的方向就恰好能解决这一问题。这就是左手手枪在海盗中流行的重要原因。

17 世纪、18 世纪的一种袖珍型小口径手枪叫“周六夜特别枪”（Saturday Night Special，罪犯在周末黑夜作案时多用此枪），它很小很容易隐藏，其中款式最多的是外套大衣手枪，它们的设计也都是为了更好地隐藏。这些手枪通常的特点就是狗头在手枪的中心部位，就像现今的锤子的一侧一样。而启动盘和推弹杆都隐藏在内部，这种款式的设计称为“盒式枪栓”（box lock）。盒式枪栓的生产比一般装在燧发枪上的枪栓更困难更昂贵，它是靠手枪的枪管和膛线来帮助瞄准目标，因此只适合在极短的射程内使用，盒式枪栓的装弹方法和其他填弹手枪一样。区别是，袖珍手枪的推弹杆没有和枪连在一起，而是单独隐藏。

燧火枪通常都是单发手枪，但也有一些多管的燧火枪。在大多数情况下，双管枪都使用两个单独的枪栓，每根管上各有一个。如果两根枪管是垂直的，那么枪栓会被设置在枪的一侧，而在枪管水平的情况下，枪栓则会被设置在枪的两边。如果只使用一个扳机的话，第一次轻微地拉动会击发第一根枪管的子弹，而第二次重拉则会击发另一根枪管的子弹。在通常情况下，一次只能拉动一个狗头，扣动一个扳机，不过有时候也可以同时扣动两个扳机。混合射击手枪虽然很沉重，生产也很昂贵，甚至有时候还会很不可靠，但是它仍然很受欢迎。

还有一种混合射击手枪，它只需要一个枪栓就可以控制两根甚至更多的旋转枪管，称之为轮转手枪。在这种情况下，每根枪管上都会设置一个枪栓，但它们都靠一个单独的狗头来启动射击。每根枪管里都装有弹药，狗头一扳起就发射了，然后这根枪管就会转开。当狗头再次扳起的时候，第二根枪管就处于准备发射的状态。其他的方法使用可以转动的龙头。龙头的转动可以使每一根枪管的启动盘里都装上火药。

双管手枪的设计是一次一发子弹，而齐射手枪（volley pistols）上却可以同时让多根枪管发射，它们可以在同一时间从不同的角度发射子弹。当扳机被扣动，所有的枪管会一齐发射。齐射手枪通常都会有 4 ～ 5 根枪管，在近距离射击中它们很有效果，但是装卸子弹和发射却是它们的一大难题。

虽然齐射手枪不常见，齐射步枪（volley rifles）却很普及，它们成为了现代机械枪支的先驱。在后膛装弹和金属弹壳被引进的时候它们才真正得到普及，而这已经是海盗的黄金时代结束很久以后的事情了。

## 武装与威胁

全副武装的海盗看起来会让人更觉得恐惧，他们的短剑等悬挂物始终挂在身体的一侧。在丝绒外衣的交叉皮带上，挂着他们的“信仰物”。不过在他身体一侧最醒目的还是要数那大量的手枪，腰带上通常还有很多刀子。他也许还会携带一把火枪，但是在登船的时候常常会抛弃掉。

海盗们通常会在前额绑上一块吸汗巾或方头巾来防止汗流入眼睛。如果有的话，他们还会在方头巾上再戴个三角帽。他们的脸会被火枪和轮船上其他枪械的火药熏黑。当然，他们是肯定不会洗澡的。如果长时间待在大海上，他们的牙齿也会脱落，他们的五官一般不会太完整，或者会缺胳膊断腿。坦率地说，长得像电影《铁血船长》里埃洛尔·弗林或者《黑海盗》里道格拉斯·费尔班克斯（Douglas Fairbanks）那么帅的海盗似乎是不太可能的。

# 大 炮

像小型武器一样，海军火炮在整个16—18世纪都在不断地发展着。当哥伦布航行到加勒比海的时候，陆地上和海船上使用的舰炮还是一样的。人们只是会卸掉陆炮的轮子，将炮管固定在上层甲板上。这种火炮是没法瞄准的。

16世纪末，海军火炮诞生了。火炮被安装在小的两轮或四轮底座上以方便移动。炮架上装置了炮耳和枢轴，用来调节火炮的仰角度数。

虽然追击火炮被放置在船头或者船尾，大多数的武器却配置在船侧，在大一些的船上，最多会配置50门火炮。攻击的主要策略就是将你的船侧朝向敌人，获取最大的攻击面积，然后同时发射该侧的火炮。取胜的关键则是不要让敌人也用这样的方式对付你。海战战术因而成为了很重要的一门功课。

在17世纪，军舰的三层甲板上会携带多达100门火炮，庞大的42磅火炮也成为了底层甲板上的标准配置。火炮的重量级别衡量的是其发射炮弹的重量，一门6磅火炮发射重量大约为6磅的实心铅弹，而一门32磅火炮发射的炮弹重量则约为32磅。

理所当然地，炮弹越大，火炮越重，火炮口径也越大，因此就需要更多的火药来发射。例如：一门两磅火炮的口径为2.5英寸，炮身重为600磅，需要3.5磅的火药来作为动力；6磅火炮的口径为3英寸，炮身重1000～1500磅，需要6磅的火药来作为动

▲“皇家海军胜利号”（HMS Victory）上的三个装炮的甲板，该船为能放置100门大炮的一级战舰（详见第六章），船身侧部的全部舷炮总重达1吨——除了最大的船以外，它能将其它所有船击沉。

力；24 磅火炮的口径为 4.5 英寸，炮身重为 3000 ~ 4000 磅，需要 18 磅的火药来作为动力；32 磅火炮的口径为 5 英寸，炮身重达 4000 ~ 5000 磅，需要 18 磅的火药来作为动力。随着炮弹的增大，火药与炮弹的重量比下降。因此，算出任何一次发射所需火药的精确重量就很重要。18 世纪，当海军炮手成为弹道科学指挥者的时候，这种算法也就发展成了一门专业知识。

大部分火炮的重量都集中在后膛，后膛是发生爆炸和施加压力的部分。大型的火炮发射次数也相对较少，一般能保证 500 ~ 1000 次的良好发射，超过这一界限的发射就不安全了。

由于炮弹重量的不断增加，大炮的重量也不得不随之显著增加，不过重量的不断增加却很容易使船超重。结实的甲板被要求用来承载大量枪支，船的结构也必须足够结实才能承受火炮反复同时发射时产生的强大后坐力。将重型火炮装置在离吃水线很高的地方也是危险的，过度装置火炮的船只很容易发生倾覆和沉没。其中此类家喻户晓的例子可能就是亨利八世的旗舰“玛丽·罗斯号”（Mary Rose）。

尽管最大的火炮在 2000 码的射程范围内都很有效，但在大多数的交战中，敌我之间的距离通常不超过 1000 码，有些时候身在 25 ~ 50 码的距离内，属于手枪的射程。

海盗们的单桅纵帆船通常只携带两门大炮，主甲板的两侧各配置一门，因为海盗们并不热衷于炮战。他们不会去破坏货船，因为那艘船可能就是他们下一个栖息地；有可能的话，他们会尝试通过速度甩掉追击的军舰。他们并不指望和那些长期受严格训练的海军比枪炮的操作技巧，海军的训练来自严明的纪律以及严厉的“九尾鞭”（cat-o'-nine-tails，由九条皮带编成的一种英国古代刑具）

惩罚。而这两点都是海盗们很不屑的。

▲海上战争：左图为丹麦海盗彼特·桑顿斯基尔率领一艘小单桅船，攻击一艘比它大的多的瑞典护航舰。

开过商船船头的时候，他们通常都会开炮警告，如果这一炮不能阻止，海盗们便会向货船的桅杆发射链炮——用链子连接在一起的几颗炮弹——用来破坏一两根桅杆，让目标船的速度降到足以让海盗登船。

18世纪，大部分船只上都配备有6～32磅不等的铸铁火炮，它们被安置在最低的炮台甲板上。海盗们则偏爱8～12磅的火炮，对于一群没有接受过训练的船员们来说，这是最容易操作的。

在拥挤的甲板上，解决发射枪炮时所产生的强大的后坐力成了一个难题。虽然沉重的木质底座和小轮子被设计用来防止火炮向后运动，但是它们在光滑潮湿的木制甲板上还是会很容易滑离原位。为了解决这个问题，海盗用穿过或是围绕着火炮尾座的长绳将火炮固定在船侧。此外,在火炮的后面还设计了一段小的斜坡，配合滑轮可以将重新装弹后的火炮拉到发射口。

## 炮 弹

17 世纪，人们开发了专为海上使用的特殊炮弹。主要是用于摧毁帆缆和帆，也有一些是专为杀死船员而制的。

最具杀伤力的一种被称为链炮（chain shot）。2 ~ 3 个铁质炮弹被用一根链子连接起来，逐一放入炮筒。虽然发射之后它们在空中的飞行路线有些诡异，可一旦击中目标就会产生无穷的威力。如果其中的一颗炮弹砸在甲板上，那么其他的炮弹也会向相反的方向发起猛冲。它们缠绕在桅杆上，把桅杆、索具和船帆统统绞成碎片。

棍式炮弹（bar shot）——也就是长的金属棒——也被用来对付船帆或者是船的侧边。它们可以在目标上穿出很大的窟窿。

杆（bundle shot）和棍式炮弹类似，不同之处在于它是用来射杀敌人的。通常会用一根绳子将一块铁捆在一起，以便于它们贴紧炮膛。一旦发射,绳子自动松开,铁棒就会四散飞落。碰到物体时，它们会旋转、弹跳，在拥挤的甲板上造成严重的杀伤。

桶弹或是盒装弹是在大的木桶或是铁质容器里装入小铁块或

是石头，击中船只时，容器会碎裂来，释放出致命的弹雨。葡萄弹（grape shot）的原理类似，但是作为炮弹的小铁球——直径大约在一英寸——被塞在炮筒中的两块木质圆盘中间，发射时，圆盘会分开，其中的铁球四散开来，在炮口形成一阵弹雨。在近距离作战时它的威力很大，通常用来对付登船者。

但是桑格内尔弹可能是最具杀伤力和最让人畏惧的武器了。尖利的碎铁屑被放在一个布包当中，发射的时候，布包裂开，碎铁屑向各个方向飞散。被这种武器击中的伤口是非常可怕的，而想从体内取出铁屑则通常会导致伤者死亡或者残废。

18 世纪，海军炮手开始在发射之前先把实心铁球烧红，这样的炮弹会点燃击中的船只。然而这是种很需要技巧的操作，火药会被铁球过早地引燃,导致炮手被炸死。为了防止这一情况的发生，他们会用水把炮筒弄湿，炮筒内部是干燥的，放入火药之后会加进一段木塞，然后才是烧红的铁弹。

爆炸炮弹是在 18 世纪被引进的，在一颗炮弹里装满火药，再装上一根合适的延时引信。如果时间预计得准确的话，那么当它到达另一艘船的时候会刚好爆炸。

后来的大炮使用了燧发枪击发装置来代替直接用明火引燃点火孔的方法。这种机械装置使用拉火索而不是扳机,是一种更可靠、更安全的击发装置。

# 回旋炮

回旋炮（也称为 patarero）是用黄铜或者青铜制造的小型火炮，被装置在船尾甲板或是沿着船侧的围栏放置，用来对付登船者或者在登船前清空目标船的甲板。其设计允许它们旋转 360 度以方便装填炮弹。船侧的围栏也提供了一个用来进行瞄准的平台，同时还可以吸收后坐力。它们也很容易拆装移动到船上别的地方。炮筒上焊接的两个把手使人们可以轻易地将大炮沿着围栏移至任何需要的地方，它们也可以被安置在战舰配备的小船上。

这种炮的绰号是“凶手”，在交战前它们会被装填上手枪弹药或是碎铁，但是直到敌人靠近时人们才会把它们装配到发射位置。当敌人登船时，抬起重量很轻的炮身安装到炮座上并不是件困难的事。直到最后一刻才装载回旋炮的目的就是让敌人难以判断什么地方是利于登船的薄弱部位。

回旋炮的体形相对较小，而且在远距离射击中不怎么有效，但是在面对近距离拿着短刀的敌人的时候，它的破坏将会是毁灭性的。快速装配弹药、容易瞄准与射击的特性让回旋炮成为海盗们最喜欢的武器之一。

有时候多管步枪、齐射手枪也会被安置在船侧围栏上。它们都有着很远的射程。人们可以用它们向索具射击，或者像现代战争中的机枪一样提供压制火力。然而，装填弹药会耗费大量时间，有些齐射手枪每边都有多达 25 根枪管，这也占据了大量的空间。

不过它们在阻止海盗从一条船登上另一条船方面还是很有效的。

## 其他武器

西班牙帆船桅杆中部作战平台上的守卫者们使用弓（bows）和弩（crossbows）作为武器，因为来自枪炮的火花会引燃船帆。在海盗的手中，它们也是很好的狙击武器。

一种名为“臭罐”（stinkpots）的东西被当做化学武器使用。像硫黄之类的有害化学物质被装在罐子里，一旦点燃之后会产生让人窒息的烟雾。海盗们将“臭罐”扔到受害者的船上，引起防御者的咳嗽、呕吐和混乱。

# 第六章　战舰

虽然海盗们很少为自己专门建造战舰，要有的话，也是很偶然的，但是有些船确实对他们而言更好用。第六章主要介绍了海盗们在鼎盛时期所使用的一些战舰，并向我们展示了海盗们的最爱以及原因。

大体上海盗们使用的战舰都不是专为他们设计的，他们所用的战舰大多是偷来或者强抢来的。海盗们用来航行的船只样式各异。在那个时代，船只主要根据船桅的数量、船帆的装配来进行分类；如果是用于战斗，就根据火炮甲板的层数来分类。

大部分海盗所使用的船只都有 2 ~ 3 根船桅，并且每根船桅都有自己的名字。对于三桅船而言，中间那根船桅是最为重要的，双桅船则是前面那根桅杆最重要，单桅船中最重要的自然也就是唯一的那根船桅了。后桅就是在双桅船或者多桅船上最后面的那根，而前瞻就是三桅船中最前面的那根桅杆。

船帆可以是方形的横帆（square-rigged）或前向和纵向的纵帆（fore-and-aft rigged）。横帆帆船的船帆从右角的桁端横穿到船桅上，再用绳子捆牢。一艘典型的三桅横帆船往往将每根桅杆分为三部分：下桅、中桅和上桅，每一段桅杆上都有一根桁端来固定帆布。横帆的最大优势在于顺风航行的时候，它可以聚集风的力量来推动船的行进；但这也正是它的不足之处，在逆风时，它的速度就变慢了。

纵帆帆船的船帆连接在斜桁上，并且从船的尾桅一直延伸到船的中央，这样就增加了船的灵活性。还有一些船挂有三角帆，它们的形状就像正三角形一样，就像现代赛艇用的这种。三角帆大大增加了船的灵活性，船就可以按人的意愿前行，而不再只是受风向的控制了。但是它们的捕风能力就不如横帆。典型的三角帆船是用灵活的桁端来固定尾桅，这就使得船帆可以随风灵活移动。有时在横帆三桅船的前桅和船首也会装着这样的三角帆以增加灵活性，或者系在船首斜桅上——即船前方伸出的桅杆。

挂在纵帆的斜桁或者船首斜桅上的斜桅桁下帆，也用于横帆船上来提高船的灵活性。大部分横帆船几乎每一根桅杆上都有额外的斜桁。这样在暴风雨中，就可以安上一种叫做斜桁纵帆的特殊的船帆，来纵向装置船帆。

遇到暴风雨或者是海浪汹涌的时候，横帆帆船就遭殃了，风暴会从桁端将船帆扯破。更糟糕的是，即使风暴没有将桁端的船帆扯破，被打湿的帆布也大大增加了重量，再加上强风的威力帆柱就会被折断。假如帆柱没有被折断，那也可能意味着整艘船都将面临着倾覆的危险——也就是说，在海里整个翻掉。因此当暴风雨来临之际，海盗们就会收起横帆，再竖起斜桁纵帆。

斜桁纵帆比一般的帆要小，它只固定在帆柱的底部。这样不但减少了船只倾覆的可能性，而且还减少了给高船桅带来的张力。由于这种船帆是纵向装置的，因此在暴风雨中的灵活性也较高。

船的不同的船桅上常混合挂置纵帆和横帆。一艘三桅横帆船会在三根船桅上都挂着横帆；而一艘双桅或三桅船，一般会在前桅或主桅上挂着横帆，而在后桅上挂着纵帆；纵帆船或单桅帆船上所有的船帆都是纵帆，虽然有时主桅的顶部也用横帆。

更大的船在甲板的安排上有所差异。大型船只主要分为两种，一种是大型划船，另一种是护卫舰。大型划船的甲板很平，而且在船尾甲板下面还有一个很大的船舱；为了方便进攻，他们还特意在船尾船舱内设计了一些射击孔，以便小型武器发射子弹。而护卫舰前甲板较高，它和后甲板之间刚好形成一个井状区域，前后甲板的前方都装备有结实的船梁和门；当船舶受到袭击时，防御者就要撤退进这个封闭的区域，从射击孔里向攻击者开火。

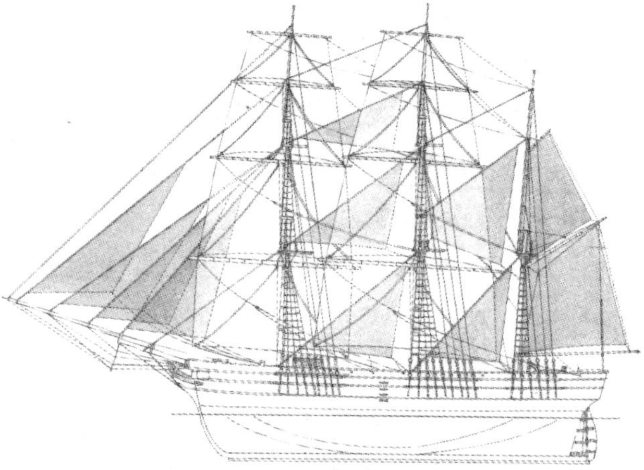

▲图为混合挂置纵帆和横帆的船。

# 多帆单桅船

多帆单桅船是一种单桅纵帆的航海船只，有主帆和船首三角帆，是现代帆船的始祖。这种船快速、轻便、灵活，所以一直是海盗的最爱。它们很容易操控，人手不多也不受影响。由于大部分绳索索具从主桅上滑落下来，船帆可以在甲板上支好，最后只需要一个人在高处守望即可。

多帆单桅船大小不一，小的可以是二人乘坐，大的可以是配备 12 挺大炮的皇家海军军舰。大部分这种船都是纵帆，船上通常会配备一个纵向主帆和两个前帆。当它们顺风航行的时候，也可以挂起两块方形船帆。这种船是最为理想的海盗船，因为它们吃水很浅，比如：载重 100 吨船才吃水 8 英尺，这样它们就可以进出那些重型军舰无法到达的浅水水域;而且，它们可以在风中自由航行，很容易追上那些速度缓慢的商船和逃跑的主计官。多帆单桅船的安全性能很好，当天气恶劣时，所有大的横帆船都要停滞在港口，它们却可以继续在海上航行。尽管有些大船在武器装备上大大超过多帆单桅船，但由于多帆单桅船的灵活性，它们可以轻易躲过进

▲图中描绘的是 1864 年英国纵帆船“海风号”离开意大利里窝那港。这种船有两根桅杆，可以挂置纵帆和横帆，是海盗们的最爱。

攻，对大船构成威胁。不过通常海盗们都会尽量避免海战，他们在海战中取胜的法宝就是突然袭击或虚张声势。海盗凶残的外表，就足以吓倒大部分的船员和旅客，使他们乖乖投降，装备有 6 ~ 7 门炮的多帆单桅船的威力，是可以同装备了 15 ~ 20 支枪的双桅帆船相媲美的。

18 世纪早期，在美洲沿海的加勒比海地带活动的海盗们大都使用多帆单桅船。其中百慕大群岛和牙买加尤其盛行，它们的长度在 35 ~ 65 英尺，并且在单层甲板上就配备着 6 ~ 12 支枪，虽然一艘船上不需要多少人来驾驶。但一般大一点儿的船上足足载了 150 多人。显而易见的，当皇家军舰引进多帆单桅船，他们就在消除海盗方面取得了极大的成功。

## 独桅船

在多帆单桅船的基础上进行了一些改造，于是就有了独桅船。它是一种靠单桅纵帆或斜桁帆来操纵的货船，这种船在海上特性很明显，适用于短距离的运输货物或是捕鱼，当然也有被用来走私或海盗抢掠的。在当时所有的船都进行了武装，比如：一艘用来掠夺的独桅船上通常会有 6 ~ 10 门重达 4 ~ 8 磅的大炮，它们被安置在甲板的最前端，船头和船尾还设置有旋转枪炮的支架。

但是它们不适用于长途运输或进行连续的攻击，一般打了就得跑。它们一旦发现了有战船在前方阻截，就马上掉转船头，向安全的水域航行，并且找一个地方把赃物藏起来。这种船上通常会有 20 ~ 30 个船员，他们和抢来的货物一起睡在甲板下；但是如果走私货堆放得太多，他们就不得不和大炮睡在一起了。

## 克朗姆斯特帆船

克朗姆斯特帆船（crumster，也称为 cromster 或 crompster）是由独桅船改造而来的。这种船看起来比较像小型的三桅帆船，是私掠船中较贵重的一种。

它的设计和商船比较相似，只不过前者上有一根后方桅，上面还悬挂着一面三角帆或一面斜桁帆。有时它也被当做战船用于战争，有时用来为大帆船护航。虽然缺乏速度，也缺乏像多帆单桅船一样的灵活性，但是它们用超过普通船只两倍的火力来弥补这些缺陷。当它们作为战船时，它们就特意设置一个专门安放大炮的甲板,在这个甲板上通常会装备 8 ~ 16 门炮,通常重达 4 ~ 12 磅，还有一些额外的炮就被放置在甲板的最前面。这种船上的船员是多帆单桅船的 3 ~ 4 倍，不过这还要取决于大炮的数量，但通常都在 60 人以上。他们的生活环境很拥挤，但这对于海盗来说不是最重要的，最重要的是一艘这样的船能掠夺多少战利品。

## 纵帆船

另一种受海盗欢迎的船就是纵帆船。它有两根桅杆，一般配备纵帆；船身狭窄，在和风中可以轻易地达到每小时 11 海里的速度；载重 90 ~ 100 吨，吃水仅 5 英尺，这使得它可以在浅湾中自由穿梭。一艘典型的纵帆船可以承载 8 挺大炮，4 支旋转枪和 75 个船员。

## 三桅船

三桅船（barquentine，也称为 barq，bark，barque）是一种小型的三桅贸易船。前桅装置横帆，主桅和后桅装置纵帆。它们被用于欧洲沿海地带或跨海峡贸易，但从来没在加勒比海盛行过。这种船负荷重，行驶得较慢，海盗对它完全不感兴趣——除非是作为猎物一并掠来的。

## 双桅帆船

虽然双桅帆船和三桅船很像，也是一种重负荷的船只，但是作为战斗船，它们也在海盗船长的选择范围之内。它们比三桅船大，前桅装置横帆，主桅装置斜桁帆，主桅的上桅帆装横帆，三桅之间还有斜桁帆，前后方向支撑两桅的多条缆索上还挂着三角形的支索帆，双桅帆船因此而变得非常的万能。当季风盛行的时候，横帆充分发挥作用，航行得最快；逆风时斜桁帆和纵帆就派上用场。一艘典型的双桅帆船有 80 英尺长，并且可以载重 150 吨，船上通常装有 10 门大炮和 100 名船员。

▲意大利双桅帆船，混合了横帆和纵帆两种船帆。

海盗们常常将抢来的三桅横帆商船改造成双桅帆船，他们通过移动后桅和主桅将船进行改造，省略掉了一些原有的设计，如：驾驶座舱、只有军官才可以使用的后甲板以及扶手，让船变得更轻便，行驶起来也更快速。他们还在原有基础上增加旋转枪炮，而原有的船首像或是其他标示性的物品都被取下或者是替代了。

▼ 1850 年，水手们正在给一艘威尼斯大型划船填塞隙缝，防止它渗水。常见的方法是涂上热焦油并塞上旧麻絮。

# 大型划桨船

大型划桨船一般装的是横帆。从船两侧分别伸出一排很长的船桨，每一根桨都需要2 ~ 3人来操纵。它们很少进行改装，但给海盗提供了袭击后顺风逃跑的好机会。顺风航行时，船头会更加接近风。为了战斗，海盗船上都会载许多的船员，所以由谁来划桨就不需要担心了。

威廉·基德（William Kidd）是少数独立拥有自己的私掠船的船长。当他是正式船长的时候，泰晤士河沿岸的一家造船厂就为他量身打造了一艘“冒险145号”战舰。这艘船有124英尺长，面积为46平方米，可载重287吨，主要特征是快速、灵活。这艘最新的战舰承载了34门炮，70多名船员，甚至更多的人。之后，基德成为真正严格意义上的海盗。

这是一种混合型的船，它有着新式船身，却沿用古老的划桨方法来推动船前进。3200平方英码的巨大帆布可以使船达到每小时14海里的速度；但是无风时，船就停止不动了，每只桨需要2 ~ 3个船员奋力来划，才能继续前进，速度仅为每小时3海里。就它的规格而言，这种船很重。为了适应战斗，它的船骨比一般的商船要靠得近，因此也更能经受住发射大炮的后坐力所产生的震动。

除了基德有一间很大的房子专门用来开会，以及他的大副在这附近有个专门的小房间以外，其他船员都是没有专门的住所的。

到了晚上，将近150个人蜷缩在角落里，那里也没有厕所。要解手的时候，他们就爬出去，到船头斜桅下解决。他们也同样没有厨房，只有一口大炖锅放在用砖砌成的炉床上，但这个锅只能在天气好的时候使用，因为它离火药储存的地方不太远。火是船员们最害怕的。带有巨大帆布的木制船是很容易着火的，并且只有少数船员熟悉水性，因此在甲板上禁止抽烟和任何明火出现。火药库里的照明灯都是从衬着锡、有着厚玻璃的灯笼中透过来的。

在“冒险号”战舰的火药库里存放着6吨的火药，还有许多重达一吨的巨型大水桶放在船的中央，用来帮助船保持平衡。要吊起这些大水桶和其他的压舱物得需要40人的共同努力。

## 独木舟

欧洲人到达加勒比海后仿造了当地印第安人的独木舟。他们用一个凿空的树干做船身，船身长达100英尺，宽为6英尺。有些船上还装了龙骨，这样就可以扬帆行驶，但通常情况下都还是靠划桨前行的。这种船特别受以海岸为基地的海盗的青睐，因为海盗可以用它们在攻击逆风行驶的船后，再驾船逃入珊瑚群和沼泽地等一些不易被捕获的地方。很多人就是以独木舟来开创他们的海盗生涯的，接着才一步步有了帆船。亨利·摩根就是用大独木舟在美洲中部穿过河流逆流而上，并沿途掠夺西班牙内陆移民的财物。

# 西班牙大帆船

西班牙大帆船对海盗来说是非常丰厚的珍宝船，因为西班牙人把它当做兵船或运载财物的商船使用。大帆船最显著的设计特征就是船体向内倾斜并向船头逐渐变细，细得就像伸入水中的船梁一样，这个设计的目的主要是使大炮的重量可以尽量靠近船中央，提高船的稳定性。即使这样，它们在深海中航行时依然容易触礁。

它们在护航队的保护下顺利穿越大西洋，输出商品，收获财富。由于船上珍宝多，它们很容易受到袭击，因此要全副武装来应对。典型的大帆船可以承载 74 门大炮，船身的两侧各安装 36 门，剩余的两门安置在船尾。为了击退爬上船的海盗们，他们在围栏周围安装了大量的回旋炮。一艘船里大约有 200 名船员和 40 名乘客。由于船头只有一个很高的驾驶舱，而所有的乘务员和乘客都睡在船尾，这就往往会导致船的不稳定。和船身的长度相比龙骨就显得很短，这让大帆船比其他船更容易颠簸和晃动。1588 年，西班牙的“无敌舰队”的大帆船就因此而遭到更小、更稳定的英国战舰的攻击。不过与它的前辈们相比，西班牙大帆船船身更为光滑，速度更为快捷。

大部分的西班牙大帆船都是四桅船，在一般的后桅之后又加装了第四根桅杆（bonaventure），上面还挂着三角帆，从而使大帆船的速度最快达到每小时 8 海里。这些大帆船被英国的海盗掠夺后，英国的木匠就将大帆船的上层部分锯掉从而提高它们的速度，使它们更有利于海盗的航行。

为了保护自己免受海盗袭击，西班牙珍宝船常常在护航队或者舰队的保护下才能航行，并且用最结实的船来运输。这样的船更适合于运输不适用于战斗，如果它们的速度一直只有每小时8海里，那么它们将很快会被单桅小帆船和纵帆船所捕获。然而，这种大帆船的侧面所发射出的强大的火力足以抵挡任何对手的袭击。如果一艘海盗船不断靠近并企图登上它的时候，装备在船最外侧的新月形尖刀就会砍断海盗们的绳子防止他们登上船。

大帆船的主桅和前檣之间有一个战台，当海盗们企图爬上大帆船上的时候，战台上的射箭手们会对准海盗发起猛烈的进攻。为了防止火花无意间点燃帆布，所以火枪是不被允许使用的。

## 兵　舰

皇家海军派出了大量有着精良的武器装备的船只来镇压海盗。虽然有时候它们也会被用于运输财富或为商船护航，但是它们主要是为了战斗而非商业服务设计的。有时它们会被部署行驶在商船的附近或周围，给那些自称海盗的人设下陷阱。

根据火炮甲板（gun deck）的层数，兵船可分为三种主要的类型：小型护卫舰（corvette）通常只有一层火炮，护航舰（frigate）有一层半，而战列舰（ships of the line）可能会有两层甚至更多。我们也可以通过船桅的数量来推测一艘船有多少层火炮。

▲小型护卫舰采用三根船桅，而不是普通的两根。尽管船很快速、轻便，但船上通常配备有12磅重的大炮——如果大炮太重，船会无法承受。

◀1798年皇家海军的护航舰缴获了一艘海盗的护航舰，名为“利古里亚”（Liguria）。

## 小型护卫舰

小型护卫舰有时也叫做小型武装舰艇（sloop of war）。一艘典型的小型护卫舰有两根船桅，一般是双桅横帆。在一个火炮甲板上，它们通常承载了 10 ~ 12 门炮，每门重 6 ~ 12 磅。它是一种快速、轻便的船，可以快速进攻却不需要依靠庞大的武力。

## 护航舰

护航舰一般是三桅横帆的。很明显，它比战列舰小，大炮主要在火炮甲板上，在轻甲板上也有小部分大炮。一个护航舰上面承载着不同型号的 24 ~ 40 门炮，每门炮的重量在 12 ~ 24 磅。

## 战列舰

战列舰是一种主要用于战斗的船舰，也可以说是最大的兵舰，一般为三桅横帆。在那个时期，战列舰可以承载 32 ~ 144 门大炮，装在三层甚至是四层的火炮甲板上。在 18 世纪中期，战列舰的三号甲板可承载 74 门炮，数目还在增加。然而，在一些比较小型的战列舰上只有两个火炮甲板。它们所承载的大炮重量比其他兵舰要重，通常每门炮有 32 ~ 42 磅重，西班牙大帆船、兵舰以及西班牙战列舰的设计目的都是一样的。

## 船的维修和保养

对海盗来说，如何维修和保养他们的船永远都是一个首要问题。生长在热带水域中的水藻会缠绕着船身，从而减缓了船的航行速度，使船变得难以掌控；海洋中的钻孔动物也会对木制船产生危害，其中最常见的是一种凿船虫，又被称为船蛆或桩蛆。它们通常是一种蠕动的软体虫，但仅有小部分的尾部被壳覆盖着，身体其余部分细长呈管状，有些特殊的种类还可能有 6 英尺长。船蛆白色的贝壳上有凹凸的纹路，由于壳肌的伸缩，贝壳可以每分钟旋转 8 ~ 12 次，利用壳面上的锉状嵴将木屑锉下来。这种生物腐蚀木板并且在洞穴里分泌酸性污垢。它身体的管状部分会延长到洞穴口，并从水中摄食和呼吸，并排出废物和虫卵。它们一年会产下上百万颗卵，它们可以依附在船体上进行一次次漫长的旅行。另一些钻孔虫会一层层地腐蚀船板，为了防止这一情况的发生海盗们通常会在两层夹板中间刷上一层沥青。

海盗们不得不每三个月把船带到偏远的港湾进行拆卸，对它们进行定期的保养。为了防止受到袭击，他们把枪炮设置在港口的土垒上。之后他们把船拉到沙滩上，并翻过来，从船的底部开始维修，他们把洞修补好，并在船体上涂抹一层动物的油脂。这些维修工作都得在无人居住的荒岛或是当地居民友好的地方进行——大多数的加勒比海印第安土著人都喜欢去抢夺这些曾经奴役过他们的殖民者，他们也喜欢分享一瓶朗姆酒及尝试一下海盗的狂欢生活。

早期在船体涂抹铅的实验之所以失败，是因为铅和铁钉之间会发生导电,或者铁环会把防护的金属给侵蚀掉。当海盗们有钱后，他们更喜欢用抗虫的雪松木制成的三桅船和双桅帆船，这种木头大量种植于百慕大群岛一带。

# 第七章　海盗船上的生活

18 世纪文学家塞缪尔·约翰逊博士（Dr.Samuel Johnson）说过：“没有足够胆量使自己进监狱的人，就不能成为一名海员。因为在海上就像坐牢一样，还多了随时淹死的可能；而在监狱的人还有更多的空间、更好的食物，以及大体上更好的伙伴。”

18世纪的囚徒可能并不会完全同意他的说法，但是，海上的生活有时候确实是极端糟糕的。木制航船通常是一个潮湿、阴暗、毫无生趣的地方，船舱里散发着臭水和腐肉的气味；要把船封闭到完全不漏水是不可能的，因此，就算是风平浪静的时候，船舱也经常进水；当海上刮风的时候，海水就像瀑布一样沿着舱门泻下，任意冲刷甲板;船舱里长期需要使用水泵，如果某个地方湿了，就很难再变得干燥。所以，水手们常常要忍受伤寒、抽筋和黏膜炎的折磨。在不需要拼命拉绳起帆，不需要抽水的时候，他们会爬进水手舱，和同伴们挤着盖潮湿的毯子。

然而，与大部分普通海员相比，加勒比海上的海盗们就幸运得多。尽管他们也要冒着可能会在暴风中丧命的危险，但在天气暖和的时候他们都能睡在甲板上——通常是一个挨着一个地躺着，密密麻麻地铺满整个甲板，或者用一位船长的话来说就是：像一群狗在狗窝里一样地趴着。

因为海盗需要人手来开炮和抢占别人的船，所以海盗船上的船员一般要比普通商船多三四倍。一艘长仅36米，宽仅12米的船可以装250多个人。

尽管如此，相比自己在皇家海军船上所经历的情况，很多皇家海军的水兵认为海盗船上的生活就是天堂。在那里，喝酒不只是军官们的特权。由于海盗船上人满为患，他们就有很多空闲的时间来让自己喝醉。在海军船上，鞭打水手是家常便饭，鞭打完还在伤口上撒盐或者抹醋增加他们的痛苦，因此许多海军水手都渴望去当海盗。在皇家海军船上，经过简单的审讯，就可以将人吊死在船帆桁端，尸首抛去喂海鸟，因此许多普通水手被迫当侩子手。他们是绝不被允许上岸的，除非在一些渺无人烟，谁也不会逃跑的地方。海盗船和海军船上一般都有医生，但都不专业，所以，一个受伤的海员，活下来的概率很小；就算他在船上活下来却无劳动能力，他也会在下一个港口被驱逐上岸，不管那是什么地方。也许海盗们最终难逃一根绳索结束生命，但至少他们的生活还有盼头，可以过几年自由自在的好日子。

▼这是一张从船尾到船头的三层航海船剖面图。船员就睡在底层甲板上的吊床里，就在放武器那层的甲板下方。而皇家海军船上，每个人只有14英寸的空间。

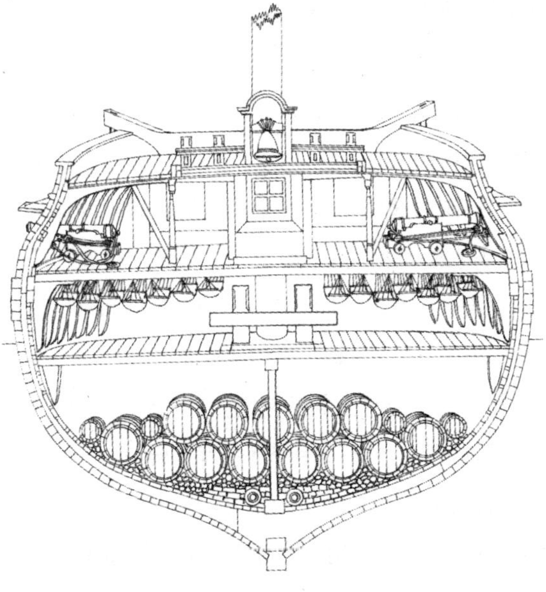

疾病对于所有海员来说是一个长期的威胁，一次航行损失一半船员并不足为奇。有时为了抵抗瘟疫，甲板要用醋和盐水彻底刷洗；有时也会用法国白兰地来杀菌消毒；还有沸腾的沥青和硫酸也能用来消毒货舱——但即使如此，也总有些常年潮湿的边边角角清洗不到。在航行的过程中，船舱底下垃圾废品等日积月累，逐渐成为一个滋生鼠群、蟑螂和害虫的地方。

海盗的饮食除了肉，几乎没别的，因此他们很容易得坏血症。由于长期缺乏新鲜水果和蔬菜中富含的维生素C，导致牙龈肿胀、牙龈出血、关节僵直疼痛、下肢静脉曲张、皮下出血、皮下组织出血、贫血以及伤口持久不能复原等。除了这些，他们还可能会得疟疾、黄热病和痢疾——特别难受的时候，他们上厕所都要沿着船首斜桅爬出来。巴塞洛缪·罗伯茨曾经在穿越非洲某一湿软河床时损失100多名水手。当时性病十分普遍,因此海盗们登上抢来的船只，在洗劫战利品前通常是直奔药品库，翻天覆地寻找当时用来治疗性病的汞的化合物。

船上的食物通常很糟糕，鱼和肉散发着腐烂的味道，淡水存储在货舱的大木桶里——还不时发出恶臭；普通商船和战舰上的饼干布满黑头象鼻虫蛆，很多人都只能在黑暗中才能进食。而海盗船上的情况则更糟糕，由于船上人员众多，根本不能储备足够的食物和水，海盗经常忍受极度饥渴，且随时有可能被饿死——但正是饥饿和干渴让他们更加肆无忌惮地掠夺。

当海盗抢劫完一艘储备丰富的商船，或者上岸后，他们都喜欢品尝一种味道浓郁香醇的意大利式凉拌菜（salmagundi）——这个菜名来自法语,就是“大杂烩”的意思。他们将鱼肉、海龟肉、鸡肉、火腿、猪肉、咸牛肉、鸽子肉、鸭肉等任何能拿到的肉都切成块状，浸泡在烈酒中，然后和腌制的青鱼、凤尾鱼、卷心菜、芒果、洋葱、棕榈心、水煮蛋、橄榄、葡萄，以及所有泡制过的蔬菜混合在一起，再倒上油和醋，撒上盐巴、胡椒粉、蒜头和芥菜子。整个菜要配着朗姆酒或啤酒一起吃，这无疑是为了消除其中强烈的味道。

从商船上还可以抢到一些其他好吃的东西。在那个年代，有些船只会带点“小零食”（petty tally），比如杏仁、葡萄干、香料、果酱、咸肉片和牛肉干。波卡洪塔斯（Pocahontas）[①]的情人、曾经发现过詹姆士敦的约翰·史密斯（John Smith）船长在他 1627 年写的书《海的原理》（*A Sea Grammar*）中这样说：“当一个人生病或将死的时候，就会知道一碗无论是加了肉桂、生姜还是糖的黄油米饭，味道都不会比咸鱼或咸牛肉更好吃。而暴风雨过后，那些可怜的水手全身湿透，有些人没有衣服可以换，冻得直发抖，这时一杯烈酒就远比一杯劣质的啤酒或是冷水更能让他们暖和身子而不生病。”

1614 年史密斯船长去新英格兰探险的时候被海盗俘虏，三个月后他成功逃跑。

在船上的大部分时间，海盗们除了打牌掷骰子，通常都无所事事；如果有多余的弹药，他们也会开枪射击；除此之外，喝酒也是一种慰藉，特别是朗姆酒和加了糖、柠檬酸、香料等的朗姆酒；也有些人做祷告或是读圣经。1727 年，船长巴塞洛缪虏获了“奥斯陆号”（Onslow）护卫舰，全体船员要求护卫舰上的牧师当他们

---

① 波卡洪塔斯：波瓦坦人部落的公主，她与詹姆士敦的英国殖民者交好，而且据说曾搭救过约翰·史密斯上尉，使其未被她的族人处死。著名迪士尼动画《风中奇缘》就是根据她和史密斯的故事改编而成的。

的牧师，主要负责制作潘趣酒和做祷告。当牧师拒绝这个职位以及他可以分到的一部分战利品时，海盗没有强迫他留下。一个目击者说："不管海盗在别的方面有多残忍，他们对牧师说的话却万分敬重，因此他们决定遵从牧师的意愿。"

为了找乐子，海盗们还会举行模拟审判，演习他们被抓到并被送到军事法庭审判的场景。在《海盗通史》一书中，笛福叙述了一次在古巴海岸外一个无人居住的珊瑚礁上举行的海盗的模拟审判。扮演法官的海盗叫乔治·布拉德利（George Bradley），是"晨星号"船上的领航员。他坐在一棵树上，肩膀上披一条帆布来代替法官的法袍，头上戴一顶毛茸茸的帽子来代替法官的假发，鼻子上则架着一副硕大的眼镜；船上的军官手持绞盘棒，象征权威的杖子；一个侩子手拿着绞索立于一旁。他们将被告带出来，让他做出各种各样痛苦的表情，然后扮演首席审判官的海盗开始说话：

尊敬的长官阁下，陪审团的先生们，站在你们面前的是个无耻之徒，他在海上犯下了无数掠夺罪，我恳请立即将他处以绞刑。尊敬的长官阁下，我们要证实站在您面前的这个恶人，曾千百次在风浪中死里逃生，他甚至在沉船后也能安全着陆，这足以说明他天生就不会被溺死。但是他一点儿都不怕自己会被吊死，继续烧杀抢夺，奸淫掳掠，就像魔鬼上身一样。这还不算完呢，尊敬的阁下，他还犯了更恶劣的罪行，我们能证实他连喝点儿啤酒都是有罪的。尊敬的阁下，您要知道，这是个完全没有一刻能保持清醒的强盗。阁下，我本来应该说得更好的，但是您知道，我们的朗姆酒喝完了——一个不喝一杯的人怎么会精通法律呢？因此，我希望阁下您能判处这家伙绞刑。

这是个一点儿都不公正的法官，他从树上站起来说：

听着，小子，你这龌龊的可怜虫，奇丑无比的无赖，告诉我们为什么不应该立即将你吊起来晒成稻草人？

然后法官叫被告为自己辩护。但被告申辩说自己是无罪的，于是法官威胁不用审判就直接吊死他。被告申诉说："尊敬的长官阁下，我是个诚实的人，我是被臭名昭著的海盗乔治·布拉德利所俘虏（就是正在扮演法官的那个海盗），是他强迫我当海盗的。"

最后，布拉德利判定对被告处以绞刑，并给出三条理由：

第一，没有理由我坐在这里当法官却没有人被吊死。第二，你必须被吊死，因为你就长着一副该死的需要被吊死的嘴脸。第三，因为我饿了，小子，你知道，如果在审判结束前法官的饭菜已准备好，那么那个犯人一定会被处死，这是为你准备的法律。你这个无赖，来人啊，把他拖出去！

1722年8月，"晨星号"离开那个珊瑚礁后不久就在大开曼岛搁浅，不过船上的船员都安全上岸。它的僚舰芬恩（Fenn）随后进港查看得知他们都没事，但此时，两艘战舰却出现并击败了"晨星号"，它只好切断了船缆向海面驶去，一些船员抓住船桨才得以逃命。海岸巡逻队上岸围捕了四十几个"晨星号"的船员，而布拉德利和其他人隐蔽在树林中。不久，他们向一艘百慕大单桅帆船投降。

有时候海盗的表演进行得过分激烈了，以至于最后不得不以暴动收场。有历史记载1717年的一个案例，当时有个被告因过分投入表演，致使他相信自己即将要被吊死。于是他向法官扔了一枚手榴弹，然后拔出短剑砍断了一个扮演原告的海盗的手臂——这位“原告”称自己为亚历山大大帝。

海上的生活不仅给他们提供了极多酗酒和表演的机会，也使他们摆脱了平常生活中许多他们憎恨的现象。海盗船上没有等级

▲海盗表演模拟审判自我娱乐——丹尼尔·笛福《海盗通史》。

之分，没有人比其他人更有权威性。船长是选举出来的，但是没有对别人发号施令的权力。

笛福说："水手们允许他当船长的前提是，他们可以越过他当新的船长。"

重大决定是通过举手表决的。船长很容易被废除，除了可以多分到一些战利品外，他没有什么特别待遇。虽然他们允许巴塞洛缪·罗伯茨使用船长的小房间，拥有小数目的瓷器和银器，但是所有船员都可以随时进出他的房间——不分昼夜——自由使用他的陶器和餐具，当然，有些时间是属于船长自己使用的。

1721 年，沃尔特·肯尼迪（Walter Kennedy）在英国伦敦老贝利街的中央刑事法庭接受审判的时候跟法官说："船长是从海盗当中选出来的，但事实上他仅有一点点权力，那就是在交战的时候，他才有绝对的发号施令权，不受任何约束。"肯尼迪曾经是罗伯茨的军需官，当罗伯茨在苏里南的魔鬼岛（Devil's Island）外追逐一艘双桅横帆船的时候，肯尼迪控制了他的"罗孚号"（Rover）。

笛福写道："在追赶敌人或战斗的时候，船长的权力是无限的，他可以下令殴打、砍伤甚至枪击那些不服从命令的海盗。"海盗选择船长的标准是知识丰富、英勇无畏，最好刀枪不入。胆小无能的船长很快就会被罢免，一艘船上几个月内可以更换 13 个船长，因为他们相当清楚一个无能的船长会给他们带来什么样的麻烦。

"罗孚号"曾经在船长豪厄尔·戴维斯（Howell Davis）和巴塞洛缪·罗伯茨的管理下都运行得良好。但到肯尼迪接手时，他们被从罗伯茨的余部中分离了出来。罗伯茨责备来自爱尔兰的肯尼迪，并从此不再招收爱尔兰水手。肯尼迪将船开往巴巴多斯岛并在那截获了一只船。在弗吉尼亚，他自己险些被捕，而他的一些船员则被捕并被绞死。肯尼迪和一些志愿水手驾着“波士顿号”（Boston）战舰起程开往他的祖国爱尔兰，但由于偏离航线极远，他在苏格兰西北部一条小河上搁浅。将船抛锚停泊后，他们都假装是遇难船只的水手上岸。

他们挥金如土，过着奢侈放纵的生活。最后他们中的17人在爱丁堡被捕，两个人被出庭指证，9人被绞死。与此同时，肯尼迪开始了他去伦敦的旅程，他在德伯特福德开了家妓院。不久，因为与他手下的一个女孩争吵，那个女孩指控他是抢劫犯，于是他被送进监狱。那个女孩又找到一个他的前水手证明肯尼迪就是海盗。他被转到马夏尔西监狱（Marshalsea），当时的海事监狱。他在老贝利街的中央刑事法庭接受审判，1721年7月19日在伦敦沃品（Wapping）的杜克刑场（Execution Dock）被绞死。

船长既是勇敢的斗士也是熟练的水手。他需要及时了解最新的重大事件，需要知道新的殖民地、战争、盟约以及贸易的基本发展情况——这些知识在选择猎物时起着生死攸关的作用。当截获一艘船时，船上的人都会被询问最新的信息。海盗船长还要知道物品的价值，这样他才可以平分战利品。他们必须懂得有技巧地使用模棱两可的标准来满足每个人的公平分配。船长还必须是正直的，而这被认为是最重要的，他们曾废除过一个对俘虏过度残忍的船长。

# 海盗法典

海盗船上也有严格的法规规定什么可以做，什么不可以做，比如，海盗要决斗，必须先得到船长的许可，这些规则都是经过大家同意的。

一个懒人曾说过：“少点儿法律条规会更公正。”

但海盗们还是会拟订条款，对着圣经或者斧头宣誓。巴塞洛缪·罗伯茨制定的条规最为详细全面，其他人的条规则各有不同。船长乔治·劳瑟的条约规定，第一个发现猎物的人可以得到船上最好的手枪或者少量武器；他们还规定，如果第一个发现猎物的人想要更好一点儿的住所，这也是可以得到满足的；有些条约规定，犯谋杀罪的人要被判处与被杀害的尸首绑在一起，扔出船外——皇家海军也采用这个惩罚条款。船长约翰·菲利普斯（John Phillips）则规定，如果有人点蜡烛没有加灯罩，在船舱中吸烟时烟管没有加烟帽，或者殴打船员，要被判处鞭刑，裸背鞭打 40 下；而对一些小过错的惩罚通常是被每个船员鞭打一下。

有时他们会使用船底拖曳的刑罚。首先将犯人双手绑在一起，吊在主桅下帆桁的一端，然后用一根很重的绳子绑住双脚，绳子尾端绕过船身到主桅下帆桁的另一端。给犯人的鼻子和嘴巴绑上

▼“我的地盘，我的规则”——巴塞洛缪·罗伯茨的海盗法典条规。

1. 对重大事件，每个人都必须享有平等的表决权。每个人应有资格随时享用截获的新鲜食物和烈酒，并且可以随心所欲地享用。除非遇到供不应求的情况，为了大家着想，有必要提出节约使用的要求。

2. 分发战利品时，按名单表上的顺序叫人。每个人除了他们固有的份额外，还可以换上抢来的衣服。但是，如果有人在盘子、珠宝或者钱的价值上欺骗同伴，哪怕仅仅是一美元，他也会被放逐。如果有人抢劫，他会被切掉鼻子和耳朵，然后驱逐上岸，扔在一个肯定能让他吃尽苦头的地方。

3. 任何人不得玩骰子或者纸牌赌钱。

4. 晚上八点后不许开灯点蜡烛，如果八点后还有人想喝酒，他必须坐在甲板上喝，但不能开灯。

5. 每个人都必须保证任何时候他的刀剑和手枪都是擦干净的，且随时可以使用的。

6. 船上不得有男孩或者妇女。如果有人被发现诱奸妇女并将之乔装带上船，将被处以死刑。

7. 若有人在战斗的时候弃船逃走，他将被处以死刑或者被放逐。

8. 船上不允许斗殴，发生争吵必须在岸上用剑和手枪照如下方式进行了断：听到军需官的指令后，原先背对背的两个人同时转身，立即射击；如果有一方没有这么做，军需官必须敲落他手中的枪；如果双方都没打中，他们就拔出短剑，谁先让对方流血谁就是胜利者。

9. 在个人的财产达到1000英镑之前，不允许任何人脱离团队另求谋生之路。若有人在船上服务时瘸了或失去肢体，必须给予他公共储备中的800银币作为补偿；轻伤者可适当调整比例。

10. 船长和军需官可以分到2份战利品，主炮手和水手长可以得到1.5份，其他军官获得1又1/4份，普通船员则是1份。

11. 乐手只有在安息日（Sabbath Day）有权利休息，其他时候只有经过了特别允许才可以休息。

泡过油的布条，防止犯人溺水。然后他们将犯人扔进海里。绳子通过船底从右舷拉到左舷，将受惩罚者固定在船底的绳上，使其受到来自龙骨的摩擦。大多数的木制船底满是剃刀般锋利的毛刺与碎片，被拖曳的过程中，他们可能被船底伴随龙骨生长的藤壶刮到，这经常会掀去他们背后的皮，整个刑法过程要反复拖曳三次。而这种残忍的刑罚一般局限于皇家海军内部使用。

被处以放逐则是另外一种刑罚方式。被处罚者要在一个远离文明的荒岛被驱逐上岸，很少有人能活下来。船长威廉·格林纳威（William Greenaway）和他的7个船员是其中少数几个能活下来的人。1718年，他的船员发生叛变，因此被追赶上岸。格林纳威和他的部下拒绝加入造反派成为海盗，于是他们被一丝不挂地扔在渺无人迹的巴哈马群岛（Bahamian Island），也没有给他们留下任何食物和物品。这个岛上除了坚硬的珊瑚和茂密的矮树丛外没有任何东西，他们存活的概率很低。不过，这些海盗可怜他们曾经是自己的同船水手，于是带着一艘单桅帆船回来。当被放逐者划得精疲力竭时，海盗们就砍断了帆船上的帆和绳索——这下这些被放逐者的境况变得更加糟糕了，他们现在离岸边一英里远，船上没有任何食物和水。

如果不是因为发现船上有一把坏掉的短柄斧头，他们很可能已经死在那里了。格林纳威是唯一一个会游泳的，他把那把斧头挂在脖子上向岸上游去，用砍下的树做了木筏，运送草莓、水果和棕榈给他的部下，而他的部下则开始修补绳索和船帆。一个星期后，他们正打算驾着帆船离开时，那些海盗又回来了，他们只好逃上木筏划向岸边，躲进了矮树丛中。海盗砍断他们的船桅，将船沉入深水中。接下来的8天，他们用削尖的木棍捕鱼，靠吃草莓、海贝和黄貂鱼活了下来。

此后，海盗又回来了几次，不过他们总是躲藏起来，不回应海盗的叫唤。最后，海盗决定给他们安全通道，他们才出来。但这是个骗局，格林纳威和另外两个船员被迫加入海盗，另外5个船员则被留在那个珊瑚礁上。

被遗弃的那些人又艰难地度过了14天。可能是在格林纳威的恳求下，那些海盗又回来了，在水边给他们留下了一桶面粉、3公斤左右的盐巴、几个瓶罐和锅、一把斧头、一打小刀、两把步枪、一些子弹、两瓶火药和三只狗——是以前在西印度群岛上捕杀野猪的那种狗。他们给自己建了一个茅屋，以烤肉度日，直到海盗再次回来，烧毁他们的茅屋，吃光了他们的烤肉。不过这次海盗保证他们不会再回来，还给他们留了两瓶朗姆酒。不久后那些海盗被西班牙人抓获，当格林纳威讲述了他的故事后，他们派船前往搭救剩下的5名船员。

丹尼尔·笛福则在《鲁滨孙漂流记》(*Robinson Crusoe*)中给我们讲述了一个更出名的放逐的故事。这本小说是根据亚历山大·塞尔柯克的故事改编而成。塞尔柯克当时和英国海盗威廉·丹姆皮埃尔(William Dampier)一起航行。在截获了一船非洲女奴后，丹姆皮埃尔将他的船改名为“单身汉的快乐”，开始了途经西印度群岛、中美洲和美国西海岸的海盗生涯。丹姆皮埃尔环绕世界一圈，每到一个地方就写日记，小心翼翼地划分海洋气流。在太平洋，他救了一名3年前被放逐到胡安·费尔南德斯群岛(Juan Fernάndes Island)的印度人(Mosquito Indian)，这个岛距离智利海岸500英里。在西班牙王位继承战争(Spanish Succession)和于此同一时间发生的北美“安妮女王之战”(Queen Anne’s

War）[①]时期，丹姆皮埃尔的船被任命为武私掠民船，1703年他带领两艘船去探险，“圣乔治号”（St. George）和“五港同盟号”（Cinque Ports）。第二年，他们环绕和恩角（Cape Horn）一圈。在攻击一艘马尼拉大帆船失败后，这两艘船就各自航行了。塞尔柯克是“五港同盟号”（Cinque Ports）军舰领航员，船长是斯特拉德林（Stradling），他们带领船舰来到胡安·费尔南德斯群岛修理和清扫船只。1704年10月，当斯特拉德林下令起航时，他们起了争执，塞尔柯克认为那只船经不起航行，要求独自一人留在岛上。而斯特拉德林听从他的话没有带上他自己开船走了。塞尔柯克仅有的是他的衣服和被褥，一把旧式枪、一些火药、子弹和西红柿、一把小斧头、一把刀、一只茶壶、一本圣经和一些实用的东西，以及他的制图仪器和书本。但那个岛实际上并不像笛福描写的那样荒凉，因为海盗偶尔会经过这里伐木取水。塞尔柯克靠捕捉岛上的山羊为食。他用两根甘椒树放在膝盖上摩擦生火。衣服破了，他就用山羊皮给自己缝了衣服和帽子——都是用钉子缝的，而不是缝衣针。他驯服岛上的野猫跟他做伴，帮他抓老鼠——那些老鼠以前经常半夜咬他的脚指头。他用树枝修建了两座茅屋，上面还用长草覆盖着、读圣经，做祷告和唱圣歌，这些都让他度过了孤独的时光。他说在这种孤独中，比起以往的任何时候，自己都更像一个虔诚的基督徒。

① 1702年，在威廉三世之后，原詹姆士二世的次女安妮（Anne）根据“王位继承法”（Act of Settlement）即位，即安妮女王（Queen Anne of Great Britain and Ireland）。她即位后，同样面临欧陆的紧张局势，特别是西班牙王位争夺战，英、法的海外殖民地也因此被卷入战争的旋涡，被称为“安妮女王之战”（Queen Anne's War）。在北美的殖民地，法国由于欧陆的战况激烈，自顾不暇，王港等北美的殖民要点再度被攻陷。

▲1710年，海盗船长伍德兹·罗杰斯和他的手下在加利福尼亚登陆。伍兹·罗杰斯进行了环球航行，并从胡安·费尔南德斯群岛上救出了苏格兰水手亚力山大·塞尔柯克，把英国旗插在了这片水域上。

与此同时，丹姆皮埃尔想再次袭击西班牙珍宝船，于是他与船长伍德兹·罗杰斯签订合约成为他带领的海盗巡航探险队的导航员。1709年2月2日，他们的船停靠在胡安·费尔南德斯群岛，而映入眼帘的是一个“穿着山羊皮、他看起来比他们这些第一个开荒者还原始”的男人。丹姆皮埃尔认出是塞尔柯克，并将他推荐给罗杰斯，说他是出色的水手，罗杰斯同意他成为“公爵与公爵夫人号”（Duke and Duchess）的一员。

他们于2月12日起航离开，在掠夺了一艘菲律宾船后，他们经过好望角（Cape of Good Hope）回国。1711年10月14日，塞尔柯克回到伦敦，至此，他离开英国已经8年多。他的故事首先在罗杰斯1712年出版的《周游世界》（*Cruising around the World*）一书中出现，他孤身一人在荒岛上生活的故事瞬间俘获了公众的想象力。于是在1719年罗杰斯的书发行第二版的时候，笛福也出版了他的小说《鲁滨孙漂流记》。

▲鲁滨孙和他所驯化的动物们组成的家庭。这是1864年版的《鲁滨孙漂流记》中的彩色版图，由安尼雷（Anelay）和胡图拉（Huttula）用水彩所作。

1715年3月，他们回到伦敦4年后，丹姆皮埃尔去世。1717年，罗杰斯被聘为百慕大官员，他的任务就是剿灭海盗。那些请求政府宽恕的海盗可以得到位于普罗维登斯岛（现在叫新普罗维登斯）的一小块土地和足够建一座房子的木头；但若有人重抄旧业就会被通缉直至抓获并绞死。不幸的是，罗杰斯穷尽了所有试图兴建岛上的经济，最后却因破产而在英国债务监狱中度过了几年。不过他最后还是回到了巴哈马群岛，1729年在拿索（Nassau）去世。

在关于海盗的隽永传说中，其中一个就是他们逼迫那些犯错误的水手和无用的俘虏跳甲板。不过这种刑法就算有，也是极少使用的。事实上，17、18世纪的海盗经常将没用的俘虏拿去喂鲨鱼。在古代，海盗掠夺罗马船只后，他们经常对俘虏玩一些残忍的把戏。当证实他们是罗马人后，海盗们都纷纷跪下请求宽恕，并告诉他们可以自由离去——而他们唯一可以走的路是从船边跳进海里。

让受害人跳甲板这个主意似乎可以追溯到1769年，源于一个叫乔治·伍德（George Wood）的普通水手因为造反被判处绞刑。在前往伦敦新门监狱（Newgate Prison）绞刑场的途中，他告诉牧师他和叛变同伙曾经强迫许多皇家海军水手跳甲板——在船的一侧放一块甲板，板的一头伸出船外，悬于海上，当他们走到甲板的顶端时就会掉进海里。不过，“跳甲板”一词有它自己的源头，它来源于19世纪美国作家、艺术家和插图画家霍华德·派尔（Howard Pyle）的海盗故事丛书。

普遍认为唯一一个让受害人跳甲板的海盗是史泰德·博内特少校，他比普通海盗要更加残暴。1689年他生于巴巴多斯岛，是一个英国种植园园主的儿子。西班牙王位继承战争期间，他在部队服役。尽管他没有任何海上经验，但他还是决定当一名海盗——但也有人说他当海盗是因为受不了泼妇妻子的唠叨责骂，这也许是个好理由。

他买了一艘单桅帆船，取名“复仇号”，并为之配好装备及水手。船一出海，他立即宣布当海盗的计划，并告诉他的水手，他们要么加入要么就去下一个找到的荒岛当“统领”。

海盗同僚爱德华·蒂奇（Edward Teach）——更多人管他叫“黑胡子海盗”——经常拿博内特没有航海技术这一点来开玩笑。有一次，他们在卡罗莱纳州外相遇，他把博内特叫上船灌醉，然后说服“复仇号”的水手选举特纳上尉（Lieutenant Turner）当船长。当“黑胡子”厌倦了这个玩笑后，他把“复仇号”还给了博内特，叫他把船开到缅因州的巴斯镇，向那里的伊登州长请求宽恕，如果一切顺利他自己也会跟随博内特的后面进港。但是不管“黑胡子”还是博内特，他们都并没有金盆洗手的打算。不久后，博内特以“托马斯”船长的名义再次起航，并重新将“复仇号”命名为“皇家詹姆士号”（Royal James）。1718 年 9 月 27 日，他在北卡罗莱纳州的开普菲尔河登陆，准备修葺两艘截获的船只。当时瑞特上校（Colonel Rhett）正在追捕海盗查理斯·费恩（Charles Vane），他听说开普菲尔河上有海盗后，就前往俘获了博内特和他的船员，并将其送往南卡罗莱纳州的查尔斯顿接受审判，博内特被判处有罪。尽管声名狼藉且生性残忍，但 29 岁的他并没有安安静静地离去。他声泪俱下地恳请州长对他宽大处理，但仍被拖去了绞刑场，一路上他哭哭啼啼，祈求留下自己的性命。1718 年 12 月 12 日，他被处以绞刑。

虽然费恩逃过了瑞特上校（Colonel Rhett）的追捕，但他的遭遇也并不好过。他是另一个以残忍而闻名的海盗，据说他对那

N:r 46. 18 november 1917. Pris 15 öre.

ALLERS·FAMILJ·JOURNAL

Robinson berättar sin historia för Daniel Defoe.

▲1917 年 11 月 18 日阿尔勒斯家庭航海日报（Allers Familj–Journal）上的插图，亚历山大·赛尔科克在向笛福讲述他的经历，这成为《鲁滨孙漂流记》的创作基础。

些惹怒自己的人都会使用海底拖曳的刑罚。他是少数不尊重海盗法典的海盗之一，他还骗走本应属于船员合理份额的战利品。有一次他企图夺走一艘霍尔福德船长（Captain Holford）指挥的船，但没有成功。不久，费恩的船在洪都拉斯湾（Bay of Honduras）的巴拉舒岛（Baracho Island）外被撞毁，他被海水冲到岸上。不幸的是，第一艘路过的船就是霍尔福德的，他认出是费恩，就将他留在原地径自离开。第二艘路过的船救了他，但这艘船被霍尔福德追上，他用镣铐将费恩抓到并带到牙买加（Jamaica）。费恩在那里接受审判并于1720年3月29日被绞死。

除了模拟审判，海盗为了维护秩序还会举行真实的听证会。笛福曾记录过对哈里·葛拉丝比（Harry Glasby）的审判。他是个沉默冷静的人，但由于航海技术好，被巴塞洛缪强迫加入海盗，当他们的领航员。他与另外两人在伊斯帕尼奥拉岛跳船企图逃跑，这在海盗眼里是奇耻大辱，最后他再次被抓，接受他们不同寻常的正义审判。

“这是一个维持正义的地方，可以说相当于几个有合法行事权限的法院。”笛福说，“这里不需要给议会交钱，他们根本不知道有贿赂目击者这回事儿；这里的陪审团没有包装；这里不会为了追根究底而曲解和歪曲法律的意识；这里不会用无法理解的伪善条款和无用的声名来干扰模糊真相；这里的法庭也不会堆满不可计数的官员——那些强取豪夺的部长们所进行的邪恶交易足以让法庭上的正义女神阿斯特来亚（Astraea）惊愕不已。”

审判在船尾举行，船上还供应烟管、茶叶和一大碗加了糖、香料、柠檬酸等配置的朗姆酒饮料。他们把葛拉丝比和其他囚犯带出来，宣读了对他们的起诉条款。

“他们是根据他们的法令来审问犯人的。”笛福写道，“每条条款都指向他们，且事实就明白无误地摆在眼前，正当他们准备作出判决时，其中一位法官提议他们应该再抽一管烟。”

当他们抽完烟，囚犯开始进行感人的辩护，祈求活命。但是法庭并没有被说服而给予他们宽恕，直到其中一个叫瓦伦丁·阿斯普朗特（Valentine Ashplant）海盗法官站起来，拿下嘴里的烟斗说要帮其中一个被告辩护。他说得简短且痛快。

“我向上帝发誓，葛拉丝比不应该死，”他说，“如果他应该死，你们诅咒我吧！”

“说完这句很有学问的话，”笛福说，“他就坐回自己的位子，继续抽烟。”

这个提议得到其他同立场的法官的强烈反对，但是阿斯普朗特态度非常坚定，并作第二次辩护。

“愿上帝谴责你们，诸位先生，我和你们当中最好的一样好，”他说，“我向上帝发誓，如果我曾经或者以后会背叛任何人，就诅咒我的灵魂吧。葛拉丝比是个诚实的家伙，尽管他很不幸，但我还是很爱他。如果我说谎就让魔鬼诅咒我吧。我希望他能活下来并对自己所做的事情忏悔。但是如果他应该死，那就让我跟他一起死吧！”

于是阿斯普朗特掏出两把手枪，对准了其他法官。法官们也意识到阿斯普朗特的辩护得到了其他大多数人的支持，因此觉得宣判葛拉丝比无罪是合理的。

其他两个犯人没有得到缓刑。他们的求情所获得的特别待遇就是可以选择成员中某个人来为他们行刑。于是他们被带出去，绑在船桅上执行了枪决。

当船进港口时，葛拉丝比在得到缓刑后再次企图逃跑，但这次他迷路了，最后只好回到船上。这回无论他怎么发誓，其他人都不再相信他，不再允许他上岸。1722 年 2 月 10 日在西非海岸外，罗伯茨被杀，英国军舰“燕子号”击败“皇家财富号”，葛拉丝比又一次被捕，在海岸角（Cape Coast Castle）接受审判，而这次是在海事法庭。在法庭上，他说自己是在 1720 年被抓到塞缪尔船上的，与海盗同行那段时间里，他曾说服海盗给一艘遭他们掠夺后决定释放的船上留下足够船员们回到港口的储备食物和工具；他从来没有装卸过弹药，也没有开过枪；在罗伯茨死后，“燕子号”军舰追上“皇家财富号”时，他还说服海盗们不要炸毁“皇家财富号”。于是法庭宣布葛拉丝比无罪，并同意他为其他人辩护。

# 海盗船上的各个职位

像葛拉丝比这样的领航员总是炙手可热，因为很多海盗船长缺乏良好的航海技术，他们极度依赖这样的技术人员。航海员负责船上的装备，只要船长选好目的地，他还可以决定航行路线。

在18世纪，只要有一个技术良好的领航员，一艘船体没有水藻的航船不管朝哪个方向前进都能与风向形成一定角度。这意味着，船只可以沿着一个方向行进一段时间，然后再沿着另一个方向行进相同的时间，形成“之”字形路线，左右迂回地前进，这样在逆风中也能扬帆前进。除此之外，另一种选择只能是放下船上的小艇，让划桨手迎风划艇从而拖动大船。海盗捕获一艘新船的时候，将领航员一起俘获并留在船上是非常重要的，因为每艘船都有其独特的特征。俘获者会给予他很好的待遇，如果他肯加入海盗，还可以得到1又3/4份的战利品。

他们也很需要航海家，因为18世纪航海还不是一门科学，人们都称航海家是“艺术家”，他们用来绘制海洋位置图的方法对于许多水手来说完全是个谜，而“艺术家”通常都是被认为拥有独特的天赋的。当时很多航海家确实都是依靠猜测来推断位置的。在18世纪60年代航海计时器传入之前，是不可能精确计算经度的。

但用星星就可以确定纬度，因此要去某个特定地方，只要让船顺着正确纬度向西或向东航行即可。大西洋信风是众所周知的，但当时洋流图还没有能够被绘制出来。

优秀的航海家并不常有，一批海盗军舰船可能只有一个航海家。如果他的能力很出色，他还可以让船只在到达目的地前几英里处逆风前进，而后顺风漂流进港。但如果在距离目的地仅几英里时是顺风的，那是相当致命的。巴塞洛缪·罗伯茨是一个很有经验的水手，但他在 1720 年横穿大西洋、从西印度群岛向西非附近的佛得角群岛航行时，目的地已经在他们视线以内，但是在最后几英里他们没办法逆着信风航行，于是只好原路穿过大西洋返回南美，再作第二次尝试。当苏里南出现在他们眼前时，他们已经两天没有淡水，几乎到了死亡的边缘。

在皇家海军战舰上实际掌舵的是军需官。但是在海盗船上，军需官同时担任副官的职位，或者商船上的大副。当然，另外还有一个名义上的副官，船长死后他暂代其职。笛福描述军需官的角色是："全体船员的总领事，就像伊斯兰教徒中的大穆夫提（Grand Mufti：伊斯兰教法说明官；中国西北地区的伊斯兰教也有此称呼）和伊斯兰国家最高统治者苏丹（Sultan）的关系，因为船长必须得到军需官的许可才能行事。军需官是罗马护民官的简陋复制品，因为他必须要负责维护全体船员的利益。"

军需官是船上的强硬人物，他的工作是查看船长的命令是否有得到执行。他同时也是船上的法官，要监督船员遵守纪律，管理海盗船上携带的俘虏，惩罚犯了小过错的船员——比如争吵、没有照看好武器等，大的过失则要通过船上法庭解决。鞭笞的刑罚通常只由军需官来执行，这种令人憎恨的刑罚，在皇家海军比较常使用，但必须由大部分船员表决同意才能执行。他的另外一个职责是到岸上主持失和船员的决斗。同时，他还负责船只在岸上的交易或者和别的船只的生意往来。

▲十八世纪的海上仪器六分仪：带有一个标有刻度的六十度弧的航海仪器，用于测量天体的高度。

军需官负责挑选和分配战利品，他和船长一样得到两份战利品。遇上特别艰难或者危险的时刻，由军需官支配船上小艇。他和船长一样都受制于船员的意愿，由大多数人选举产生，但也可以因此而被废除。

水手长负责船上的生计、索具、储备，以及船的日常运作。他是船上最有经验的水手，调整滑轮和索滑轮是水手长才能干的技能活，有时候还要靠推测来调节物体重量，这种推测往往关系生死。

水手长的工作是照看好船、船上的帆布和绳索。船帆、船桅和绳索的操作方法和人员配备由水手长安排，船上小艇的工作和人员配备也是他的职责。他还指导登陆随行人员上岸收集木头、水和食物。据说一个经验不足的船长有了优秀的领航员和航海家就能成为船长，而一个不谙航海的人有了优秀的水手长就能当上军需官。

船上另一重要人物就是木匠。他必须保证船体完整船桅坚固；他要掌握船体结构的详细知识，确保船只能漂浮于海面；就算是在激烈的战斗中，作为维修组的负责人，一旦船上突然出现漏洞，他也必须第一时间赶往漏洞的地方进行修补——如果有需要，就用沥青和帆布来修补漏洞，直到船能靠岸，这个修补才是成功的。使用原始手压泵要花好几天的时间才能抽完船舱里大量的水，如果不在第一时间堵住漏洞就会沉船。

木匠会使用任何随手可及的东西来修补漏洞，这使得他与水手长和领航员会经常发生争执，因为其他人为了加强对船的掌控往往要丢弃一些损坏的船桅和船柱，而这些东西却可以被木匠用来插入到船相对不够坚固的一面扣紧，从而加固船身。由于海盗无法使用干船坞，他们只能在偏远的海滩翻转船身，这样才能让木匠重做部分船体。一旦截获战利品，木匠必须在现场快速检查并决定是将新船占为己用，还是抢完东西就放弃船只。

木匠还有一套锋利的锯子，他的第二个职能是用它们来做截肢手术。对此，水手长和帆布织工能提供极大的协助。水手长会用火烧热烧红大斧头，再用来烧烙伤员的伤口和截肢处；而帆布织工则可以为其他人缝合伤口，如果截肢手术失败，他们还可以将尸体缝在帆布袋中海葬。只要碰上有医学知识的人，不管是什么学科的，海盗都会强迫他加入当船医。通常那些接受过教育懂得常识的人也会被留下当医生，这些人也不比那时候的专业医生差。

海盗船上还需要一个熟练的箍桶匠。那时候，唯一装水比陶罐多的密封容器就是木桶，而一个箍桶匠要在工匠师傅那当很久的学徒才能出师。船上的干货都要用桶密封保存防潮，鱼和肉泡在盐水中或者用盐腌制于桶里，淡水也存放在桶里。这些都必须经常检查，船上缺水会导致致命的后果。如果发现漏水，必须第一时间将水倒入备用桶中，同时修补漏水的桶。

为了节约船舱空间，空桶要拆装保存，当船来到一个有淡水的地方，箍桶匠必须迅速将铁箍和木板组装成桶来装水。

海盗炮手则是从军舰上挖来的，因为商船上的水手几乎都没有这种经验。许多来自救济院或育婴房的孩子，10 岁或者 11 岁就开始在军舰上搬火药。在成为炮手长之前，他们应该已经做过炮手组的每个职位，但此时，他们可能都带着火药烧伤的疤痕，完全耳聋，也可能缺胳膊少腿——在海军船的炮塔上，意外事故总是很平常的。当炮手挥舞着点燃的导火索时，搬火药的伙伴抱着一桶桶火药在四周奔走，而最危险的是笨重大炮的后坐力，它经常撞散炮架，剩下光溜溜的炮身压倒周边经过的人。

为了逃避这些状况，以及海军中严酷的纪律，很多炮手都想逃离海军加入海盗。作为海盗的射击指挥官，他可以负责管理枪支的储藏，确保弹药的安全。作为奖励，他可以领到额外的 1/2 份战利品。

船员中另一类重要成员是乐手。水手拉升降索或帆脚索，或者转动绞盘起锚的时候，乐手要持续奏乐。他们还要负责为海盗们的休闲时光提供一些娱乐。有些海盗以唱歌闻名，而不是舞枪弄剑。海盗乐手可以获得 1 又 1/4 份战利品。俘虏来的音乐家很少有被释放的，除非他们找到一个比他更出色的。奥克尼郡(Orkney)海盗约翰·史密斯（John Smith）在一个小港停泊去约会他的女朋友，他的水手抢劫了当地一家小农场。他们带走了农场的风笛手却留下房子里的两个女孩。当地长官对这次绑架十分重视。于是史密斯和他的伙伴落网，被送往伦敦，在马夏尔西监狱接受审判。1725年6月11日，史密斯在杜克刑场被绞死，他的其中一个副手在格林威治（Greenwich）被处以绞刑，而另外一个同伙死在德普特福特。当地长官用他们的死向其他海盗发出警告。

# 海盗行动

海盗的船只会潜伏在加勒比海的珊瑚礁中，或是卡罗莱纳州迂回的潮汐河口上。在这些地方,他们可以在被看见之前找到猎物。在开阔的海面上，瞭望员时不时地查看四周，从百尺高的船桅顶端可以看到方圆 20 英里内的东西。他们悄悄跟踪在猎物后面，用小望远镜在远处侦察，判定船的类别、国籍以及它的航线。那时候，很难分辨来船是强力武装的海军军舰还是轻微武装的商船，因为商船两侧经常有伪装的炮眼标志，因此海盗船在袭击猎物之前一般会跟踪猎物好几天。然后船长要根据报告来作出精确的猜测，断定船从哪里来，准备开往哪里，船上装载何物，以及海盗会遇到什么程度的抵抗。如果他们发现猎物是一艘军舰，他们立马掉转船头逃跑，或者也可以由全体船员投票来决定进攻与否。

海盗一般不愿意向目标开火，因为沉船对他们没什么好处。他们仅仅是开枪警告，然后升起骷髅旗。

# 海盗旗

人们认为“骷髅旗”一词来源于法语单词“joli rouge”,意为“可爱的红”，这是对早期私掠船上飘扬的血红旗帜的歪曲描述。这是为了让海盗的目标猎物从心里感到恐惧。以黑色为底，画着白色骷髅和交叉骨的骷髅旗大约出现在1700年，法国海盗伊曼纽尔·韦恩（Emanuel Wynne）第一次在加勒比海上空升起这面吓人的旗

▲伊曼纽尔·韦恩所使用的一幅早期的海盗旗帜。那个沙漏是向海盗的猎物暗示他们的时间就快用完了。

帜，上面还有一个沙漏，告诉他的猎物们，他们的时间就快用完了。后来，许多海盗都采用骷髅和交叉骨作为他们的旗帜，还加上各式各样的装饰。杰克·拉克汉姆（Jack Rackham），也叫“棉布杰克”，使用骷髅和交叉短剑作为他的标志，而托马斯·图（Thomas Tew）的旗帜上则是一只手臂和短剑摆着威胁性十足姿势。

▲“棉布杰克”在海盗旗的形式上进行了变更，用交叉的短剑来代替交叉的人骨。

当时完整骷髅骨架的图案也很流行。巴塞洛缪·罗伯茨的旗帜上展示着他自己与骷髅为死亡干杯。他的另外一面旗帜上表现的是他在巴巴多斯岛和马提尼克岛所发动的血腥厮杀，旗帜上的他站在两个骷髅之间，一个骷髅标记 ABH，意为一颗巴巴多斯岛人的头颅，另一个骷髅标记 AMH，意为一颗马提尼克岛人的头颅。确实如他自己所说的，罗伯茨在 1720 年将马提尼克岛总督吊死在船桁端上。

很多海盗仅仅是升起一面特大黑旗，不过这通常已足够具有警告性的了。海盗船上船员众多，他们喝很多酒，特别是在战斗前——喝醉了伤口的疼痛就没那么难以忍受——一百多号醉汉在大声嘲笑谩骂的场面足以让大部分商船的船长陷入极端恐惧中，特别是知道自己的人数稀少的船员都不愿意战斗，而是更渴望加入海盗。

与此同时，海盗一边跳舞一边咆哮，发出战斗的呐喊，摩擦短剑发出撞击声，挥舞着其他武器。如果他们看见对方的船长，他们会针对他一个人辱骂。1722 年“海豚号”单桅帆船船长乔治·罗伯茨（George Roberts）在佛得角群岛外登船，以“卑劣和残忍”出名的船长约翰·拉塞尔（John Russell）是这么招呼他的：“你这狗东西，你这狗娘养的、肮脏的东西，我要打到你剩最后一口气为止——我会这么做的！”

威胁往往效果显著。1719 年，船长斯基纳（Skinner）在非洲海岸附近向海盗船长爱德华·英格兰（Edward England）投降。当海盗登上他的船时，斯基纳的前水手长也在其中，他说：“斯基纳船长，是你吗？你是这个世界上我最想见到的人。我还欠你一个天大的人情，我会用你的钱来好好回报你的。”

然后这个水手长把船长绑在绞盘上，用破碎的瓶子来砸他。事后他们在甲板上殴打他，直到他们打不动为止。最后他们可怜他，因为他曾经是个好船长，决定让他死得痛快点儿，于是他们在他头上打了一枪。

正常情况下，船长投降后，海盗洗劫完船上物品会放他走。就算海盗占据了他们的船只，他们也可以留下来当海盗船的航海家。为了怂恿猎物投降，海盗竭尽所有残忍的手段来对待那些不愿投降的人，从而为自己冠上令人胆战心惊的声名。威廉·斯耐尔格雷弗（William Snelgrave）船长是一个英国水兵，1719年他被俘三个星期，亲眼目睹了一个在海盗鸣枪警告后没有立即降下旗帜的法国船长的命运。斯耐尔格雷弗说：“他们在他脖子上套上绳子，在主桁端将他升起又放下，来回几次，直到他快断气。”海盗强迫受害者在甲板上环跑，而他们会突然用尖锐的武器猛戳受害者，直至他们流血过多而死；禁酒主义者被迫一口气喝完一夸脱的朗姆酒，否则就一枪打破他们的脑袋；他们往受害人身上砸

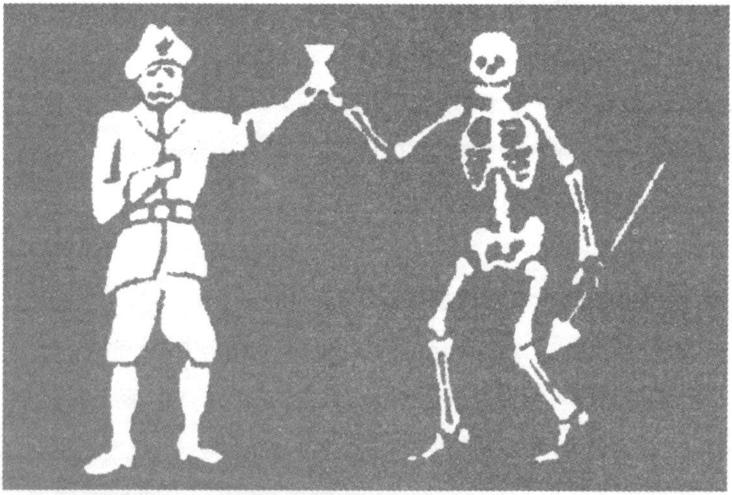

▲巴塞洛缪·罗伯特，一个不出名的威尔士海盗，他的骷髅旗上展示的是自己与骷髅正为死亡而干杯。

碎瓶子，然后再开枪打死；他们还用“九尾鞭”鞭笞天主教修道士来消遣；他们将用来堵缝的大麻塞进受害者嘴里，然后点上火。1695 年，船长索布里奇（Sawbridge）落到海盗船长德克·催瓦兹（Dirk Chivers）手上。由于经常受到商船船长的谴责，催瓦兹让人缝上索布里奇的嘴唇，把他丢上岸，不久他就死在那里。

深知他们的受害者都害怕海盗，海盗船长也会采用理性的方式。与船长基德（Kidd）同行的罗伯特·卡利福（Robert Culliford）曾对一艘装满钱币的船只说：“先生们，我们不要你们的船，只要钱。我们要钱，我们必须得到钱。”

如果有船只不愿意立即投降，海盗船会试图从船尾攻击它，这样他们可以避开被船舷舰炮扫射的危险。如果猎物企图逃跑，他们就打飞它的方向舵，让人无法驾驶它。接着他们用火枪群射清除甲板上的障碍，然后挥舞着刀剑登上敌船。

虽然对海盗的抵抗往往是徒劳无功的，但也有成功的例子。1686 年 10 月 26 日在三貂角岛（St. Jago Island）附近，一艘法国海盗船“特罗姆皮休斯”（Trompeuse）企图拿下一艘英国小护卫舰“鲍德恩号”。海盗驾驶的是一艘排水量 300 吨的大船，船上有 30 门大炮和 250 名手下。而“鲍德恩号”排水量仅 170 吨，船上只有 16 门大炮和 68 名成员——其中 38 名士兵还是为孟买的东印度公司驻地配备的人手。尽管如此，“鲍德恩号”护卫舰的船长约翰·克里伯（John Cribb）还是下定决心反抗到底。

早上 6 点，克里伯发现三里特（10 英里）处有艘往西行驶的船只。他命令船员清除甲板上所有物品，给大炮上双膛。火药箱放置在船尾楼和船头楼上，桁端用铁链捆住以防被砍断。后甲板架起四门 6 磅的大炮，封闭的居住舱放置一台 6 磅的回旋炮，以防止海盗登船。为了阻碍登船海盗再往前入侵，他们在甲板上涂上黄油，撒满豌豆粒和透着钉子的木板。

中午时刻，飘着法国旗帜的海盗船开始进攻“鲍德恩号”护卫舰的右舷方向。一个海盗爬上船首斜桅命令“鲍德恩号”的船长出来。但克里伯拒绝了，他说如果海盗有事要谈，就应该到他船上来。海盗用蹩脚的英语回答说这正是他们想做的事。

“来吧，”克里伯说，“战胜它你就拥有它。”

海盗使用轻武器集中火力射击作为回应，而“鲍德恩号”的水手则先在船中间集中火力反击，然后退回到前甲板和后甲板中间的地方。他们接着从前甲板开炮攻击海盗船船首，迫使海盗船掉转方向，船首斜桅撞到“鲍德恩号”船上的主桅。海盗船船尾后部的大炮开始射击，但大炮的冲击力使得其船尾向外偏，导致船首斜桅与“鲍德恩号”船上的帆缆纠缠在一起。部分海盗只好爬上斜桅并将两艘船捆绑住以防止它逃脱，其他人则开始从侧面爬上护卫舰，此时两艘船上炮火不断。

海盗爬上帆缆企图砍掉帆桁，幸好有铁链捆住。但是帆缆上的海盗暴露在轻武器的攻击下，克里伯的手下将他们击落到海里。海盗不敢往后甲板冲，因为那里有回旋炮，于是他们转而全力攻击前甲板，因为克里伯也在那里。海盗的大炮向“鲍德恩号”的侧面发射三枚炮弹。一枚打中火药箱爆炸了。海盗欢呼着向船尾甲板蜂拥而来，用战斧砍倒旗帜。但是克里伯的手下在封闭的居住舱通过枪眼疯狂扫射海盗，迫使他们撤退。至此，战斗持续了两个小时。

尽管这时克里伯腹部也受了重伤，但他还是走到甲板上鼓励他的部下。第二颗子弹正中他胸口，半小时后，他死了。而海盗船长也在战斗中死了，并且他的船严重漏水。但是两艘船还在互相攻击，又持续了两个小时。最后，“鲍德恩号”护卫舰以 9 磅的大炮向海盗船发射了一枚霰弹（一个内装弹丸的金属制圆筒，当圆筒发射后这些弹丸会散开）和一个双膛链锁弹结束了战斗，赢得了全胜。海盗担心他们会跟船一起沉到海里，于是将他们的船与“鲍德恩号”分开后逃走了。看着他们离开，“鲍德恩号”水手都跑到甲板上高呼“万岁”。

他们看得出来海盗的船倾斜得厉害，一直努力保持向一边倾斜防止水从弹孔涌入。根据他们推测，这次战斗海盗至少死了 60 名，而链锁弹本来应该伤到更多人的。双方交战一千多回合。“鲍德恩号”的帆缆也被炮弹打飞，左舷严重受损。包括船长克里伯和大副总共 8 人死亡、16 人受伤，其中有水手长、军需官、炮手和普通船员理查德·赛维（Richard Salwey）——他后来记述了这次战斗。“我，这篇文章的主人，”他写道，“除了受到一些擦伤，还被一颗子弹击中我肋骨下方膀胱上方 5 英寸处，至今还在我体内。不过上帝保佑，除了气候变化的时候外，其他时候我都没有感觉到疼痛。”当然，孤军奋战的一艘船能打败海盗是少之又少的。就算他们确实有顽强抵抗，也不一定意味着被劫持船只的船长一定会死。1720 年 8 月，爱德华·英格兰船长带领的“幻想号”（Fancy）和前皇家海军中尉约翰·泰勒（John Taylor）率领的“胜利号”（Victory），一起攻击由詹姆士·麦克雷船长率领的（James Macrae）的“卡桑德拉号”（Cassandra），麦克雷的抵抗造成海盗伤亡人数在 90 ~ 100 人。在一阵激烈的枪战中，麦克雷将船搁浅，逃往丛林中——尽管他当时脑袋里还有一颗步枪弹头。海盗占领了他的船以及船上价值 75000 英镑的战利品，他们拿出

2000英镑悬赏麦克雷的头颅。

10天后麦克雷傻傻地回到自己船上。当泰勒准备杀他的时候，有一个人站出来说道：“让我看看谁敢伤害船长麦克雷？我是支持麦克雷的，因为他是一个诚实的人。虽然我从未跟随过他。”

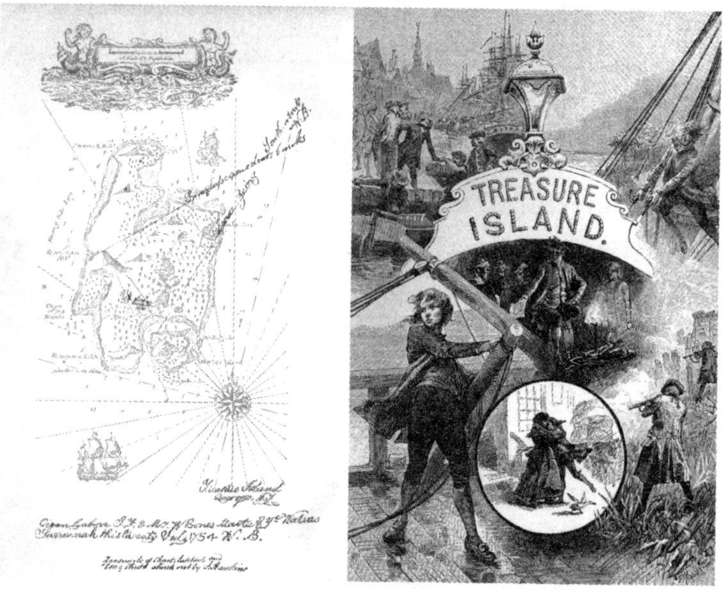


▲1886年版的罗伯特·路易斯·史蒂文森的代表作《金银岛》。这部经典作品起初是以《船上厨师》或者《金银岛上的年轻人》为名被连载，1883年以书的形式出版。1886年出版的插图版在卷首插图中展示了一张伊斯伯妮奥拉岛的地图，上面有如何找到海盗宝藏的提示。

那个人装着一只木头做的义脚，留着浓密的胡须，腰带上别着一把手枪——普遍认为他就是《金银岛》里郎·约翰·斯尔维斯的原型。

英格兰船长将破损严重的"幻想号"给了麦克雷，并归还他一半的物品。48天后麦克雷到达印度,期间大部分时候他都过得很好。不久他晋升为马达拉斯（Madras）总督。但英格兰对麦克雷的仁慈激怒了其他海盗，他们将他放逐到毛里求斯岛（Mauritius），给他一把枪、一些面粉、一小桶水,然后他们和泰勒驾驶"卡桑德拉号"离开。英格兰自己制作了一只木筏，漂流500英里到达马达加斯加（Madagascar），几年后他在这里去世，死的时候是一个身无分文的乞丐。

在"海盗黄金时期"泰勒捕获了最有价值的战利品。1721年4月26日,消沉的星期天,即复活节后第一个星期天,泰勒驾驶"卡桑德拉号"和法国海盗拉·布泽（LaBuze）指挥的"胜利号"发现了葡萄牙的东方大商船（East Indiaman）"维尔京角号"（Virgem de cabo，即 Virgin of the Cape），它正在毛里求斯群岛的波旁岛（Bourbon,今留尼旺岛）的圣丹尼斯（Saint Denis）港口抛锚停船，维修在大风中失去的船桅。

"维尔京角号"的主人东·路易斯·卡洛斯（Dom Luis Carlos Ignaico Xavier de Meneses）正在回葡萄牙的航行中，他是艾瑞塞纳（Ericeira）的第五任伯爵，曾任果阿前总督大人。他看见新来的船只挂着英国国旗，"维尔京角号"向他们致敬行礼，并认为按照惯例他们也会在抛锚后致意回礼。然而，海盗船却分别向"维尔京角号"两侧靠拢，并砍掉他们船上的英国旗，升起骷髅旗。他们没有给“维尔京角号”致意回礼，而是打开舷侧对它进行两面夹击。

“维尔京角号”上有130名水手，但是只有21门大炮和34把步枪。他们要面对的是200个全副武装的海盗。泰勒先往他们甲板投掷手榴弹，然后一窝蜂地涌上船。“维尔京角号”上13名船员立马投降，除了披着华丽深红色外套的艾瑞塞纳伯爵还在继续战斗，剩下的几乎不作反抗。他的剑在战斗中损坏，但他依然用手中的断剑持续击退海盗，直到泰勒下令停止战斗。

因为伯爵的英勇反抗，他得到了最高的敬重，且允许他保留那把损坏的剑，虽然剑柄上镶嵌着黄金和钻石。海盗还是同意他保留个人财产，但他骄傲地拒绝了，他希望和他手下一样的待遇。结果他收藏的价值连城的东方手稿和古书籍都被撕碎做成药筒和填充物。

波旁郡总督支付400英镑的赎金后，海盗将伯爵送上岸，鸣礼炮21响，同时高声欢呼“国王万岁，国王万岁，国王万岁”。伯爵不仅失去他在果阿积聚的财富，同时也失去国王委托的价值超过50万英镑的钻石，最后他被驱逐出法院并10年不得录用。

“维尔京角号”船上还载有丝绸、陶瓷、香料以及其他物品，总价值超过100万英镑。每个海盗都分到4000英镑加上42颗小钻石的战利品。其中一名海盗愤恨地抱怨说他得到的是一颗大钻石，而他宁愿分到42颗小钻石。因此他用锤子将钻石砸碎，事后他吹嘘说自己得到的小钻石比42颗还多。

一部分泰勒的手下分到钱后就在马达加斯加定居，而其他人得到法国的赦免留在了波旁岛。泰勒带领140名手下驶往加勒比海，希望得到牙买加总督的赦免，但遭到拒绝。取而代之，他得到了西班牙的赦免，于是不久后他出发前往波特贝洛附近的西班牙海岸警卫队。据传闻他后期做洪都拉斯洋苏木贸易,最后老死于古巴，一辈子都没有受到过法律的制裁。

# 绳之以法

少数经历了贫困、疾病、沉船、放逐和海上战斗后还幸存下来的海盗，也许会认为该是金盆洗手的时候了，于是他们的船长会为他们写一份证明，证实他们是被迫加入海盗，从未遵守海盗法典也没有分到战利品的。不过这个证明基本不起作用,不管怎么样，大部分人还是免不了被一尺长绳结束生命。英国人用绳子绞死海盗，而西班牙人喜欢用绞刑具绞死海盗。

英国当局将绞刑架设在码头靠近海边可以看到的地方，这样来往船只的海员都能看到在风中摆动的尸体。审判和处决海盗是海军部的职责，不过殖民地的总督经常以海军部的名义追捕、审判和处决海盗。所有高水位线以下的陆地都是海军部的管辖领域，因此他们将绞刑架设在那里。

绞死罪犯是公众事件，而处决有名的海盗往往会吸引无数群众围观，尽管作为旁观者的他们心情各有不同。有人鼓掌欢呼，认为此后海上航行更安全，海上贸易的收益也会更好；有人则羡慕这些海盗，他们反抗社会体系，过着自己想要的生活。绞死后，尸体通常会腐烂在套索里，直到绳子彻底腐烂断掉。而在伦敦的杜克绞刑场，每天都要绞死很多人，尸体一般被潮水冲刷过三次后就会被处理掉。有时候他们用焦油来保存著名海盗的尸体使其可以展示好几年，起到威慑和警告的作用。在波士顿，他们在海滩上绞死海盗，还把尸体砍成几块，放在海港的尼克斯梅兹岛（Nix Maze）上展示。

对许多海盗来说，用生命来换取几年海上的自由生活是值得的。通常，他们都是勇敢地面对死亡。1718 年，丹尼斯·马卡提（Denis Marcarty）在巴哈马的普罗维登斯曾得到伍德兹·罗杰斯的赦免免于绞刑，但由于他过不了陆地上规规矩矩的生活，不久他又加入了著名的海盗“棉布杰克”的队伍。1720 年，他在牙买加和拉克汉姆一起被抓，被判海盗罪。上绞架前他说：“我的朋友说我死后会穿戴整齐。为了证明他们是骗子，我不穿鞋子。”于是他踢掉鞋子。

▲伦敦杜克刑场，一个海盗即将被绞死。

他们在甲板下抓到杰克。在上刑场之前，安妮·伯尼——这位曾经勇敢战斗的女海盗——前去探望他。安妮轻蔑地对拉克汉姆说："如果你像个男人一样为自己战斗，你现在就不会像狗一样被人吊死。像个男人一样挺起胸膛吧！"安妮因为怀孕而免于死刑。

并非所有的海盗都反对死刑。杰克团伙的一个女海盗，玛丽·里德是这样表述的：

"海盗所受的惩罚没有比死刑更残酷的了。但是如果对海盗使用死刑，就能使一些胆小懦弱的恶徒老实地待在陆地上，他们中的许多家伙都干过欺骗孤儿寡母、欺压穷人的勾当，都是些没钱买正义的可怜人。如果海盗罪不用判死刑，那么这些恶棍也会跑到海上抢劫，到时海上就会跟陆地没什么区别，到处都是恶棍流氓。"

她同样是因为怀孕而逃过绞刑。

船长理查德·托马斯（Richard Thomas）在绞刑架上被要求忏悔的时候，他回答说：

"是的，我后悔我没有多做点儿坏事，后悔没有杀了那些抓到我们的人。我感到更遗憾的是你们没有和我一起上绞刑架。"

巴塞洛缪·罗伯茨逃过了绞刑，却在1722年2月10日死于西非附近的一场枪战中，死时他刚好40岁，这在18世纪也不算英年早逝。威尔士出身卑微的他，简洁地解释了他对海盗行为和绞刑的态度：

"诚实的劳动，换来的总是辛苦和贫困；而海盗的生活，带来的是富足、充实、快乐、安逸、自由和权力。干这行的所有风险，最糟不过眉一皱眼一闭，有什么不能平衡的呢？我的座右铭是：生命短暂，须尽欢。"

# 第八章　基德船长和东方的诱惑

亨利·摩根死后，船长基德（Kidd）继承他的衣钵成为世界上最臭名昭著的海盗。大约 1645 年威廉·基德（William Kidd）出生在苏格兰的格里诺克（Greenock），据认为他是基督教长老会牧师的儿子，而且他很小就开始出海，但是没人知道他于 1689 年之前的任何事情。

1688年，光荣革命推翻了詹姆士二世的统治，拥立来自奥兰治的荷兰王子威廉为英国的君主，导致了英国和法国的“国王威廉之战”，也叫“大联盟之战”或者“奥格斯堡联盟之战”。

战争爆发时，基德正在一艘船上，那艘船停泊在背风岛（Leeward Island）圣基茨岛附近海域。当时，背风岛的领土存在争议，船上的英国水手和荷兰水手打败他们的法国伙伴，将这搜拥有21门大炮的船驶往英国的领地尼维斯岛（Nevis），并将船改名为“布来斯特·威廉号”（Blessed William），由基德当船长。由于越来越多的英国志愿者加入，船员人数壮大到了八九十人。

那时候，托马斯·赫维森（Thomas Hewetson）是当地武装私掠船中队的指挥官。1688年赫维森从英国起航，意图在智利建立一个殖民地，但是他没能穿越麦哲伦海峡（Straits of Magellan）。于是他带领拥有55门火炮的旗舰和另外两艘船向加勒比海出发，去寻找他们的财富。1689年7月他们停泊在巴巴多斯岛附近时，其中一只船爆炸了，他的大部分手下也逃跑了。而当赫维森准备为一艘运输商船护航回国的时候，他得知英法战争的爆发，于是带上350个如狼似虎的手下，拿着百慕大的罗伯特·罗宾逊爵士授予（Sir Robert Robinson）的私掠特许证，担任背风岛上所有船只的总指挥官。而基德和“布来斯特·威廉号”的基地就在背风岛。

布雷耐克伯爵（Comte de Blénac）是一个贵族出身的海盗，后来当过法国安地列斯群岛（Antilles）的总督。当他袭击英国殖民地圣克里斯托弗（St. Christopher）时，赫维森带领船队向瓜德罗普（Guadaloupe）附近的玛丽·加朗特岛（Marie Galante）出发，为保护自己和冒险家同伙们的战利品而征服它。他们于1689年12月30日到达，在岛上洗劫了5天，带着所有虏获品回到尼威斯岛。回来后他们得知托马斯·托恩斯尔爵士（Sir Thomas Thornhill）带领的探险队攻击法国殖民地圣马丁岛（St. Martin）时遭受围困。于是他率船前往圣马丁岛，发现吉恩·巴布提斯·杜卡斯（Jean Baptiste Ducasse）带领的5艘法国军舰将英国军队包围在岸上。

杜卡斯是胡格诺派私掠船上身经百战的船员。他在年轻的时候就跟随塞内加尔公司（Compagnie du Sénégal）出海，在大西洋上贩运奴隶。1678年法荷战争期间，他击毁非洲海岸上一个荷兰的海上贸易站，不久他就晋升为法国海军中尉。1688年他带兵攻打荷兰殖民地苏里南，在这之前他组织了一场反对海盗和荷兰奴隶贩子的运动。在法国攻打英国殖民地圣基茨岛时，他在战斗中起到至关重要的作用，几乎让这个岛的南部化为灰烬。

在圣马丁岛，杜卡斯率领700人及时赶到，将法国殖民地从托恩斯尔的入侵大军中解救出来，使用陷阱将英国军队骗上岸。当赫维森到达时，两军展开了激烈的枪战。杜卡斯被迫向后撤退，而赫维森将托恩斯尔的手下撤离并带回尼威斯岛。赫维森称赞基德是"强壮的男人"，他从来没有见过比他更能战斗的人。但是基德的手下却不开心，因为他们被圣马丁岛的常规海军军队雇用，使他们没有机会去掠夺，因此很多人逃跑。1690年2月2日，威廉·梅森（William Mason）趁基德上岸的时候，带领船员造反并偷走基德的船，带着从玛丽加朗特岛抢来的价值 2000 英镑的战利品离开。

赫维森接到巴巴多斯岛总督的私掠特许证，向西班牙出发。与此同时，背风岛的总督克里斯托弗·柯德林顿（Christopher Codrington）给了基德一艘刚刚捕获的法国船只并更名为“安提瓜号”（Antigua）。他招集船员起航去追捕正驶往纽约的“布来斯特·威廉号”。1691 年 3 月基德来到纽约，但是梅森和的他船员在为雅各布·雷斯勒（Jacob Leisler）——一位德国商人，詹姆士二世被推翻后他在纽约夺得政权的私掠船短暂地工作了一阵子后，已经前往印度洋。这时，英国人正准备重新夺回殖民地，因此基德加入他们的军队，用“安提瓜号”帮助英国军运输大炮和弹药。当纽约重新回到不列颠手上时，基德得到 150 英镑和一艘法国船只“圣皮埃尔号”（Saint Pierre）作为奖励，这艘船是梅森替雷斯勒执行其中一个委托时捕获的。

1691 年 5 月 16 日，基德与莎拉·布拉德利·考克斯·奥尔特（Sarah Bradley Cox Oort）结婚时，她的第二任丈夫约翰·奥尔特刚刚去世几天，留给她一笔相当丰厚的财产。11 天后，基德又出发去追逐一艘法国私掠船，据报告称那艘船在罗德岛海峡（Rhode Island Sound）的布洛克岛（Block Island）附近。但是这次出航以后，他似乎暂时性地对大海失去了兴趣。在后来的两年里，他和他的新婚妻子安顿下来，有了两个孩子，做点房地产生意。1693 年，他卖掉了杜克街的一处地产，全家人搬进珀尔街 119 ~ 121 号大庄园。作为那个区域德高望重的一员，他向圣三一教堂（Trinity Church）买了一张专用的长凳，引以为荣的是纽约新总督本杰明·弗莱彻也与他一起参加教堂集会。

1694 年，纽约的苏格兰海军上尉罗伯特·利文斯顿（Scot Colonel Robert Livingston）被判无罪，当时的陪审团主席就是基德。利文斯顿的船“奥兰治号”在圣多明哥岛与法国人交易被抓到，这和托马斯·图的英勇行为成为那段时间美洲殖民地人民茶余饭后的谈资。这件事似乎激发了基德重返私掠船的想法。

# 托马斯·图和他的“友谊号”

托马斯·图是土生土长的罗德岛居民，17 世纪 80 年代他搬到牙买加，以民船巡航为生。1692 年 12 月，他通过贿赂百慕大官员海军中尉艾萨克·里稀埃（Isaac Richier）得到了一张民船委任状，授权他去击毁西非冈比亚河（Gambia River）的戈雷岛（Gorée Island）上的一个法国海上贸易站。他入股购买了一艘名为“友谊号”、重达 70 吨、备有 8 门火炮的帆船，带上 60 名硬汉，于 1693 年 1 月出发。随行的还有驾驶单桅帆船的船长乔治·迪尤（George Dew）。但在一次暴风雨中，迪尤的船桅杆被风折断，他只好回航，留下图率领船只孤身前进。这时，图向他的船员提出建议，叫他们不要去攻打法国人，而是向印度洋驶去，在那里他们会得到丰富的战利品，而且被抓到的机会也很小。他说：“要带领他们后半辈子都能享有一种安逸富足的生活，而且这样一个大胆的尝试，不仅没有任何危险，还能让他们满载而归，衣锦返乡。”

据说他的船员都高喊着：“要不就是金子，要不就是送命，我们支持你。”

他们改变航线，朝好望角驶去，进入印度洋。两个星期后他们碰到一艘开往红海、隶属于印度莫卧儿大帝（Great Mogul）的贵重商船。经过一阵狂轰滥炸，不费一兵一卒，图就轻松地拿下了那艘商船，一起开往圣玛丽岛（St. Mary's）。这是马达加斯加岛附近的一个小岛，是牙买加海盗亚当·巴德里奇（Adam Baldridge）的避难所。他在牙买加因为杀人被通缉，1685 年逃到那里，并修建了防御海港，成为亡命之徒聚集地的“海盗之王”，在顶峰时候这里人数多达 1500 人。

▼托马斯·图的海盗旗，他在海上的辉煌成就促使基德船长再次从事私掠船巡航。

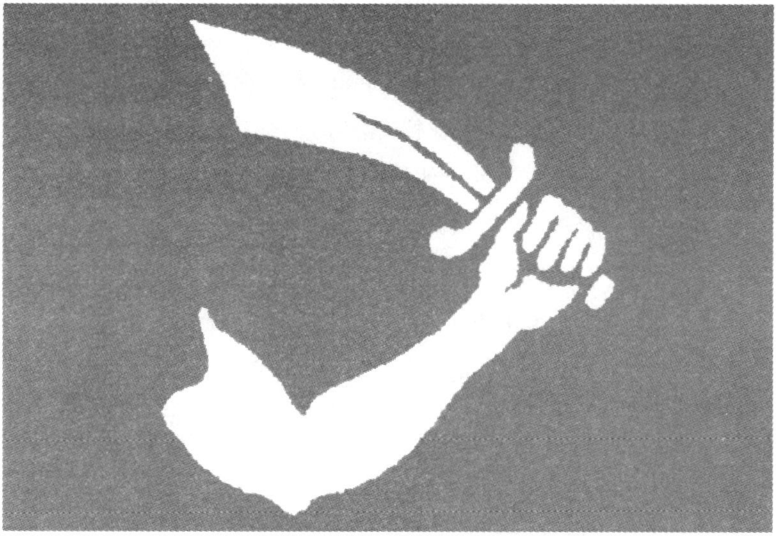

图分配了战利品，并将船整修一番。他手下每人获得 1200 ~ 3000 英镑不等，领航员和 23 个手下在马达加斯加定居，在这里退役是海盗们梦寐以求的，因为这里的女士有着古铜色皮肤且乐于助人。后来，马达加斯加当地人民起来反抗巴德里奇和他杀人不眨眼的火枪手们，巴德里奇只好带着他的财产逃到纽约，并在那里安度晚年。

图和他的“友谊号”与法国海盗船长米森（Misson）的船整合。米森曾驾驶法国战舰“维克托瓦尔号”（Victoire）武装巡航去探险，先去了地中海，然后到加勒比海。在安提瓜附近，“皇家文契尔夕号”（HMS Winchelsea）袭击了“维克托瓦尔号”。战斗期间，“皇家文契尔夕号”突然爆炸，“维克托瓦尔号”大部分军官都战死，米森和神甫卡拉乔里（Father Caraccioli）接手指挥该船。卡拉乔里是牧师，米森在罗马遇见他，并让他当自己的导师。卡拉乔里是马克思主义者的始祖，米森深受影响，于是邀请他的同伙加入他的“社会主义”海盗探险。

他们在向风岛（Windward Island）附近掠夺船只，然后到博卡奇卡岛（Boca Chica）和波特贝洛岛卖掉战利品重新装备船，之后他们往西非驶去。在路上他们打败一艘奴隶贩子的船，邀请奴隶加入他们的队伍，同时给自己的队员讲解奴隶制度的罪恶。

在好望角的塔尔布湾（Table Bay），他们攻下一艘英国船，除了船上的军官，其他水手都迫切地想要加入他们的“社会主义”实验。在桑给巴尔岛（Zanzibar）附近与葡萄牙船交战中，卡拉乔里失去一条腿。根据笛福的描述，后来米森和卡拉乔里在马达加斯加建立了一个海盗的庇佑所，名为“自由之国”（Libertilia）。他们释放俘虏，给他们金钱上的赔偿，如果他们想走就给他们一艘船。在阿拉伯海（Arabian Sea），米森他们抓获了一艘载有1600名朝圣者、前往吉达（Jiddah）的船，但是他让他们继续航行，只是带走一百多个女孩以增加女性人口。

图在圣玛丽岛见到米森后随同他一起来到“自由之国”，他也参加管理这个海盗殖民地，还承担这里的再补给任务。在南大西洋，他俘获一个奴隶贩子，将奴隶释放到“自由之国”增加人口。但是，在葡萄牙和马达加斯加的战争中，卡拉乔里死了，之后米森和图决定放弃他们的自由主义实验。他们将战利品装到两艘单桅帆船上，往北美方向开去。但是在南非海岸附近，他们遭遇疾风，米森的船在疾风中倾覆，无一幸还。

图的“友谊号”穿越大西洋往回行驶，避开百慕大，朝自己的出生地罗德岛出发。他带回来的战利品有金子、银子、珠宝、象牙、丝绸和香料，价值不下10万英镑，当地人对此既惊讶又羡慕。大家给予他英雄的待遇欢迎他归来——除了当地长官约翰·伊斯顿（John Easton），他是一个虔诚的教徒。图向他支付500英镑希望换取一份“也许从未有过或者无人知晓的”武装民船私掠特许证，但遭到伊斯顿拒绝。于是图来到纽约，在这里他接到纽约总督本杰明·弗莱彻的宴会邀请。“图的妻子和两个女儿都参加了总督府邸举办的狂欢晚会，用抢来的丝绸和珠宝出尽风头。州长送给图一块金手表，而图则给州长300英镑换取一份“委任状”。

回到威尔士纽波特（Newport），图为“友谊号”整装准备第二次航行。由于他对自己的未来很肯定，他找机会托人给百慕大的支持者送去了一些钱，据说是当时他们投资支持他的14倍。图他自己没有回去，因为他的船桅杆断了。

而这个时候，图的英勇事迹让他成了家喻户晓的人物，整个英国的年轻人纷纷辞别家人或辞去工作，跑到船上来要求入伙，有的甚至是偷偷藏在船上。1694年图再次起锚，这次依然是向好望角出发然后进入红海，但是直到1695年9月他们才碰到另外一只大莫卧儿的宝船。这次进行得不太顺利。图在战斗中被打中肚子，他用手兜着肠子，气息慢慢衰弱，最后死了。图的死对船员打击甚大，他们极度恐慌，被捕获之前没作任何进一步的抵抗。

图的海盗生涯也许结束了，但是罗德岛上一个小酒馆管理员的儿子威廉·梅森却踩着他的足迹开始新一轮的海盗之旅。1694年12月，梅森从罗德岛副总督小约翰·格林尼（John Grenne Jr）那接到一份武装民船私掠特许证——据悉他是个贪官。当梅森娶了这个殖民地前总统塞缪尔·戈顿(Samuel Gorton)的女儿莎拉时，他等于娶到了一个政治关系网。伦敦贸易委员会指出格林尼没有权力颁发这样的特许证，而且格林尼没有任何约束梅森有效行为的条款。当格林尼回答说他不知道相关法令时，贸易委员会对一个如此无知的人能被聘为副总督表示怀疑。

纽波特的海关被告知，梅森已经驾驶他那60吨的双桅帆船“珍珠号”前往马达加斯加进行贸易航行，船上有6门火炮和50名水手。贸易委员会说他们和那个岛没有商业往来，那么梅森顶多就是去和海盗交易，当时他们也认为梅森带有私心，想自己当海盗。但是那个时候，梅森已经起航。不久，在他的辩词中，据说他确实在马达加斯加做过买卖，可是遭到了亨利·埃弗里的抢劫。

埃弗里1659年生于英国普利茅斯，在皇家海军中当过见习水手、大副和领航员，直到他被解雇。1693年，他受雇于格雷弗德森（Grevesend）一艘强力武装的私人护卫舰“查尔斯Ⅱ号”（Charles Ⅱ），这是根据西班牙国王的名字而取的。这艘船远征的一部分目的是救助西班牙海上失事船只，同时攻击法国在加勒比海的殖民地——当时西班牙和英国组成了“反法联盟”。探险队的指挥是约翰·史乔（John Strong），他是跟随威廉·非普斯（William Phips）学的海上救助，后来威廉·非普斯升到马萨诸塞州当州长。1694年年初他们停靠在西班牙科伦纳港口的时候，史乔死了，于是查尔斯·吉布森（Charles Gibson）接替他成为船长，埃弗里当上大副。

史乔的死耽搁了行程，“查尔斯Ⅱ号”在科伦纳港口停泊了3个月，这期间英国船员变得难以控制。某天晚上，埃弗里策划判变并偷偷将船开出港口，第二天早晨，船长吉布森和16名心腹发现他们已经行驶在海面上。埃弗里说：“我是有前途的人，所以我要寻找我的财富。”于是他也向印度洋出发。

贸易委员会拒绝相信埃弗里抢劫了梅森，而他们更相信是埃弗里在1695年9月8日击败孟买附近海面的莫卧儿贸易船“冈一沙瓦号”（Ganj-i-sawai），并说服梅森加入了他，还获得净财富20万英镑。之后他们穿过大西洋逃走，埃弗里用1000英镑贿赂巴哈马当地贪官尼古拉斯·特洛特（Nicholas Trott），允许他和手下上岸。埃弗里把“查尔斯Ⅱ号”（后来改名为“幻想号”）卖给特洛特，几天后他拆除船上所有物品，让船漂流到背风的海岸边，让海浪销毁证物。埃弗里和他的船员从此人间蒸发一样消失了，好像只有其中一名被绳之以法。据说船员约瑟芬·莫里斯（Joseph Morris）留在巴哈马岛上，最后“因为赌博输光所有珠宝而精神失常”。

梅森带着一船战利品于1699年回到纽约。显而易见，他那强有力的政治网也能让他悄然回归平民生活。1702年，他继承了他父亲在罗德岛纽波特的白马酒馆。

但是，船长基德的一个老朋友罗伯特·莱维斯特想铲除像图、米森、梅森、埃弗里等的海盗势力。1695年基德来到伦敦希望获得一份私掠特许证，但没成功。他偶然遇上莱维斯特，刚好他有个计划想剿灭红海上的海盗，同时为自己赚一份可观的利益。他打算派一艘被授予特别使命的武装民船前往印度洋剿灭那里的海盗，整个航行费用由捕获的海盗财产来赞助。作为受人尊敬的纽约商人和前武装民船船员，没有人比基德更适合做这个探险的总指挥——更何况他已经在为国王效力。

他们把这份提议呈交给刚上任的纽约和新英格兰总督贝尔蒙特勋爵（Earl Bellomont）。他利用自己对辉格党的影响力拿到两份特许证明：一个是捕捉敌方船只特许证明，特许基德抓捕和掠夺他们现任敌人法国的船只和物品；另外一个则允许基德捉拿海盗，没收他们的财物。图和梅森都是榜上有名的通缉对象。

基德即将成为一艘特别制造的287吨的“冒险号”大帆船护卫舰的船长，船上配备34门火炮。该船由一群有身份地位的赞助人出资，包括国王的几个好朋友。他们出80%的钱，而莱维斯特和基德负责剩下的20%。虽然国王也答应说会出3000英镑，但到最后都没有看到钱。

由贝尔蒙特、基德和莱维斯特签订的条款规定60%的战利品归赞助人，15%给基德和莱维斯特，船员只得到仅有的25%。而其他武装民船委任状规定船员可以分到60%。

通常不管什么战利品，前10%都是上交给国王。但是根据安排，基德将在新英格兰着陆，而贝尔蒙特将在那里任总督，因此就不需要履行忠诚义务。如果基德和莱维斯特空手而归，那么他们要支付整个航程的费用。所以船上每个人都本着“没有采购(purchase)，就没有报酬（pay）”的原则。“采购”在这里指的是战利品，因此如果他们没有捕获猎物，他们就得不到钱。

这笔交易对基德不是特别有利。他将“安提瓜号”以及1/3的股权卖给一个投资商来换取资金。他知道在印度洋很少有法国船只经过，而海盗船则飘忽不定，不易抓获。他也知道自己触犯法律的危险极大，而且如果没有猎物，私掠船的船员经常会发动叛变，最后变成海盗船。但是，基德后来写道："贝尔蒙特勋爵一次次向我保证那些贵族王室们会摆平所有不满和起诉。"

确实，他的支持者都是当时最有权势的，他们是国玺大臣奇普勋爵（Lord Keeper of the Great Seal），大法官约翰·萨默斯爵士（Lord Chancellor Sir John Sommers），内阁部长（Secretary of State）什鲁斯伯里公爵（Duke of Shrewsbury），海军部部长奥福德勋爵（First Lord of Admiralty, Lord Orford），还有法规总局局长（Master General of Ordinance）罗姆尼伯爵（Earl of Romney）。基德被邀请去拜访他们宫殿般的宅邸，并被告知如果拒绝国王的委任状，那是对国王不忠诚。后来，基德向其中一位支持者抗议贝尔蒙特对他威逼利诱。他写道：

我接受国王的委任，因为我认为有国王的特许证明和诸位大人阁下的保护我会很安全；而且我认为如果我继续顽固坚持，作为纽约总督的贝尔蒙特勋爵有权对我施加压力。在我出发之前，我两次拜访罗姆尼伯爵和海军上将罗素。他们都催促我尽快出发，并发誓会支持我。

基德没有招收一般的市井无赖，这些人如果半途要当海盗，对他们自己来说没有任何损失，但是对基德来说是很大的隐患。于是他征募了70名壮丁，大部分都有家室且在英格兰定居。他计划先去纽约，再去英格兰找八十多个有家室的船员。

1696年3月1日，基德从德普特福德出发。这次航行从一开始就注定是个灾难。基德和海军之间彼此没有好感，因为那时候还没听说过派遣民船去剿灭海盗的，剿灭海盗一直都是海军的职责。当基德正准备离开格林威治的时候，他没有向经过的海军快艇行礼致敬——按习惯本应该行礼致敬。海军认为这是一种冒犯，于是开枪示意，提醒他们必须行礼。而基德的手下当时正在操控桁端，他们立即转过身嘲弄海军。恼羞成怒的海军快艇船长立马强征基德精心挑选的水手入伍，把海军船上手脚笨拙、没有海上经验的人换给基德。

在穿越大西洋的旅程中，他们捕获一艘法国渔船，为他们补足了到达纽约的储备和必需品。但是，他没有征集到计划的 80 名水手。为了吸引他们，基德不得不将船员的分配额提到常规的 60%，但他没有通知他的赞助人。签约雇用的水手中有一个是基德的姐夫塞缪尔·布拉德利（Samuel Bradley），另外一个是从费城一路赶来的。但是大体上，他们都不是基德想要的品行端正的人。

弗莱彻那时候还是纽约的总督，贝尔蒙特的就职还悬而未决。弗莱彻写道：“很多人从各个地方来投奔他，他们都想干一番大事业，期望带着巨额财富回来。如果基德不能按委任状上的约定完成任务，他很难控制那一班亡命之徒。”

10 月中旬，基德抵达马德拉河，在佛得角群岛逗留一圈。1696 年 12 月 12 日，在距离开普敦西北 100 英里处，他意外地遇到海军准将托马斯·沃伦（Commodore Thomas Warren）率领的皇家海军中队。基德要求他给予一些帆布，因为他们遭遇大西洋风暴的时候损失了许多，并坚持认为他是奉国王陛下的委托办事，有权要求援助。当沃伦拒绝援助时，基德威胁说那他就从此后碰到的第一艘商船上获取。于是基德和沃伦之间的关系变得紧张起来，而基德深信沃伦打算强征 30 名他的水手加入海军。于是那天晚上夜深人静的时候，基德悄悄地将“冒险号”从沃伦的中队划走。

基德没有在开普敦停靠就直接进入印度洋，否则他完全可能在那里被逮捕。当沃伦来到开普敦，他报告说基德打算当海盗。在科摩罗（Comoros）的约翰娜岛（Johanna Island），基德遇到一艘来往于英国和印度之间的东印度大商船，船上飘着皇家海军的三角旗，他命令对方船长将三角旗砍掉，说只有他们才有权挂这个旗帜,因为他们才是替皇家效力的。东印度大商船非常害怕基德，船进港后一直将船上火炮集中瞄准“冒险号”，甚至在基德扬言要登上他们的船时也是如此。“冒险号”向附近的莫埃利岛（Moheli Island）驶去，在这里他们将船翻过来进行清洁和修理。停靠期间，50 名船员相继死于疾病。

到这时，基德已经在海上航行一年多。这期间除了去纽约的路上捕获的法国渔船外，他们再没碰到别的法国商船和海盗船，基德和他的船员都没有赚到一分钱。储备物资越来越少，而基德在纽约招收的那些流氓恶棍开始公开鼓吹从事海盗掠夺。

1697 年 4 月 27 日，基德向北航行，在红海入口的丕林岛（Perim）停泊。海盗最喜欢在这里打埋伏等待船队从穆哈（Mucha）过来。穆哈港是也门主要的咖啡贸易港。基德派出的侦察船回来报告说有十四五只船准备出发。于是，基德在那里等了三个星期。虽然抓捕阿拉伯船只从技术层面来说就是海盗行为，不过政府对此行为是睁一只眼闭一只眼。而且基德有强大的后盾，他们可以轻易摆平。如果基德空手而归，他的赞助人也不会对他表示同情。而且最紧迫的是，如果基德不尽快捕获猎物，他的手下就要造反。

护航船队 8 月 14 晚从穆哈起航，没有一艘船打着法国旗子，有些船还飘着荷兰和英国的旗帜。更糟糕的是，船队是由爱德华·巴洛（Edward Barlow）率领的拥有36门火炮的英国东印度大商船“赛普特号”（Sceptre）护送。

第二天，巴洛的手下报告说船队里多出一艘船，然后巴洛发现了基德。“他没有挂国旗。”巴洛在他的航行日记中写道，“但是只有一面红色显著的三角形旗帜，上面没有十字。”

巴洛对此的理解是，基德命令他立即投降，否则绝不宽恕他。

“如果不是我们的船只刚好和他们一起航行，基德肯定要将他们所有船只洗劫，据为己有。”巴洛说。

“冒险号”慢慢接近一艘阿拉伯商船。巴洛等到几乎与它并行的时候，突然升起英国军旗，同时打了两三炮。然后“冒险号”向那只阿拉伯船一阵枪炮齐射，打到它的船身、船帆和帆缆上。“赛普特号”向它靠近，不过“冒险号”马上扬起帆收起桨一溜烟逃跑了。

8月，基德洗劫了另外一艘阿拉伯船。他的手下抢到一大包胡椒粉和一麻袋咖啡，基德直接分给他们。基德让那个英国船长帕克（Parker）当领航员，并带走一名葡萄牙大副当翻译。

基德开始做海盗的传言很快就散播到印度洋各大港口，当“冒险号”来到马拉巴海岸（Malabar）的卡沃尔（Karwar）时，东印度公司的两名英国官员来到船上要求释放帕克和葡萄牙伙伴。基德否认知道任何有关这两个人的消息。而事实上，他们被关在货舱里。那两个官员走后，一名船员因为不喜欢事情发展的趋势而跳船，事后他去东印度公司在孟买的办事处举报基德在恶意策划准备进行海盗的勾当。

东印度公司在卡沃尔的负责人在他的报告中说，基德是个“非常贪婪的人”，他对待船员十分苛刻，总是扬言要用枪柄打破他们的脑壳；而船员则十分敬畏他，因为他是在为国王效力。

“他们是个不和睦的团体，”那个负责人写道，“经常争吵和打架，很显然，他们很快会互相残杀，不然就是饿死，因为船上储备只够他们在海上维持一个月左右。”

虽然基德一再坚持自己是英国国王派出来的探险队，但是东印度公司在卡利卡特（Calicot），也叫科泽科德（Kozhikode）的代理人还是拒绝支援基德木材和淡水。

不久后，基德发现一艘沿着海岸往北航行的商船，但是当他们相距6000码的时候才发现那是一只英国船只。“冒险号”炮手威廉·摩尔（William Moore）建议他们掠夺这只船,遭到基德拒绝。

“我不敢这么做。”基德说。

但是摩尔坚持要这么做。“我们已经穷得和乞丐一样了。”他说。

他们拦住那只船。原来这是从马达拉斯到苏拉特(Surat)的“忠诚船长号”。证实它的文件有效后，基德放它走了。

基德的举措让他的手下愤怒不已，他们几乎就要暴动了，有些人甚至掏出枪来。但是基德坚定地面对他们。他说他还不能沦落到掠夺英国船只和其他合法船只的地步。很多人准备跳船，“如果你们从我船上逃走,我就再也不会让你们上来。”他告诉他们,“而且我会强行将你们带到孟买，然后交给那里的理事会。”

但是炮手摩尔却不相信他说的话，他说：“船长，我本可以帮你去搞定那艘船的，如果你听我的话，情况就不会那么糟糕了。”这让基德彻底爆发,愤怒到以至于年轻的甲板水手休·派罗特(Hugh Parrot）躲到甲板下避难。不过摩尔和其他水手却没有动。

“你把我们给毁了，”摩尔对基德说，“我们彻底完了。”

“我毁了你们？”基德问道，“我没有做一件坏事来害你们，你这个无礼的家伙居然这么说。”

据一个叫帕默（Palmer）的水手证实，基德当时说的不是“无礼的家伙”，而是“卑鄙无耻之徒”。

“如果我卑鄙无耻，那也是你造成的。”摩尔说。

此刻的基德恼怒得几乎发狂。“我毁了你？你这无耻之徒！”他咆哮着捡起一个铁桶朝摩尔的脑袋砸去，正中他右耳上方，将他伤得很严重。据后来的检举人指出，那个铁桶的价值是 8 便士。

船员将受伤的摩尔抬到下层甲板，基德在他们背后喊道：“该死的，他是个恶棍。”

第二天，摩尔死于颅骨损伤。

11 月底，距离卡利卡特大约 12 海里，他们看到船帆，就直冲过去。基德升起法国旗帜，那只“纯洁号”也升起法国旗。当他来到船上，那个荷兰船长解释说船是摩尔人的，他和其他两名官员都是荷兰人，其他水手是阿拉伯人。但是，基德发现“纯洁号”携带的是法国通行证，那它就是纯正的私掠对象。“上帝啊，我抓到你了。”基德说，“你是英国的战利品。”

事实上，那艘船是印度的，法国通行证根本就没有什么意义。船只携带任何国家出具的通行证是很正常的，因为有时候刚好就是某个国家的海军负责某个地方的通行证事宜——那个船长还拥有许多其他国家的通行证。但是，基德需要战利品。“纯洁号”上的阿拉伯水手被放到一艘大艇上漂流，在经过荷兰官员的默许后，基德他们将物品拿到岸上卖掉，所得收益分给手下。两年来第一次，他们终于看到一些钱。但是，根据基德签订的条款，这些战利品本来必须应带回去给海事法庭判决，等赞助人拿走属于他们的份额后，基德和他的水手们才可以分配。

▲基德船长用铁桶袭击造反的炮手威廉·摩尔，他们为是否攻击一艘飘着英国国旗的船只发生争执。摩尔受伤死亡，而基德因谋杀罪被判绞刑。

基德将“纯洁号”改名为“十一月号”与“冒险号”同行，1697年12月28日他们在马拉巴海岸附近截获一艘阿拉伯双桅船，得到一麻袋咖啡和一些糖果。两个星期后，他们从一艘葡萄牙船上抢到黄油、蜂蜡、大米、铁、鸦片和火药。1698年1月30日，瞭望员发现一艘亚美尼亚（Armenian）船只——由英国人赖特（Wright）率领的400吨的“吉达商人号”（Quedah Merchant）——从孟加拉驶往苏拉特。船上物品丰富，有丝绸、棉布、白糖、火炮、铁、硝酸钠和金币。它正在距离柯钦（Cochin）30海里外的海面对付恶劣的天气。基德让“冒险号”扬帆直追，4个小时后他们追上了“吉达商人号”。基德朝着它的船头开了炮，然后再次升起法国旗。他命令船长到甲板来，但是赖特叫他的法国炮手代替自己出去。这使得基德相信自己捕获到了一只法国船。因此他升起英国旗并宣布“吉达商人号”是私掠对象。

这艘商船也有法国通行证，是皇家法国东印度公司在孟买的总干事两个星期前批准的。但这并不意味着它就是法国的船只，事实上，它的主人亚美尼亚人就在船上，他们愿意支付3000英镑赎回船。基德拒绝了，他卖掉船上的部分物品获得1万英镑分给他的船员，然后带着“冒险号”、“十一月号”和“吉达商人号”开往马达加斯加。

航行五六天后基德才知道谁才是“吉达商人号”真正的主人。他惊恐地发现原来是英国人赖特在指挥这艘船。他召集船上成员开会，在后甲板对他们说：“我们抢了这艘船的消息必然会在英国造成轰动。”他警告他们并建议将船归还赖特船长，但是没有人同意。

1698年4月1日，基德和他的小舰队来到马达加斯加的圣玛丽岛的小港，航行以来第一次看到一艘海盗船。它是东印度大商船

“莫查号”的护卫舰（Mocha Frigate），但被反叛者罗伯特·卡利福控制了。基德仍然想着他出海的目的，竟然命令他的手下攻击“莫查号”护卫舰，但他们笑着说宁愿向基德开十枪也不愿意向卡利福和他的手下开一枪。

基德船上13名手下逃到了卡利福船上，包括后来在他的审判中指证他的约瑟夫·帕默（Joseph Palmer）和罗伯特·布拉丁汉姆（Robert Bradinham）。他们平均分配了“吉达商人号”上剩下的战利品，并非常慷慨地给基德战利品的40%作为报酬——这是私掠船指挥应有的份额，而不是作为海盗船长所得到的两份战利品。他们将“十一月号”洗劫一空然后放火烧毁，还拿走基德另外两只船上的所有东西并烧了他的航海日记。

基德拒绝加入他们当海盗，他们威胁要杀他。他把自己关在船舱里，成了自己船上的囚犯。基德在他那令人窒息的船舱里苦熬了几个星期，最后还是屈服了。他向卡利福宣誓：“如果我对你造成了任何的伤害，在那之前，我就该让地狱之火焚烧我的灵魂。”

他们没有杀他和他的姐夫——自从一年多前的瘟疫夺走了船上50人的性命后，他姐夫也一直生病没有好。6月中旬，卡利福带着基德大部分的手下和火炮离开，基德决定回美国。他迫切希望回到自己的亲人身边，而他也坚信自己身上的金银珠宝足够支付那些支持者的赢利。但是“冒险号”陷在沙洲里，而且被水淹了一半。基德只好烧了它，然后给“吉达商人号”配好用具准备起航回家。然而在圣玛丽岛招募水手不是一件容易的事情，直到1689年11月15日它才起航。

当东印度公司在苏拉特的总部给伦敦的英国上议院大法官发函，起诉基德从事海盗行为的时候，基德刚从圣玛丽出发三天。本应该支持他的强有力靠山，现在反而觉得他是个障碍。在国会上，托利党反对派猛烈攻击赞助基德探险的辉格党贵族。大家都毫无疑问地知道这次探险没有成功，基德没有剿灭印度洋上的海盗，反而自己加入了海盗。传到伦敦的所有有关基德的消息都是负面的。英国政府派出皇家海军中队捉拿基德，同时海军部发函通告各个殖民地总督逮捕基德。于是基德和他的同伙以严重触犯法律罪被起诉。为了孤立基德，他们赦免除了他和埃弗里船长以外海湾以东的所有海盗。

与此同时，基德穿越大西洋，于 1699 年 4 月在背风群岛的安圭拉岛（Anguila）着陆。他派一艘船到岸上打听情况，得知他和他的同伙已经被公布为海盗，现在成了全球通缉的对象。他的手下希望将船撞毁，然后他们散伙各自逃命。但是基德猜测他们名声在外，不好潜逃，并仍然相信他强大的后盾会摆平事情，于是他继续往纽约航行——他认为贝尔蒙特勋爵一定会保护他。

基德一路向北航行，但显然，“吉达商人号”太大、太显眼，很容易被发现。在莫纳海峡（Mona Passage）他们看到一艘贸易帆船“安东尼奥号”（Antonio）。它简洁快速且没有名气，基德花 3000 银币买下它。基德把“吉达商人号”停泊在伊斯伯妮奥拉岛（Hipaniola）的希古伊河（Higuey River）上，然后将大部分战利品，包括他自己积累的财富，如丝绸、珠宝、银盘和金子等都转移到“安东尼奥号”上，留下大部分船员照看“吉达商人号”，他带着 12 名水手向纽约驶去。

1699 年 6 月 10 日，他绕着长岛（Long Island）一周，停泊在奥伊斯贝。他派人给纽约的老朋友律师詹姆士·艾默特（James Emmott）送去一封信。艾默特来到他船上，然后带着两份从“纯洁号”和“吉达商人号”拿到的法国通行证前往贝尔蒙特总督任职的波士顿。他在6月13日深夜会见了贝尔蒙特,提议他宽恕基德,同时呈上两份法国通行证，证明基德确实有攻击法国船只。

贝尔蒙特给基德写了一封信，让波士顿的邮差也是基德朋友的邓肯·坎贝尔（Duncan Campbell）送去。信的内容是这样的：

我向国王陛下的理事会请教有关你的事情，并给他们过目了这封信。他们认为如果你确实像你自己说的，或是艾默特说的那样清白，那么你可以安全回到这里。我毫不怀疑地为你和个别同伴向国王陛下请求赦免，我明白他们对你很忠诚，他们和你一样拒绝为你接到的国王的委托蒙羞。我以我的诺言和荣誉向你保证，我会完全履行我之前给你的承诺。

但是，贝尔蒙特对伦敦这边却是两面派的做法。“威胁是不能让他回到这里的，而必须用哄骗的方法。”他写道。

基德送给贝尔蒙特夫人许多礼物，包括一只镶嵌钻石的金瓷釉盒子。他还给其他人送了一大堆礼物力求讨好他们，以求得到帮助。他把剩下的战利品分散埋藏在长岛东端的加德纳岛上的果园里，并向果园主人约翰·加德纳（John Gardiner）要一张收条。这是他的保险策略：如果他被宣布无罪，他就可以回来挖走宝藏；如果有罪，这个宝藏就是他讨价还价的有利筹码。

基德和妻子儿女在布洛克岛团聚后，他带着全家前往波士顿。7月2日，他们抵达波士顿，住在一个公寓里。他又送给贝尔蒙特夫人一些价值1000英镑的金条，装在一个绿色丝绸口袋里。但这对基德来说是个错误，他的慷慨会被认为是贿赂，而且，这么做意味着他把这些战利品当做自己的私人财产，而不是送到海事法庭分配给他的支持者。

第二天，基德向贝尔蒙特报告他详细的行动。基德告诉贝尔蒙特他的手下烧了他的航海日记。7 月 6 日，他本应该回到马萨诸塞州理事会去作陈述。但是在听他陈述之前，理事会就下发了逮捕令。基德在贝尔蒙特家门前被捕，警察向他靠近的时候，他仍在请求他的赞助人帮助他。

基德被关在简陋的斯顿监狱（Stone Prison）。贝尔蒙特公开

▲根据霍华德·派尔所见，基德船长在美国大西洋海岸附近的加德纳岛埋藏宝藏——《哈珀月刊》。

指控他是“恶魔”，于是他们像对待野兽一样对待他。他们彻底搜查他的住处，命令加德纳挖出基德藏的宝藏。基德没法提供他埋藏物品的详细清单，这倒是帮了加德纳，因为他没有找到一颗还没有切割的戈尔康达（Golconda）钻石。尽管如此，他们还是挖出 1111 盎司的金子，1353 盎司的银子，一磅多的宝石，41 大袋货物和 57 袋白糖，在严密的护卫下被送到伦敦金库。

1700 年 2 月 6 日，国王陛下的船“忠告号”前来将他们押运到英格兰，在它到达前，基德和他的同伴在斯顿监狱度过了严寒的冬天。基德被关在船尾的船舱里，他的同伴则被用铁链捆在一起关在火炮舱。4 月 11 日他们抵达泰晤士河口。基德被换到皇家快艇“凯瑟琳号”上，由持枪步兵押运到海军部。但是在格林威治的时候，他们发现他已经病得出不了船舱。他拿出一枚金币叫他们交给他妻子，然后恳请他们给他一把刀自杀。他被拒绝后又祈求他们对他使用枪决，而不要上绞架。

他们没有关注他的病情有多糟糕，又将他送到伦敦城市的新门监狱。这个监狱有 500 年的历史，里面的恶劣条件与 500 年前的标准一样。一张床上睡两三个狱友，到处爬满虱子。一个囚犯描述说：“脚底下蠕动的虱子就像踩在花园小道上的贝壳一样。”开放的下水道从牢房中穿过，强烈刺鼻的恶臭让探监的人不得不带一束鲜花堵住鼻子。到法庭之前，他们用醋清洗犯人。除此之外，监狱是私人经营，膳食和住宿费用得犯人自己支付。

1700 年 5 月，狱卒向海军部报告说：“基德船长头部剧痛难忍，四肢发抖，迫切需要他的衣物。”这一点都不奇怪，因为他已经被禁止活动 9 个月了，他既不能讨论他的案件也不能准备辩护，他们甚至不允许他给妻子写信，唯一的探监人就是他年迈的叔叔和婶婶。1700 年 3 月 27 日，他突然被带到英国国会下议院的法庭。托利党希望他的证词能弹劾他的辉格党支持者。基德没有指责背叛他的赞助人是恶棍，他只是申明自己是无辜的，而他的申明却连带证明他们是无罪的。一些国会议员钦佩他的勇气，但其他人觉得他很愚蠢。有一个人认为他是喝醉酒脑子不清楚，另外一个人说："我以为他只是个无耻之徒，没想到他还是个蠢人。"他被重新丢回新门监狱等待 5 月 8 日在老贝利的审判。

海军部支款 50 英镑为他请辩护律师，但是由于他们的疏忽，他的律师们直到 5 月 7 日晚上才拿到钱。因此他们在审判之前只和他们的委托人作了简单的沟通。他们要针对六项指控进行四场审判的辩护，尽管程序很复杂，但整个过程只持续三天。基德没有机会为自己辩护。他唯一有机会说话的时候是询问证人帕默和布拉丁汉姆——他们两个在圣玛丽岛抛弃基德逃跑。与基德随航的船员都不允许为他作证，交给贝尔蒙特的两份法国通行证也离奇失踪，不知道放在哪里。

基德的第一项指控不是海盗罪，而是谋杀炮手威廉·摩尔。基德以挑衅为理由辩护。"我没有想要杀他。"他说，"那不是蓄意的，我当时情绪失控了。对此我内心万分愧疚。"

陪审团只用一个小时时间就确定他谋杀罪成立。

帕默和布拉丁汉姆是基德和其他 9 位被告人从事海盗行为的目击者。由于基德和他的被告同伴们不能为自己辩护，而基德也没有办法变出那两份遗失的法国通行证，他们就没法反驳帕默和布拉丁汉姆的证词。

"这个人的话里有许多自相矛盾的地方，"基德在盘问布拉丁汉姆的时候说，"他完全是在说谎。"

“你还有其他问题要问他吗？”首席司法官问道。

“没有了，没有了。因为只要他对证词发誓，我们的辩护就不会被采纳。”基德说。

不久，当审判快接近尾声的时候，基德突然问话：“布拉丁汉姆先生，你不是曾发誓要用你的生命来保护我的生命吗？”

陪审团用一个半小时的时间判定基德和其中六位被告人有罪，宣布其他三个人无罪释放。

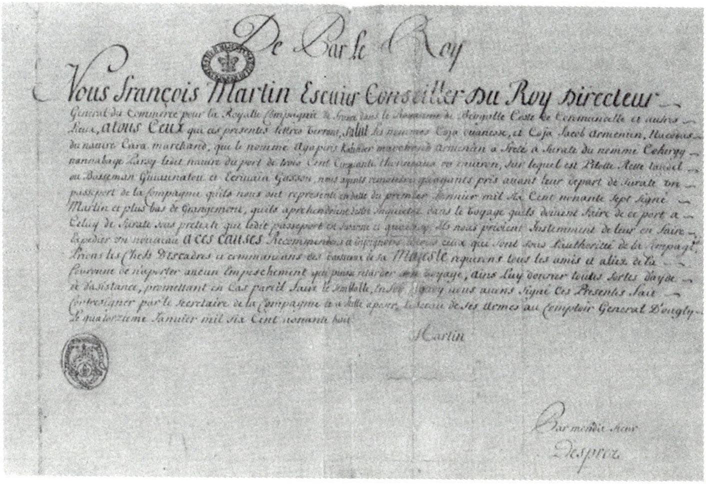
De Par le Roy

Nous François Martin Escuier Conseiller du Roy directeur

Martin

Desprez

▲基德从“吉达商人号”上拿到的法国通行证，计划在他被审讯的时候用来为自己辩护。而另一张从“纯洁号”上拿到的通行证，在基德被审判前离奇消失。

▲1701年，英国下议院对基德船长进行审判，指控他谋杀了炮手威廉·摩尔，并判决罪名成立。1701年3月23日，基德在沃品被处以绞刑。

当被问及依据法律为什么他不应被判处死刑时，基德回答说："我没有什么好说的，但我是被邪恶的证人和伪证所诬陷的。"

最后，法庭宣布判决："你将从这里被带走，送往你出生的地方，最后送至刑场执行绞刑。愿上帝宽恕你的灵魂。"

"上帝啊，"基德说，"这是多么残酷的判决。我是最无辜的人，我只是被恶人所诬陷了。"

1701年5月23日，基德被带到沃品的杜克绞刑场。第一次行刑时绳子断了，他只好再上一次绞刑架——他身子很重，本应该死得很快。当他的身体停止抽搐后，他们砍断绳子，将尸体留在那儿任潮水冲刷三次。之后，再用焦油涂抹在他的尸体上，并捆上铁链，套上金属铠甲，这样即便肉体腐烂也仍能完整保存他的骨架。他的尸体挂在蒂尔伯里角一个花了 10 英镑修建的绞刑架上展示，所有进出泰晤士河的船只都能看到。

和基德一起被判有罪的六个被告中，只有一个被处以绞刑，其他五个获得释放。詹姆士・豪和尼古拉斯・丘吉尔（Nicholas Churchill）每人支付 315 英镑买到自由。他们驾船驶出泰晤士河，经过基德腐烂的尸体，回到宾夕法尼亚。在路上，他们挖出 2300 英镑金子——这是他们帮助他们的前船长埋的。

帕默和布拉丁汉姆获得的奖励是完全赦免。他们的船长卡利福和基德是同一天接受审判，也被判处海盗罪。但是他是在国王的赦免下投降的，因此一年后他就被释放了。

基德的妻子又嫁了一次，在纽泽西度过余下的 43 年。他的孩子们也都结婚生子。

基德被处死刑的前三个月，贝尔蒙特死了。他的遗孀抱怨说："他是为了效劳国王精力衰竭，死于过度疲劳。"基德交给他作为辩护用的两份法国通行证，之后在伦敦的公共档案馆被找到。

从加德纳岛找回来的战利品全部上缴国王，通过拍卖一共集资 6742 英镑。他们用所有的钱在格林威治修建了一座建筑物，就是现在的国家海事博物馆。但是很多人认为基德埋藏的宝藏远不只那些。

# 第九章　镇压海盗

虽然“海盗黄金时代”的早期巴巴利亚海盗都是很残忍无情的，但他们在攻击商船时，都会有所顾忌、手下留情。而他们的后辈们，比如查尔斯·费恩和“棉布杰克”，还有世界上臭名昭著的“黑胡子”，就不再如此仁慈了。

在基德被依法处死后，西班牙王位继承战突然爆发。西班牙和法国结成联盟，对抗普鲁士大联盟、澳大利亚、荷兰、汉诺威、葡萄牙、英国所组成的反法同盟。英国在加勒比海的海盗曾试图进行抢掠，然而为了防止夙敌的袭击，法国的海盗们都亲自护送这批珍宝船。

在南美洲也爆发了像“安妮女王之战”（Queen Anne's War）一样的战争，他们试图把法国人从他们的殖民地撵出去。到 1702 年 5 月，新登基的安妮女王颁布了一个公告，授权海盗没收敌船的权力。因为有了这一纵容海盗的公告，海盗的势力得到迅猛的发展。在 1704—1707 这几年中一支由 13 名海盗组成的舰队开始行动，他们曾在纽约没收了 36 艘敌船，获利 6 万英镑，这些足够 260 名船员的生活开支。当英国议会正式宣布放弃向海盗的战利品收取 10% 的分成后，海上抢掠变得更加有利可图了。1713 年战争接近尾声，英国殖民者和海盗缴获了 2000 多艘珍宝船，它们大都来自法国。与此同时，一批新兴海盗也成长起来了，他们准备用最新研制出来的方法在和平时期进行海上抢掠。英国——主要是英格兰人——希望能通过对西班牙和法国的战争掠夺所获得的钱财，作为扩张他们海上势力和殖民地的经费。

随着牙买加皇家港沉入了海底，而法国和西班牙之间爆发的新战争，使得圣多明各再受约束，所以海盗们不得不去寻找新的据点。他们被迫搬往巴哈马的新普罗维登斯岛上——在经过法国人和西班牙人的多次洗劫与焚烧后，当时这里实际上已经几乎无人居住。狭长的海港使得体积较大的兵舰不易进入，但其深入的港口可以让深受海盗喜爱的单桅纵帆船自由出入。这个海港四面环山，创造了极好的靠近敌人、抢掠珍宝的地势条件。而且它的四周都是礁石、鱼、龙虾、海螺和海龟，林地内部还有大量流动的水和野猪、鸽子、水果，可以提供充分的补给。

1710年，海盗亨利·詹宁斯（Henry Jennings）停靠在新普罗维登斯岛上，查尔斯·费恩、托马斯·伯吉斯（Thomas Burgess）、托马斯·巴罗（Thomas Barrow）、本杰明·霍尼戈尔德（Benjamin Hornigold）和臭名昭著的“黑胡子”也紧随其后，他们只把海港作为拦路抢劫进出加勒比海的商船的基地。1714年4月，百慕大总督普雷恩（Pulleine）就抱怨，为什么三支由敞舱扁舟（open boat）所组成的、且每艘船上仅有25名船员的海盗舰队却可以在8个月内从西班牙珍宝船中成功掠夺了价值近6万英镑的战利品。霍尼戈尔德也是这些海盗头子中的一员，在1715年他就拥有了一艘装备有10门大炮、135名船员的单桅帆船。顷刻间巴哈马群岛变成一个可以随意购买和出售任何武器的超级市场，海盗也因此变得更加自信满满，以至于新普罗维登斯终审法院首席法官托马斯·沃克（Thomas Walker）在遭到霍尼戈尔德的威胁时，不得不逃往南卡罗莱纳州避难。

1716年7月，弗吉尼亚总督亚历山大·斯伯乌德（Alexander Spotswood）也向伦敦政府发出抱怨：“有一群海盗正试图创建他们理想中的新政府，如果成功的话，他们将会对英国贸易产生严重的威胁，所以我们必须及时镇压他们。”

南卡罗莱纳州的统治者罗伯特·约翰逊（Robert Johnson）

▲一幅 19 世纪的插画，以略微夸大且带有浪漫主义色彩的形式，描绘一艘海盗船追击战利品的场景。

也试图剿灭海盗。他委派了一艘船去跟踪霍尼戈尔德的船只并企图消灭他，却被他逃走了，而且很快就逃出了新普罗维登斯。斯伯乌德还提到了托马斯·巴罗（Thomas Barrow）这个海盗头子，说："他才是普罗维登斯的真正统治者，他要把这里建设成第二个马达加斯加。"新普罗维登斯很快就成了加勒比海上最大的海盗窝点。2000名海盗有的居住在港口的船上，有的居住在海岸的贫民区里，唯一一个固定的集聚地就是酒馆，他们经常在那里饮酒、赌博、挥霍着他们抢来的钱财，有时他们也会把钱花在那些在用船帆帆布做成的帐篷外工作的妓女身上。

在这个"海盗天堂"里，海滩上总是遍布垃圾，港口里停满了超过40艘的废弃旧船。那里没有法律的约束，拳头和短剑就是法律。"我是自由王子！"厚颜无耻的海盗首领贝拉米（Bellamy）这样告诉那个于1717年被他俘虏的南卡罗莱纳州商船船长，"我拥有足够大的权力去发动一场世界大战，如同一个拥有100艘战舰以及10万陆地武装部队的人一样。"

新普罗维登斯的海盗也沿东海岸袭击，远至缅因州。

百慕大群岛的总督说："南美和北美也经常受到这些无赖的侵扰。"

"几乎没有一艘船可以安全出入这个岛，"牙买加的统治者也发出这样的抱怨，"这其中的大部分责任我认为都可以归咎于皇家战舰指挥官对此的忽视。"

当时皇家海军的装备很落后，他们没办法消灭海盗。到了战争末期，由于疾病、死亡和失踪等原因，使得船队人员严重不足，通常海军军舰一年中有8个月要被迫停留在港口无法出行。海军船长对于镇压海盗也没有多大的兴趣，因为按照海事法的规定，他们可以向商船收取占货物总值12.5%的护航费。当船员们抱怨时，海军还可以收取更具有竞争力的费用，用自己的船舰来提供运输货物的服务。

在所有的海军和海盗都为这样的安排而兴奋不已时，殖民统治者却很不高兴。他们认为这会抑制北美洲及加勒比海地区殖民地经济的发展。

一位新英格兰地区（New England）的地方长官这样写道:“如果再不用强大的军事力量加以阻止，任由这些海盗继续游荡在这些海域上的话，我们的贸易将停滞不前。”

然而当伦敦政府派遣更多的船只过来后，这些船长们就为他们的伙伴们筹划起赚钱的计划；与此同时，海盗们也开始着手实行他们的抢掠计划。伦敦的一些商船自主成立了联营机构，并且从国王那儿租借了巴哈马,并雇用多塞特（Dorset）海盗伍德兹·罗杰斯来带领这支远征的队伍。他们完成了一次环球航行，并带来了80万英镑的收益。令人遗憾的是，罗杰斯他自己从中仅获利1600英镑，这远远少于这次旅行给他带来的债务。但这并没有削弱他对国家的忠诚，1717年，他被指派前往担任“统管美洲的巴哈马群岛区域的都督兼首席长官”。他的工作是要采用一切可能的办法去镇压海盗，包括发布国王的特赦令——虽然他的雄心大略在于建立更多的不列颠殖民地，并将航海贸易推行到更偏远的海域。他没有固定的薪水可领取，仅仅可以从新殖民地所产生的利润中分得一小部分作为报酬。

1718年4月11日，罗杰斯乘着那艘重达460吨的旗舰——东印度公司商船“迪莉西娅号”（Delicia）——顺着泰晤士河前进。随从他的有一百多名驻军步兵，还有250名来自瑞士、德国巴列丁奈特以及新教徒的拓荒农民。他们带着自己的储备物、原料、工具，以及来自“基督教知识普及协会”（Society for Promoting Christian Knowledge，SPCK）[①]每本价值 2 英镑 10 便士的小册子——他们幻想这些小册子能够帮助海盗们改邪归正。在英吉利海峡，皇家海军“鲨鱼号”（Shark）、“雄鹿号”（Buck），以及护卫舰“罗丝号”（Rose）和“米尔福德号”（Milford）也加入到了“迪莉西娅号”的舰队中来。

7 月 24 日下午，罗杰斯的舰队到达了新普罗维登斯港外，一些最早一批的英国殖民者划船到距离海港岛（Harbour Island）40 英里的地方去迎接他们的新长官。他们告诉罗杰斯，这里总共有上千名海盗，但其中大部分将归顺以换取国王的赦免。在听到罗杰斯的舰队已经上路的消息，连最冥顽不化的、以“黑胡子”为代表的海盗都闻风逃跑了，只有最臭名昭著的查尔斯·费恩仍坚持顽抗到底。

一天晚上，皇家海军“鲨鱼号”和护卫舰“罗丝号”俘虏了当地的领航员，顺利地驶入海口。费恩看见他们来了，就在他们前段时间捕获的法国商船上堆放了很多爆炸物，并点燃导火索，让它朝着这两艘战船方向驶去。船爆炸了，这两艘皇家海军船只好退回到深水区。第二天早上,费恩通过海港东端狭长的海峡逃了出去，并扬言要烧毁“迪莉西娅号”的舰队，以报仇雪恨。

7 月 27 日早上，罗杰斯登上了新普罗维登斯港。托马斯·伯吉斯和本杰明·霍尼戈尔德派了一个头发蓬乱的士兵来迎接他。

---

① 基督教知识普及协会（Society for Promoting Christian Konwledge，SPCK），由托马斯·布雷（Thomas Bray）成立于 1698 年，主要工作是出版和推广基督教文化著作。

三百多名狂欢的海盗在他的头顶上鸣枪行礼，并为他们的于1714年继位的乔治一世国王欢呼。然后，罗杰斯在被摧毁了的城镇废墟上，大声宣布他所受的国王的委托，转告国王陛下赦免海盗的声明。消息一传开，越来越多的海盗们来新普罗维登斯，接受国王的赦免。另外，他们还将被赐予一小块土地，前提是他们必须在一年内将这块土地清理干净，并建起房屋。总共有超过600名海盗得到了赦免，还有一些仍在犹豫，但他们也得到了基督教知识普及协会派发的小册子。

罗杰斯在海港的东面也设立了一个小小的仅有8门炮的多面堡垒，之后又在主入口——西面入口处加盖了一个稍大的堡垒来实行防卫。一切看来似乎都在计划之中，但由于那里的夏天十分炎热，再加上人们屠杀牲口当食物，兽皮腐烂，使得流行性热病急速蔓延，整个岛被疾病所笼罩。这场疾病使许多移民丧生，也粉碎了创立一个自给自足的殖民家园的愿望。当战舰上的水手也染上热病后，皇家海军就撤走了。

英国和西班牙之间发生了一场新的战争，战火也波及了新普罗维登斯。这个岛可能会遭受来自古巴的袭击，同时也受到新普罗维登斯港中的一部分重操旧业的海盗的威胁。为了抵御袭击，罗杰斯任命伯吉斯和霍尼戈尔德作为私掠船船长，并组织那些已被赦免的海盗参与到民兵连队中去——然而他们并没有在那里发挥什么作用。

罗杰斯抱怨道："这些浑蛋根本就没法好好守夜。即使来守夜，也很少有人会严肃对待，也很少有人可以保持一整夜的清醒状态。虽然军官和士兵常常突袭检查守卫们的防卫，卸掉他们的武器，但是还是起不了什么作用。我几乎每天都要对他们进行处罚，罚钱甚至是关他们禁闭。”

然而，他们很快也就不用担心查尔斯·费恩会再回到新普罗维登斯了。离开港口的几个月后，由于他未能成功截获法国船，费恩在选举船长中失败了。“棉布杰克”取代了他的地位，他只好乘着一艘单桅帆船随风漂流去了。虽然之后他重操旧业，又当上了海盗头子，掌握了更大的船只，然而这次，他就没有这么走运了。最后，于1720年他在牙买加被处以绞刑。与此同时，“黑胡子”还在卡罗莱纳忙于他的勾当，根本没有投降的意愿。

# “黑胡子”

官方记载所保留的“黑胡子”的真名为爱德华·蒂奇（Edward Teach），尽管当时也有记录称他为塔奇、塔什等，但或许这些都是他的别名，或许简单反应了当时人们读写能力的水平。笛福曾说他的真名是爱德华·德拉蒙德（Edward Drummond），出生于布里斯托尔——尽管有人说他出生在牙买加或弗吉尼亚。西班牙王位继承战争期间，他在私掠船上当过水手。1716年，他在牙买加加入了霍尼戈尔德的船队成为一名海盗，不久后，他在一次战斗中脱颖而出。同年晚些时候，霍尼戈尔德船长在圣文森特小岛(St. Vincent）附近截获了一艘法国船，将其指挥权任命予蒂奇，蒂奇把它更名为“安妮女王复仇号”（Queen Anne's Revenge）。但是当得知罗杰斯渐渐逼近新普罗维登斯岛的消息后，霍尼戈尔德船长和“黑胡子”便分道扬镳了。霍尼戈尔德船长接受赦免，而“黑胡子”凭借自己的能力驾着“安妮女王复仇号”扬帆出航。

“黑胡子”身材高大，身体强壮，性情野蛮，敢于冒险，与许多海盗船长一样喜欢穿艳丽的服装。他肩上披着数条着色的丝绸佩带，佩带上总共插着三把向上耸立、随时待发的燧发枪，腰带上还配着数把匕首和弯刀。据笛福描述，他那标志性的胡子“像

▲ 面目狰狞、充满了野性、皮带上扣着枪、头发上还冒着两股烟——这样的画像，不会有别人，只能是加勒比海上最恐怖的“黑胡子”。

可怕的陨石一样覆盖了他的整张脸，在很长时间内，他的胡子远比天上出现的扫帚星还要让美洲感到恐惧”。上至脸颊甚至到眼部，下至胸前，都覆盖着一层蓬乱、纠结的毛发。他把头发编成细长的辫子，每条辫子上绑着一条彩带。他的帽子装饰着一些可以缓慢燃烧的导火线——把大麻浸泡在硝酸钾和石灰水中而成——每次抢掠前把它们点燃，塑造他的真正恐怖的形象。

他还是个酒鬼。他认为在船上，就得喝醉了才是快乐的。他在某一天的日记中写道："这样的一天——朗姆酒都喝完了——我的弟兄们却还有几分清醒：这帮无赖们竟开始讨论要分家的事儿了——看来我又要去寻找新的战利品了。"

幸运的是一艘装满烈酒的商船恰好来了，"黑胡子"掠夺了它，并在下一篇日记中继续写着："这样的一天——我们得了一整船的烈酒，这酒使我的弟兄们浑身发热，热得要命——我们又可以继续做我们该做的事儿了。"

与早些时候的海盗不一样，"黑胡子"还喜欢女人，经常抢夺种植园主的妻子和女儿。根据当时的记载，他有一个妻子和孩子在伦敦，另外还有至少十几个妻子分布在各个港口，其中一个是他花了 500 英镑买来的。他的最后一个妻子在他们结婚的时候只有 16 岁。据笛福称，"'黑胡子'满足自己的淫欲之后，依照惯例，他让五六个兽性的手下上岸，一个接一个地强暴她，而他就在一旁看着"。

或许"黑胡子"是故意想在他的手下和受害者面前保留这样的恶魔形象，这恰恰就是他邪恶的一部分。一天，他在海上对手下们说，要制造"一个我们自己的地狱，试试看我们能坚持多久"。有两三个船员接受他的挑战。他走下船舱，坐在一个用来压舱的大石块上。一个装着硫黄的管子，被推倒后并被点燃。他们坐在黑暗中，被充斥着硫黄味的空气包围着，直到憋得半死的船员哭喊着需要空气，舱口才打开。据笛福描述，“黑胡子”为他自己坚持到了最后而感到非常兴奋。

当他爬上甲板的时候，其中一个船员大喊道：“哎呀，船长，你看起来就像是刚从绞刑架上下来的一样。”

“小伙子，”“黑胡子”大吼道，“下次我们应该在绞刑架上玩一玩，看看谁能吊在绳子上最久而且还不断气。”

有时候，他的游戏玩过火了。一天夜里，正当他与航海员伊萨克·汉斯（Isaac Hands）喝酒的时候，他在桌子下偷偷拔出一支手枪。然后他把蜡烛吹灭，在桌子下一通乱射，打中了汉斯的膝盖，使他终生残废。另一个船员因为到甲板上透气而逃过一劫。有人问他为什么这么做，“黑胡子”回答说，如果他不隔三差五杀掉一个人，人们会忘记他是谁。

在离开新普罗维登斯岛之后，“黑胡子”得到了北卡罗莱纳州的州长查尔斯·艾登（Charles Eden）的庇护。虽然当时美国的其他殖民地都在拼命打击海盗，以消除贸易阻碍，但是北卡罗莱纳州没有出口贸易，他们鼓励海盗在此卸下他们的掠夺品。“黑胡子”则公开把他的船停在开普菲尔（Cape Fear，也称恐怖角）和帕姆利科湾（Pamlico）上修理，并在帕姆利科的巴斯（Bath）以低廉的价钱变卖掉战利品。艾登根据大赦令赦免“黑胡子”和其他船员，以换取一定数量的战利品。

然而，1718 年春天，“黑胡子”封锁了南卡罗莱纳州首府查尔斯顿（Charleston）长达 7 天，截住了八九艘进出港口的船只。他劫持了州长咨询委员会的一名议员与其 4 岁的儿子作为人质，并威胁说如果约翰逊不交出药品作为赎金，他就要杀了他们再把人质的头送到州长罗伯特·约翰逊手中，“烧掉在城市前面的所有船只，再把整个城市化为灰烬”。州长送去一箱价值三四百英镑左右的药品。这些药品似乎都是些水银化合物，用来治疗梅毒。不久之后，曾经与“黑胡子”一起出海掠夺的海盗史泰德·博内特落入约翰逊的手中。博内特恳求宽恕，但并没有人理睬。正如我们所看到的那样，他最后被绞死了。

“黑胡子”离开新普罗维登斯岛的18个月期间，他在弗吉尼亚州和洪都拉斯之间截获了二十多艘船的财物。然而，他的手下在北卡罗莱纳州开始不受欢迎。巴斯的乡亲们要的是与他们做买卖，而不是他们粗野的行为，特是他们在河里掠夺了一艘贸易的单桅帆船后,更激起民愤。但是艾登州长却无动于衷,他甚至还主持了“黑胡子”的第十四次婚礼——他与巴斯种植园主16岁的女儿结婚。

然而，当邻近的弗吉尼亚州州长亚历山大·斯伯乌德接到密报说，“黑胡子”和他的小舰队打算在北卡罗莱纳州的奥克拉科克湾（Ocracoke）建立根据地，并在那儿建造一个堡垒时，他决定采取行动。他手中有两艘军舰可以支配，皇家“里姆号”（Lyme）和“珍珠号”（Pearl）。他派了几个间谍去密探“黑胡子”，还雇用了当地的领航员。领航员告诉他奥克拉科克湾周边的水域太浅，他的两艘军舰无法航行。因此，他又买了两艘吃水浅的单桅帆船，并和两个船长一起秘密筹划攻击的策略，“以防‘黑胡子’获得情报，因为在这个国家有一种令人无法理解的支持海盗的倾向”。奥克拉科克岛也不在他管辖范围之内,在那里任何试图逮捕“黑胡子”的想法都是在干涉艾登的管治权力。但是，他公开劝说弗吉尼亚州大会在弗吉尼亚州和北卡罗莱纳州的管辖范围之内进行公告悬赏：抓到“黑胡子”本人奖100英镑,抓到其他的海盗船长奖40英镑,抓到船长手下副将奖 20 英镑，抓到普通海盗奖 10 英镑。

斯伯乌德买的两艘单桅帆船于 1718 年 11 月 17 日下午 3 点起航。海军少尉贝克指挥承载着 25 名船员的英国皇家海军“里姆号”；海军上尉罗伯特·梅纳德（Robert Maynard）则指挥英国皇家海军“珍珠号”及 35 名船员。11 月 21 日黄昏时刻，他们抵达奥克拉科克湾，看见“黑胡子”的旗舰“冒险号”以及一艘“战利品”停泊在海湾入口处上游。

他们的出现，并没有让“黑胡子”感到意外。尽管这次征伐秘密进行，但是“黑胡子”得到了北卡罗莱纳州海关收税人托拜厄斯·奈特（Tobias Knight）的警告，知道有人在策划针对他的行动。但是，当梅纳德把军舰停泊浅滩，开始装备武器，让将士们全副武装为次日早晨的战斗做好准备时，“黑胡子”和船上的 18 名海盗醉酒狂欢。海军能够听到平静的海水对面，海盗们在狂饮欢闹。

第二天天一放亮，梅纳德就起航。海军军舰一进入“冒险号”的射程之内，“黑胡子”就下令开火。梅纳德展开舰旗，向海盗步步逼近，使得“黑胡子”不得不砍断缆绳逃跑。梅纳德紧追在后，“黑胡子”的旗舰搁浅了。由于海军军舰比“冒险号”更吃水，为了追上“黑胡子”，梅纳德只好将压舱物、饮用水都扔掉，减少船的负重，以便赶上他。

正当海军忙于减少军舰的负重时，“黑胡子”在另一头隔着水大声吼道：“该死的，你们这些混账是什么来头？你们从哪里冒出来的？”

“你可以从我们的舰旗来判断我们不是海盗。”梅纳德回敬道。

接着，“黑胡子”叫梅纳德过去他的船，要看看他是谁。梅纳德回答说：“我可不能留下我的军舰，但如果可以的话，我会与我的军舰一同踏上你的船。”

“黑胡子”勃然大怒，喝了一口酒，怒吼道：“我要是对你手下留情，或是求你手下留情，就让我下地狱！”梅纳德厉声回敬道，自己才不指望他留情，也不会对他客气！

“黑胡子”把自己的旗舰又弄下水，展开他的黑色海盗旗，朝船侧身一阵猛轰。负载沉重的海军军舰的船腰只剩一英尺干舷，恰好是划桨的士兵们所处的位置。贝克的军舰“漫游者号”（Ranger）上，包括贝克自己在内的9名战士已经阵亡，船上全部的帆缆都已损坏了。军舰无助地漂泊无人掌舵，在之后的交火中没发挥什么作用。

梅纳德的军舰上，35名士兵，死伤的有21人。梅纳德命令余下的士兵都到船舱内，以防“黑胡子”再一次舷炮齐射，而自己和舵手都趴在甲板上。接着，“黑胡子”靠过来，投来装满火药、铁屑和炮弹的瓶子，瓶口夹着一根导火线燃烧很快的手榴弹。导火线一烧完，手榴弹也就投中了。炮弹“嘭”的一声爆炸，场面一片混乱，硝烟滚滚。不过，梅纳德的士兵在甲板下面都很安全。

看着甲板上的人已所剩无几了，“黑胡子”向他的弟兄喊道，他们“除了三四个人外，其他都被炸死了。让我们冲上船，将他们粉碎”。

“黑胡子”和14名手下跳上海军军舰。他与梅纳德面对面，两个人在近距离内相互射击。喝了全部的烈酒之后，“黑胡子”的手或许不如之前的平稳，他的子弹打偏了，而梅纳德的打中了。士兵从船舱蜂拥而出，又开始了一场激战。

枪伤似乎对酒醉的“黑胡子”没有多大的影响，他短剑一劈，竟劈断了梅纳德的佩剑。梅纳德后退想要给枪上膛，“黑胡子”又举起弯刀挥向豪无防御的海军上尉，却被梅纳德的一个士兵刺中了喉咙和脖子。梅纳德这才脱了险，手指上留下轻微的划伤。

梅纳德开枪打中了“黑胡子”的侧身。但是,尽管血一直往外喷，这个海盗仍然还没完蛋。他和 14 名手下，与梅纳德和他的 12 名士兵继续奋战，“直到军舰周围的海水被血染红”。根据笛福叙述，“黑胡子”受了 25 处伤，其中 5 处是枪伤。但是，最后当他举枪上膛时，终于瘫倒在甲板上。

当时，“黑胡子”的手下已经死了 8 名。虽然余下的受了伤，但是他们从船上跳下水，请求海军们饶了他们的命。“漫游者号”这时终于赶上了行动，登上“冒险号”，逮住了船上的海盗，他们也在求饶——虽然只是延长他们几天的寿命。

▲“黑胡子”的现代画像，身后是他的旗舰“安妮女王复仇号”。

“这是这些所谓勇敢的野蛮人的终结，”笛福说，“如果他能够被任用在善行的事业上的话，那么他就会是世界的英雄。他的灭亡，全部归功于海军上尉梅纳德和他的士兵的行动和勇敢，这将对殖民地建设造成深远的影响。”

“黑胡子”的头被砍下来，挂在军舰的船首斜桅上带回了弗吉尼亚。有人说，“黑胡子”的无头尸体围绕“冒险号”游了三圈，之后沉入大海。梅纳德随身带上一封在“黑胡子”的财物中发现的托拜厄斯·奈特的来信，提醒他要小心斯伯乌德的计划。斯伯乌德将此事向伦敦商会报告，但是，奈特断言证据是“虚假、恶意的”。他和艾登州长一样，并没有被撤职，但于3年后死于黄热病。

奖赏的问题花费了4年才得以解决。“里姆号”和“珍珠号”的船长坚持认为赏金应该均分给两艘船上的所有船员。梅纳德则说，只有那些参与了作战的士兵才能分得赏金。最终，那些有作战的获得13先令6便士，其余的得到9先令6便士，而梅纳德因领导这次袭击得了双份的赏金。

“黑胡子”的死标志着以美洲沿岸水域为根据地的海盗的终结。然而，他的暴动鼓舞了受到伍德兹·罗杰斯的赦免的海盗们重操旧业。刚出新普罗维登斯岛两天，罗杰斯派出到伊斯帕尼奥拉岛补充物资的三艘船叛变。罗杰斯派霍尼戈尔德出去抓他们。霍尼戈尔德只带回了30个海盗，其中3个受伤身亡。

其余10个海盗被附属海事法庭审判，严格说来，这是罗杰斯没有权力召集的。成员包括8个审判员，其中有两个人是悔改的海盗：彼得·柯朗（Peter Courant）和托马斯·伯吉斯（Thomas Burgess）。被告中9人被判有罪，并判以死刑；另一个宣告无罪，因为他是被迫当海盗的。

两天之后，即是1718年12月12日，上午10点，他们戴着镣铐、双手被捆绑在前面、排队走出堡垒，来到沙滩上，那里已立起了一个绞刑架。他们站立着，脖子绕着套索。在等待的45分钟里，他们做祷告、朗诵诗篇、向围观者留下遗言——大部分围观者以前也是海盗。

这些人年龄范围在18 ~ 45岁，面对即将来临的死亡的反应也迥然不同。两个人专门为此系上了缎带；但另一个人则穿着旧衣服，甚至拒绝换洗；曾在爱尔兰杀死自己的母亲24岁的威廉·道林（William Dowling）并无悔意；22岁的托马斯·莫里斯（Thomas Morris）在绞刑架那儿大喊，他唯一的愿望就是能够置身于更严重的瘟疫中；曾当过拳击手的34岁的威廉·路易斯（Williams Lewis）醉醺醺的；40岁的约翰·雅戈（John Augur），懊悔不已，在绞刑台上喝了一小瓶酒，并举杯祝贺巴哈马群岛及其政府的胜利；30岁的威廉·霖（William Ling）充满了懊悔，只是在不停地喝水。在最后一刻，18岁的乔治·朗斯费尔（George Rounsivil）被判缓刑，因为他的"忠诚、善良的"父母住在罗杰斯的家乡多瑟（Dorset）。一条绳子把套索连接起来，其余的那8个都被吊起来。

罗杰斯将逮捕惯犯的功劳都归于霍尼戈尔德。两星期之后，在给伦敦国务秘书詹姆士·卡拉格斯（James Craggs）的信中，他写道："我很高兴霍尼戈尔德船长为这个世界消除了我们迄今所知的最臭名昭著的海盗；而大部分人对他针对海盗的罪行的慷慨判决，给予极高的评价。"

讽刺的是，他的死法也和海盗一样。船破之后遗留在荒岛上，他向死亡屈服，而他的5个船员乘着自己制造的独木舟逃生了。

那8个叛兵的绞死标志着巴哈马群岛海盗的终结。罗杰斯拥有了丰富的食物和酒，大约两个星期的时间，他让那些悔过的海盗不间断地劳动，以完成新堡垒的建造。到1720年12月，堡垒布满了55门炮。

1718年2月24日，4艘载着1300人部队的西班牙战舰停泊在港口东部附近。罗杰斯只拥有一支步兵和一群500名之前爱喝酒的海盗组成的民兵来防守。然而，当西班牙军队企图于2月25日夜晚入侵的时候，两个装备着火枪的哨岗兵就足以赶走几艘满载着生疏的西班牙部队的军舰。虽然他们在巴哈马水域停留了一段时间，但是他们不敢再踏上巴哈马群岛。

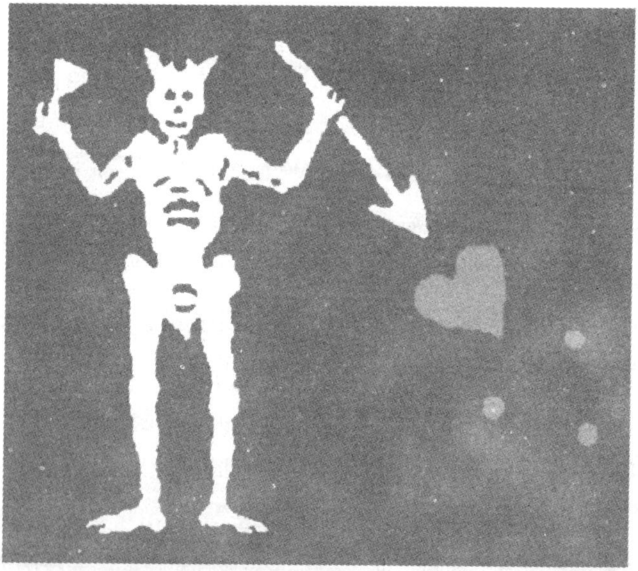

▲“黑胡子”的海盗旗：死亡的骷髅一手举着时间杯，另一手举着一支矛，刺向一颗心脏。

由于没有根据地，活跃的海盗数量骤减。到那时为止，海盗的估计人数在 1000 ~ 2000 人。一般来说，这个数据是比较准确的。从描述海盗船活动的记录及船员记录和推测来看：在 1716—1718 年，1800 ~ 2400 名祖籍英国的美国海盗潜行于海上；1719—1722 年，还有 1500 ~ 2000 名；1723—1726 年，人数就逐渐减少到 200 名以下。另一方面，我们也可以根据当时的控诉进行推断，1716 年一帮海盗声称“他们有 30 支连队”，也就大概是 2400 人，往返于世界的各个海洋。如他们所说，总共是 4500 ~ 5500 人。1716—1726 年，他们的对手皇家海军平均征召了 13000 名水兵。

# “棉布杰克”与安妮·伯尼

然而，新普罗维登斯岛以前的海盗仍然在闹事。查尔斯·费恩的舵手杰克·拉克汉姆（绰号“棉布杰克”）在除掉自己的船长之后开始扬名，船长一直都很蔑视他的残酷无情。他延用了他奇怪的绰号，因为在热带地区，他非常偏爱穿棉制衣物，而不像其他海盗喜欢穿丝绸和天鹅绒制品。他在加勒比海周边拦截的主要是西班牙船只。他从一名被截获的船上的船员那听说，英国与西班牙间将爆发一场新的战争。他派了船员到牙买加，看看他在那儿是否可以获得赦免。政府的回应却是派皇家海军分舰队追捕“棉布杰克”。他与大部分船员都逃脱了，但他的旗舰“金斯敦号”被扣留了。

杰克在古巴附近用两只小船截获了一艘西班牙珍宝船，之后扬帆前往新普罗维登斯岛，得到了罗杰斯的赦免。在那里他遇见了另一个已被赦免的海盗的妻子安妮·伯尼。

安妮出生于爱尔兰。她是有名的律师威廉·科马克（William Cormac）与家佣佩格·布伦南（Peg Brennan）的私生女。安妮的出生引发了丑闻，科马克只好带着妻子和女儿到南卡罗莱纳州做起生意，开始新的生活。短短几年，他就变得富有，而那时安

▲这是1853年亚历山大·迪拜尔为尤阿特（Huart）撰写的《历史上的海盗》（*Histoire des Pirates et Corsaires*）一书所画的插画。图中，海盗玛丽·里德向她那惊讶的受害者表明，击败他的其实是一个女人。

妮也到了该出嫁的年龄。虽然只有 12 岁，但她身边已经挤满了许多合适的人选。但是，尽管财富与美貌兼并，但安妮的脾气非常暴躁。她曾用小刀刺死了一个女佣;一个男孩试图要强奸她的时候，她把他痛打了一顿。最后她却爱上了终日无所事事的詹姆士·伯尼，并被带到新普罗维登斯岛。在那里詹姆士成为告密者，而她遇到了杰克·拉克汉姆。

"棉布杰克"用昂贵的饰品向她求爱，并提出要从她丈夫那把她买走——无论合法与否，但在当时这是常有的事。但是，詹姆士绝不会答应，他向州长控诉，州长威胁安妮说，要是不回到她丈夫身边，她就得挨鞭子。拉克汉姆觉得要想得到安妮唯一的办法就是重当海盗。当誉为加勒比最快的商船"杓鹬号"（Curlew）停泊在新普罗维登斯岛的时候，他们逮到了机会。

杰克召集了几个老船员。半夜，轮换看守的时候，他们溜上船。扮成水手的安妮负责对付两个看守的人，她威胁他们说，要是有半点反抗，就把他们的脑袋打爆。就这样，"杓鹬号"被悄悄地驶出了港口。他们在古巴停靠，安妮在那里生了个孩子。把孩子遗弃在古巴后，他们在加勒比海域开始抢夺海岸商船和渔船。

抢夺了一艘荷兰船只后，他们强迫船员签协议加入他们的行列。安妮非常喜欢其中一个英俊的荷兰小伙子。结果他既不是荷兰人，也不是男孩。"棉布杰克"当场逮到他们在一起时，他威胁说要杀了他们。正是那时，这位安妮的新朋友"不经意间露出了她的洁白乳房，这才被发现原来她也是女的"。

杰克的新女船员是名英国人，名字叫玛丽·里德。与安妮一样，她也是私生女。她母亲为了掩盖事实，让她装扮成男孩。后来，她报名在军舰上当船上侍者；那之后，她又成为步兵；在西班牙王位继承战争期间，她还当上骑兵在佛兰德斯（Flanders）作战，表现突出。在战争中，她爱上了她的营友，这个佛兰德年轻人回应了她的爱意,决定要与她结婚。这对新婚夫妇在荷兰开了一家旅馆，这也是玛丽人生中唯一一次穿上女装。当她丈夫突然死于热病后，她又装扮成水手,签约受雇于一艘荷兰船只——正是被“棉布杰克”掠夺的那艘船。他们三个人都守住了这个秘密，直到她爱上一个船员并与其再次完婚。

1720年10月，在牙买加附近，“杓鹬号”上的海盗蜂拥爬上一艘商船，谩骂吼叫着挥舞手中的弯刀。他们的领头是两个穿着夹克衫和长裤的悍妇。一位女乘客多萝西·托马斯（Dorothy Thomas）察觉到她们的异常。

“看她们丰满的胸部，”她说道，“我认为她们是女人。”

不久，“棉布杰克”的船员庆功喝醉时，受到一艘牙买加逮捕海盗的私掠船的挑衅。海盗都烂醉如泥，没法应战，只能躲到船舱内。安妮和玛丽却如野猫一样，拿着手枪、弯刀、斧子作战，要击退登上船的人。当她们意识到情况非常糟糕时,玛丽向船舱开火，冲那些懦夫吼叫，要他们“像男人那样上来作战”。她杀死了一个海盗，并击伤多人。但是，最终他们还是被击败了。

在牙买加的西班牙小镇，这些海盗受到了审判。玛丽的丈夫被判无罪释放,因为他是被迫成为海盗的;但是,“棉布杰克”、安妮、玛丽和其他8个船员都被定罪，判处绞刑。当他们被问到是否有什么要说的，安妮和玛丽回答说：“大人，我们要为腹中的孩子辩护。”因为她们俩都怀有身孕。根据英国法律,不论母亲罪孽多深重，任何法庭都无权给腹中的孩子判刑。

◀这是一幅18世纪的版画，图中的安妮·伯尼是一个女海盗，还是玛丽·里德的共犯。

然而，玛丽·里德因为发烧死在狱中，而“棉布杰克”也被绞死在皇家港附近，如今被称为“拉克汉姆沙洲”的地方。之后，安妮·伯尼生下孩子。不过，她利用自己的魅力又获得两次缓刑——据说是她那富有的父亲为她赎回了自由。未满20岁的她，又成为了先前在红海取得过成功的海盗罗伯特·芬威克（Robert Fenwick）的女人，并居住在南卡罗莱纳州查尔斯顿港口附近的芬威克城堡。后来，她与一个小情人私奔，但是被芬威克追上。他强迫她协助把那个情人吊死，并承诺以后不再逃跑。

# “黑男爵“

1682年，出生于威尔士彭布鲁克郡（Pembrokeshire）的巴塞洛缪·罗伯茨，是黄金时代的最后一个伟大的海盗——或许也是有史以来最伟大的海盗。他还是一个以奢华着装而著名的海盗，当他阵亡时，他穿着绯红色的锦缎马甲上衣和马裤，深红色的帽子上插着一根羽毛，镶着宝石的粗大黄金链子绕在脖子上。虽然他喜欢的武器是插在腰带上的极其锋利的弯刀，但他肩上挎着的丝绸背带里还装着两支手枪。

他并非是心甘情愿成为海盗的，他37岁时才开始加入这行。他是虔诚的基督教徒，他禁止赌博，还引领他的船员一起祈祷。对海盗来说，他还是罕见的禁酒者。

西班牙王位继承战争期间，他在海军战舰或者私掠船上参加过战斗，接着他成为一艘商船的水手。“黑胡子”在美洲沿岸威名远扬的时候，他还只是一艘巴巴多斯商船的大副。到35岁时，他已经是航海的好手了。但是，由于出生卑微，若非成为海盗，他是没有机会成为船长的。

1719年，他作为二副乘着奴隶贩卖船“公主号”下至几内亚海岸时，被著名的威尔士海盗船长豪厄尔·戴维斯拦截。当戴维斯在布里斯托尔的“卡多贡号”（Cadogan）——一艘奴隶贩卖船——上当副手时，他们的船遭到了著名的爱尔兰海盗爱德华·英格兰的拦截。英格兰掠夺了他的一些船货，就将船连同一封密令还给了戴维斯，并强调密令只能在到达某一纬度后才能打开。这赋予了戴维斯对这艘船的某种模棱两可的所有权，并暗示他应该驶往巴西。相反，他往巴巴多斯行驶，并被囚禁在那里。虽然没有人真正相信他的故事，但 3 个月后他还是被释放出来。他往新普罗维登斯岛航行，在那里伍德兹·罗杰斯给了他一艘单桅帆船，并下令命他逮捕在西非沿岸活动的海盗。但是，戴维斯横跨大西洋的时候，自己却变为了海盗。

当葡萄牙梅奥岛总督邀请戴维斯及其船员上岸做客时，戴维斯攻下了守城堡垒。在甘比亚（Gambia）城堡，戴维斯骗总督相信自己的旗舰是英国军舰，上岸后就拿枪指着总督的脑袋，不战而胜攻占了城堡。他与托马斯·阔克林（Thomas Cocklyn）和奥利弗·拉·布彻（Oliver La Bouche）合作——他们两个于 1717 年在巴哈马群岛已获得赦免——一起驾驶着一艘 24 门炮的旗舰出发去塞拉利昂（Sierra Leone）。后来，阔克林被绞死。

到戴维斯拦截“公主号”为止，他已经掠夺了许多装载黄金、象牙和奴隶的珍宝船——此时恰逢大西洋的奴隶贸易达到顶峰。戴维斯最引以为自豪的是，他从未强求一个水手加入，罗伯茨也勉强答应同他一起乘坐海盗船“皇家漂泊者号”航行。之后的 6 个月中，他们掠夺了许多船只，包括一艘驶向荷兰并载有丰富的货物的船——尽管阿克拉（Accra）总督也在船上。

在王子岛（Prininces Island）——现被称为“奥科”（Bioko）或“费尔南多波”岛（Fernando Po）——戴维斯想再次把自己的

旗舰伪装成军舰。不幸的是，总督早已听说甘比亚城堡事件，并埋伏突袭戴维斯。戴维斯腹部中枪，很快死去。“皇家漂泊者号”逃离驶向大海。海盗们举行了一个会议选举新船长，船长必须是航海技术和海战各方面的好手，罗伯茨无疑是最佳人选。正是那时候，他才坦然面对自己的新职业。

“当指挥官总比做普通人好，”他说道，“既然我的双手已经沾上浑水了，那我不得不成为一名海盗。”

虽然他身材矮小，但是具有领导的气势。根据笛福的描述：“罗伯茨看到这样一群野蛮、放肆的粗人是无法用平和的手段管制的，也无法用温和的方法去阻止他们酗酒，尽管这是引发他们所有骚动的原因。他在他们面前表现出了更为严格的言行，以及更为庄重的姿态以示表率。如果有任何人对他的做法不满的话，他告诉他们，只要他们觉得合适，可以随时和他上岸决斗，用剑或用枪都可以。因为他既不重视也没畏惧他们当中的任何一个。”

曾经有一个船员当着他的面侮辱他，罗伯茨马上把他击毙。另一个叫托马斯·琼斯（Thomas Jones）的人听说以后，诅咒他，罗伯茨便拿起剑刺伤了他。琼斯虽然受了伤，但仍抬起罗伯茨，把他扔在大炮上，痛打了一顿。这使整艘船上的人都惊恐不安，一派拥护罗伯茨，另一派则支持琼斯。他们开会讨论该如何解决，最后决定必须维护船长的尊严，因为这个荣誉的职位是自由投票授予的，船上任何人都没有权力冒犯。尽管琼斯的伤口还没有愈合，但他就被判了刑——让 180 名船员每人打上两鞭。后来，他和一些支持他的人一起跳船。

罗伯茨当上船长的第一次行动，就是夷平王子岛的葡萄牙殖民地，替戴维斯报仇。接着，在伯尼海湾（Bight of Bonny）——也称为比夫拉湾（Bight of Biafra）——他抢劫了一艘荷兰商船和皇家非洲公司的奴隶贩卖船。罗伯茨躲藏在加蓬湾（Gabon）以外200英里处的安诺本（Annobon）小岛上，说服船员开往巴西。他制订了一个海航行程，前往距离2600英里远、宽度仅有6英里的费尔南多迪诺罗尼亚群岛（Fernando de Noronha）。经过28天的航行，他们到达目的地，完成了非凡的航海壮举。在那里，他们给“皇家漂泊者号”注水、维修，为袭击巴西做好准备。

1719年9月，他们发现了由42条葡萄牙商船组成的船队，所有的船上都满载黄金、砂糖、烟草和兽皮，正准备由两艘军舰护卫横跨大西洋至里斯本（Lisbon）。“皇家漂泊者号”驶到船队中间，登上载重最沉的那艘商船，抢劫了包括4万葡萄牙莫艾多金币——价值约为54000英镑的船货。在护航舰起锚之前，他们就已逃走了，向圭亚那的魔鬼岛前进。当时那里是西班牙的殖民地，后来成为声名狼藉的法国罪犯流放地，也是他们用战利品交换金钱和女人的地方。经过数周的纵酒狂欢，他们驶入加勒比海，这次却被皇家海军和岛上的私掠船赶出。他们继续沿美洲海岸航行至纽芬兰岛（Newfoundland），在那里发现了22艘停泊在特里佩西湾（Trepassey Bay）的商船。罗伯茨只有一艘带有10门大炮的单桅帆船和60名手下，而这两艘商船上有40门大炮和1200人。

尽管如此，罗伯茨吹着喇叭打着鼓驶入海湾。商船的船员还没开火自卫，就已经被吓得挤到自己的船舱里躲起来，划向岸边去了，剩下罗伯茨及其手下任意掠夺。他还在特里佩西湾攻袭过150条船组成的渔船队，击沉了很多船只。这时，6艘法国船组成的小舰队驶入海湾，也遭到了他们的攻击。罗伯茨抢占了一艘大型双桅帆船，并更名为“皇家财富号”，还装上28门大炮作为自己的旗舰。

甚至连新英格兰总督都对罗伯茨在特里佩西湾所表现出来的胆略感到敬畏。他写道："一个人无法阻止别人钦佩他的勇气及胆识。"但是，他会这么说，是因为受害的是法国人。

当罗伯茨在新英格兰沿海附近掠夺了若干条船后，总督就不再那么乐观了。1720 年 4 月 22 日，《波士顿简讯》刊登了"塞缪尔号"的数名目击者的证词，说他们遭到了威胁，如果不交出贵重物品，就要被杀掉。他们说，海盗"像一群暴徒"冲破了舱口，并撬开所有能用手拿到的东西，而不想要的则扔在一旁。

他们抢夺了价值达 1 万英镑的物品，还有帆篷、缆索、火药及大炮。大副哈里・葛拉丝比被从躲藏的地方拖了出来，被迫为"皇家财富号"服务。海盗咒骂"塞缪尔号"船长，并告诉他："我们是不会接受大赦令的，让国王和议会同大赦令一起下地狱去吧。我们也绝不会去霍普波因特（Hope Point）——那可是行刑码头——去被绞死变成干尸。"

海盗还放话说，只有等他们赚够了钱，他们才会接受赦免。七八百英镑现金似乎就是他们的目标。一些赚够了的人确实就洗手不干了，但大多数人并不就此罢休。

"我们要是被抓了，"他们告诉"塞缪尔号"船长说，"我们就开枪点着火药，大伙儿一起快快活活地下地狱吧！"

对海盗来说，加勒比海已今非昔比了。但是，罗伯茨在小安地列斯群岛（Lesser Antilles）的德塞大岛（Deseada）停靠，以补充水源和食物返回非洲。他原打算停在佛得角群岛的布拉瓦岛（Brava Island），但是，风刮得太大把他们都吹到了北部。当他意识到逆风航行去布拉瓦岛是不可能的事情时，他不得不带着在东北方向获得的货物，横跨大西洋回航以便再尝试一次。当时，他们只剩下一大桶水，仅有 54 加仑（63 美国加仑）的水，却要供 126 个船员饮用——而且 2000 英里之内都看不到陆地。罗伯茨每 24 小时分配给每个船员一口水。有些人实在太渴就喝海水或是自己的尿液，因此得了无热间歇症和腹泻，发烧和痢疾而死。

最后，水全都耗尽了。但第二天，水深测量显示海床在逐渐倾斜。那天夜里，他们在水深只有 7 拓（42 英尺）处抛了锚。天一放亮，瞭望台就发现了陆地。他们发动船，当天晚上从圭亚那（Guiana）的马罗尼河（Maroni River）带回了淡水。

"皇家财富号"不愿重演横跨大西洋那灾难般的遭遇，他们在加勒比海皇家海军的眼皮子底下干起了海盗的勾当。他们驶入圣基茨港口，在壁垒发射的炮弹中进行掠夺，还将偷来的羊赶到抢来的船上去。

法国背风群岛的总督哀叹道："10 月 28—31 日，这些海盗烧毁、击沉了 15 条法国和英国的船只，还有一艘在多米尼克岛装有 42 门大炮的荷兰入侵战舰。"

驻扎在圣卢西亚（St. Lucia）时，罗伯茨迫使从马提尼克岛出行的船只交付通行费，因此，当地总督不得不恳求巴巴多斯总督给予援助。为了表示蔑视，罗伯茨设计了自己新的海盗旗。根据百慕大群岛（Bermuda）总督了解到，罗伯茨的法国犯人遭受非人的虐待：有些被鞭子抽打得半死；有些耳朵被割下；有些被固定在帆桁端上，当做靶子射击。他们所有的行为都非常残忍。但是，马提尼克岛总督要求英国背风岛总督保护皇家海军时，皇家海军舰艇"罗丝号"船长辛辣地答道："你要知道，先生，你无权向我下命令。但是，任何效忠于国王的事务在我这里都是可以商议的，很抱歉我不得不说你也应该这么做。"话说完，他就起航出海。

然而，关于“黑男爵”的手下所作出的野蛮行为，让很多人充满了厌恶，并削弱了海盗的浪漫传奇色彩。这也促使了1721年《海盗法令》的出台，将要扩大针对海盗，以及任何与海盗进行交易、运送、实物交换、兑换的人的处罚。

到那时，罗伯茨在加勒比海的买卖已暂停。当时，他将两条抢来的船只用来装载掠夺品，但是，船舱都已装满了。而在加勒比海或北美的任何英国殖民地他都没法将掠夺品兑换成黄金。因此，他再一次出海横跨大西洋。他们在塞内加尔（Senegal）登陆，接着继续航行至塞拉利昂（Sierra Leone）停靠，并花了6个月的时间对船进行改装。尽管那里的任何贸易都由皇家非洲公司掌控，但是许多独立的商人很乐意与罗伯茨和其他的海盗交易。

其中一个富人叫做约翰·里德斯铜（John Leadstone），他先前也是海盗，被称为克莱科斯船长（Captain Crackers），他门口的三门炮是用来问候来访的海盗的。另外一个是在庞哥河（Rio Pungo）拥有港口的本杰明·甘（Benjamin Gan），他就是罗伯特·路易斯·史蒂文森写的《金银岛》中本·甘的原型，因此被赋予了不朽的名声。由于西非沿海总是疾病盛行而不是那么的健康，所以无法成为第二个马达加斯加。这些人用铜罐、铅锡锑合金平锅、旧枪和英国杜松子酒换来奴隶，把他们卖给那些对皇家非洲公司垄断不满的独立商人。这些商人提醒罗伯茨说，两艘皇家海军战舰——舰长蒙哥·赫德曼（Mungo Herdman）指挥的皇家海军舰艇“韦茅斯号”（Weymouth）和舰长查洛涅尔·奥格尔（Chaloner Ogle）领导的皇家海军舰艇“燕子号”——正在此处巡逻，将于圣诞节返回塞拉利昂。

1721年8月底，罗伯茨沿着海岸往东南出发，一路畅通无阻。

在利比里亚（Liberia）萨斯敦（Sasstown）附近，他逮到了皇家非洲公司护航舰“昂斯罗号”（Onslow），把它作为自己的旗舰，又更名为“皇家财富号”，并将其原有的24门大炮增加至40门。在伯尼湾卡拉巴尔河（Calabar River）小湾，他停下来，修船补充供给。当地人拒绝与他交易的话，他就发起攻击，打斗得非常凶残，使得两百年之后的口述历史中仍然有他的故事。在几内亚湾（Gulf of Guinea）最南端的洛佩斯角（Cape Lopez），罗伯茨又一次往西航行。当时正是圣诞节，他认为英国军舰应该已经回塞拉利昂了，海域将无人驻守。然而，海军有100个水手得疟疾和性病而死，因此，被耽搁在王子岛上。之后他们在海岸角——现今为加纳（Ghana）——强征商船水手入伍补充兵员，而再次耽搁。

罗伯茨跨过几内亚湾,在象牙海岸（Ivory Coast）靠岸。接着，他又一次开始向东掠夺，直接驶入军舰的航道，经过两艘军舰停靠的海岸角。1722年1月11日，他驶入维达（Whydah，现今为贝宁威达）——沿岸最大的奴隶贩卖港口——又开始抢夺，停泊在那的11艘奴隶船没开枪就投降了。每艘船必须交付8磅金粉的赎金，这在当时价值约为500英镑。但是，其中一个船长拒绝交付赎金，由于违背了罗伯茨的命令，他的船被烧掉，80个奴隶要么被活活烧死，要么选择跳海——但每两个人的脚都被铐在一起，跳进海的人不是被淹死，就是被鲨鱼撕成碎片。

两天之后，海盗截获了一条来自海岸角的消息，试图告知在维达的皇家非洲公司代表海盗即将出发，皇家海军舰艇“燕子号”将追随其后。罗伯茨立即离港出海。然而，维达更远处的沿海都是沼泽地，也没有欧洲移民，他只能又返回安诺本小岛，但是，他未能到达那里，只好回洛佩斯角靠岸。

▲X 代表了加勒比海和墨西哥湾里海盗的黄金藏匿处

罗伯茨离开维达两天之后，“燕子号”和“韦茅斯号”到达。舰长奥格尔猜想他应该往南走，并沿着那个方向追去。1722 年 2 月 5 日黎明时分，“燕子号”在洛佩斯角附近寻找通道，方圆几里都是湿地和泻湖。这时，舰长奥格尔惊奇地听到炮声。奥格尔顺着声源，找到了“皇家财富号”以及随航船只“大漫游者号”和“小漫游者号”正停泊于帕罗特岛（Parrot Island）附近。

罗伯茨发现“燕子号”时，他误认为这是一艘大型商船。他命令“大漫游者号”船长詹姆士·斯基尔姆（James Skyrme）去追捕。奥格尔开始起航，顺风行驶，直到他估计他们已在听力所及距离之外。然后，他故意让“大漫游者号”赶上。海盗船挂满了旗帜，最顶端上挂的是海盗旗。斯基尔姆打响船首炮，迫使“燕子号”靠近。接着，他命令手下准备冲锋，如果不肯上战的，他就用短剑的刀背使劲去打那些懒汉。

直到他们在火枪射程内时，斯基尔姆才意识到自己犯下了多么大的错误。这艘兵船转向“大漫游者号”的右舷，下排炮齐发射，把海盗船的右舷打得破烂不堪。海盗船顿时一片混乱，他们赶紧降下了海盗旗，随后又升起。他们假装逃跑，之后又回到“燕子号”的船侧，继续战斗。

海盗们挥舞着短剑，随时准备登上“燕子号”。这和平时的顺序正好相反。皇家海军船舰不会运载货物，但海军的海员们也想分享些宝藏。他们保持着正在减弱的火势，还射中了斯基尔姆的一条腿。“大漫游者号”（Great Ranger）的主舵手被炮弹打碎，掉下来砸在甲板上。两船在大西洋的狂风和烈日中相持了几小时。斯基尔姆手握着剑，腿上流着血，他一面疼痛得快疯了，一面仍坚持指挥战斗。他不断督促他的船员们登上“燕子号”——但这样的想法很难实现。

到了下午3点，10名海盗倒下死了，还有20名海盗受伤，其中16名重伤，其他人逃离了他们的岗位。令人惊奇的是，“燕子号”没有一人伤亡，而“大漫游者号”却千疮百孔，既无法反击，也不能逃跑。斯基尔姆被迫求和，他撤下海盗旗扔到海里，表示不再抵抗。

他的一些手下并不想投降。他们坚守誓言，有6个人跑进了驾驶室，企图炸掉全船。其中一人叫约翰·莫里斯，他用手枪向火炮的炮管里开了一枪。幸运的是，这个炮管一半是空的，不过，爆炸把莫里斯自己炸死了，剩下的人衣服也被烧着，脸上的皮肤都被烧掉了。他们伤得非常严重，已经无力再去炸船。

之后，海军登上“大漫游者号”，发现了船上的100名俘虏——59名英国人、18名法国人和23名非洲黑奴。船上没有黄金，不过甲板上都是血，到处是伤员。“燕子号”的外科医生约翰·阿金斯（John Atkins）经历了整个事件，后来为笛福讲了这个故事。当时，他也来到船上救治伤员。其中一个受伤的名叫罗杰·波尔（Roger Ball），他第二天就死了。还有个叫威廉·曼（William Main），阿金斯看到曼的脖子上挂着甲板长的口哨，他说：“我想你就是这艘船上的甲板长了。”

“你错了，”曼说，“我是‘皇家财富号’、罗伯茨船长及指挥官的甲板长。”

“那么，甲板长先生，我相信，你会被绞死。”阿金斯回答道。

“能绞死我是你的荣幸。”曼说。

阿金斯继续问他火药是如何着火的。

“上帝啊，他们都疯了，中邪了，害我的帽子都弄没了。”——爆炸时，他的帽子被震出了船舱掉进海里。

“但是一顶帽子有什么特别的意义呢？”阿金斯问他。

“没什么。”曼说。

为了证明他们要比海盗更像个掠夺者，海员们开始剥光曼身上剩下的衣服。而此时，阿金斯正在问他：“罗伯茨的手下和这群家伙有什么不一样？”

“他有120名手下，”曼说，“个个都正直聪明，就像真皮鞋子一样实在耐用。因为这样，我才和他们在一起。没骗你。”然后，他看看自己的脚，结果鞋子和袜子都没了，他说：“上帝可以作证，我说的可是赤裸裸的实话。”

“大漫游者号”很快补好了，奥格尔船长带兵守着船，把伤员送到王子岛。其他囚犯被带到船底层，加上枷锁，囚禁起来。然后，奥格尔船长掉转方向，朝洛佩斯角航行，去追罗伯茨的另外两只船。这样一来，船上的士气更为高涨。

1722年2月10日上午，罗伯茨在他的旗舰“皇家财富号”正在惬意地用着三文鱼早餐，这时有人来报告说前方有奇怪的船只在向他们靠近。但他对此不屑一顾。他的船队已经抛锚了5天，就在等待斯基尔姆回来了，他们在船上除了喝酒，就没什么可做的了。在甲板上放哨的水手发现正在靠近的这艘船飘的是法国国旗。都快要靠上他们的船时，一个以前在“燕子号”服役的海员这才认出了这艘船，他赶紧拉响警报。罗伯茨走上甲板，命令“小漫游者号”（Little Ranger）的人都做好准备。他们赶快砍断绳索起航。那个原海军的遗弃者告诉罗伯茨，“燕子号”迎风航行时，也就是风横吹船身时行驶得最快。罗伯茨本来可以很轻松地超过这艘兵船的，但船一转身，就直接碰上了“燕子号”。这是非常大胆放肆的动作，据说目的是为了估量一下对方的火力。

上午11点钟，两船的距离已经近得可以相互攻击了。“燕子号”首先发射全部舷炮。有人看到罗伯茨中弹倒下了。一名叫做斯蒂芬森（Stephenson）的舵手马上跑过去扶他，但是看不见伤口，斯蒂芬森叫他站好，勇敢地战斗。这时他才注意到子弹正好射中罗伯茨的喉咙，他已经死了。斯蒂芬森的眼泪一下子涌了出来。

在战争中死去这种方式很可能是罗伯茨为自己选好的。“那些活着去绞刑架的人真是他妈的活该。”他总是这么说。按照他以前的要求，他的尸体，连他的武器和装饰物一起，都被扔进大海。留在世间的唯有他的名声：罗伯茨当了两年海盗，截获了四百多艘船。

罗伯茨一死，船员们的心就散了。由于没有任命过副司令，航海能手哈里·葛拉丝比就先来统率。他劝罗伯茨的手下们不要把船炸掉，要他们投降。一些已经做海盗4年的老兵，无法面对可能会被送上绞刑架的厄运而拒绝投降。他们继续对“燕子号”开火，但对方仍在向他们靠近。于是大多数海盗决定现在能做的最好的事就是一醉方休。

下午一点半，被毁的主桅掉在了甲板上，所以不需要挂旗投降了。两点钟左右，他们向海军投降。他们把可以作为罪证的文件都扔到海里，比如那些自己签字表示自愿做海盗的文件。不过罗伯茨的海盗旗还被绕在绳索里，无法扔掉，直到海军上船后，他们试着把它卸掉。海军也在甲板下发现了大量的黄金和掠夺来的货物。

▲17世纪在巴哈马附近海域沉没的西班牙珍宝船“马丘比丘圣母号”，图中为在残骸里发现的西班牙金币、金块和金条。

然后，约翰·曼斯菲尔德（John Mansfield），一个从海军军舰“罗丝号”逃到罗伯茨的海盗船上的海盗——刚开始宣称是为了“喝酒，而非黄金”但最后却抛弃了这一理念——在交战时，一直酒醉昏迷，醒来发现“燕子号”朝一边倾斜，喊道：“战利品，战利品！”他坚持要让他的同船水手爬上“燕子号”。

“皇家财富号”的船员加入“大漫游者号”的行列，一并被关在“燕子号”船舱内。那里总共有254名罪犯，包括70个非洲人。其中15个死在去海岸角堡的途中，到达后其他人则被扔到奴隶洞穴中——壁垒地下的岩石炸开的一个大洞穴。在等待审讯的时候，又有4个死了，剩下169个面临海事法庭审判。“大漫游者号”的18个法国人被判无罪释放，因为作为外国人，他们是被迫的。

所有的海盗都不服罪，任何能提供证据证明他们是被迫成为海盗的就可以释放，即使他们已跟随罗伯茨很长时间。包括领航员哈里·葛拉丝比在内的74人被判无罪。54人被判死罪，其中两个后来被判缓刑。17个被遣回国送到马歇尔西监狱，除了4个之外其余全部在途中死去。70人被判在黄金海岸的皇家非洲公司矿井服7年的苦役。但最后，无一人生还。

还有52人，包括斯基尔姆船长，虽缺了腿，却还奇迹般幸存下来面对城堡壁垒外的绞刑架。他们被分批绞死，第一批受刑的是“上议院”（House of Lords）的人——罗伯茨原来的船员每个人都有称呼自己的头衔，这也是其中之一。在狱中，“萨顿男爵”（Lord Sutton）让狱卒把同自己锁在一处的家伙移到别处去，或者是拿走他的祷告书，因为他的祷告妨碍了自己尊贵的平静。

“你怎么能有这么多话和祷告要说呢，你难道还有什么指望吗？”萨顿问那个人。

“天堂，这就是我的希望。”他回答道。

“天堂？你糊涂了？”萨顿说，“你曾听说过海盗能去那儿吗？该死的，下地狱去吧，对你来说那是更快乐的地方。我将在入口向罗伯茨鸣13响礼炮以致意。”

“萨顿男爵”在他绞死的那天，表现不佳，因为他得了痢疾。然而，其余的“上议院”成员们的演出很精彩。其中一人扮演着教士的样子，告诉阿金斯医生：“我们是可怜的流氓，所以必须被绞死；而其他人在别的方面不见得有更少的过失，他们却都逃脱了。”

另一个熟悉绞刑礼节的海盗，抱怨说他们的手被束缚在背后，行刑时应该绑在前面；而其他人想要面包和水。“萨顿男爵”在人群中看到一个叫伊丽莎白的女人，她曾是他们抢夺的船上的乘客，他大声叫道：“我跟那个淫妇睡过三次，现在她却过来看我的绞刑。”

也有一些海盗则深感懊悔。阿金斯的航海日志上，记载着威廉·威廉斯被处决时就保持沉默。

1/3以上被定罪的人来自英格兰西部，其余则来自威尔士、伦敦和英国北部。平均年龄为28岁，而“上议院”的平均年龄是30岁。只有4个超过40岁，4个小于20岁——最老的45岁，最年轻的19岁。

绞刑持续了两个星期，最后一批是于1722年4月20日行刑。18个最坏的恶棍的尸体被蘸上焦油、上着镣铐、用金属带绑着，挂在绞架上——正如21年前基德于英国所受的处置一样。

罗伯茨船长的死使得英国的商业霸权深深地舒了口气。当时，英国商业霸权的影响力遍布世界各地，从纽约、牙买加延伸到孟买。舰长奥格尔被授以爵位，他是唯一一位与海盗作战而被特别授予荣誉的海军军官。他还因此而暴富，因为他从罗伯茨船舱缴获的金粉不用上缴官方。像这样有进取心的人将来升为海军上将是必然的事情。

尽管随着英国帝国主义的扩张，海洋上有比以往更多潜在的珍宝船，但是海盗的黄金时代已经结束。“大不列颠帝国”（Britannia）——更准确地说是皇家海军——取代了海盗的骷髅旗，管辖海域。

▲图为被捕后的海盗们。插图选自《霍华德·派尔的海盗故事丛书》。

# 第十章　恃强凌弱的继续

尽管所谓的海盗“黄金时代”持续了不到半个世纪，但是海盗这一职业所存在的历史已被证实要更长久得多。但是，在罗伯茨船长死后的100年里，海盗业却有所停歇，在19世纪早期，又爆发了新的海盗掠夺事件，和过去一样，都是过于平静的生活所导致的。

尽管在海盗“黄金时代”过去之后，不定时还发生了一些海盗掠夺事件，比如1769，来自英国苏塞克斯郡（Sussex）的霍夫（Hove）的一群海盗，抢劫了比奇角（Beachy Head）的一处荷兰港口，被镇压后他们在贝利街的伦敦中央刑事法庭被判处死刑。他们的船就放入海中任由它们自己漂流。但是，在拿破仑战争、1812年战争以及拉丁美洲的独立战争的末期，海军失业，使得大西洋周围的港口再次充斥着失业的海盗。同时，工业革命的普及激增了大西洋和美洲海域的货船数量。

新一代的海盗将他们的基地设置在古巴和波多黎各附近的小海湾和珊瑚礁上，他们已经大不如先前的海盗勇猛，所获得的战利品也大不如前，不再有阿兹特克人、印加人（古代秘鲁土著人）和莫卧人的黄金、白银和丝绸，取而代之的是煤炭、棉货还有钢铁。1822年，一艘“华盛顿号”商船被截获，海盗们从船长兰德（Lander）的船仓里抢走了16美金，他们命令厨师交出马铃薯，抢走了炊具、导航用的指南针、一个用于庆祝的小号，还有船员们的衣服和一些钱，才离开。不过船长兰德和他的船员们已经很幸运了，都活了下来，没有丧命。

如果没有皇家海军的保护，新独立的美国是最容易受海盗掠夺的。单单是1820年，在加勒比海和大西洋，就有27艘美国船舰被海盗攻击，人员伤亡和货物损失都很惨重。海运保险率由此翻了一番，致使这个新成立的国家面临着贸易危机。在此情况下，国会给予詹姆士·门罗总统（James Monroe）广泛的权力以处理海上事务，还要求判处所有海盗死刑。

▲芬德里克（Fenderick）所画的美国第五任总统门罗（James Monroe，1817 — 1825）的肖像。门罗被国会授予广泛的权力来镇压海盗，并在总体上取得了成功。

第二年夏天，6 艘美国旗舰和 3 艘武装船在加勒比海以及墨西哥湾巡逻。10 月 16 日，副司令劳伦斯・卡尼（Lawrence Kearney）率领的美国旗舰“企业号”（Enterprise），围剿了船长查尔斯・吉布斯指挥的 4 艘海盗船。查尔斯・吉布斯是个非常凶残的海盗，他于 1794 年出生于罗德岛的普罗维登斯，在 1812 年战争中曾率领战舰“大黄蜂号”（Hornet）对抗英国。1813 年，他率领的战船“切萨皮克号”（Chesapeake）被英国战舰“仙农号”（Shannon）打败，被关在达特茅斯（Dartmouth）监狱，直到战俘交换时才被放了出来。回国以后，他开了个酒庄，不过生意不佳，很快就倒闭了，所以他又加入了一艘开往布宜诺斯艾利斯（Buenos Aires）的私掠船。在航行中，船员发生叛变，船上的官员被放逐在佛罗里达的岸边，吉布斯被选举为新的船长。之后，他们去掠夺过往船只，抢夺了二十多条船，并杀死了所有的俘虏。当时唯一的幸存者，一个荷兰女孩，也在被他们虐待了两个月之后，被迫选择服毒或是其他更残忍的方法被杀死——为了不留活口指证他们。

他们在掠夺古巴海域时，意外遭到一艘英国战舰的反击。吉布斯带着 3 万美金逃上陆地。他后来参加了巴西和布宜诺斯艾利斯的战争，在阿根廷战舰“国庆号”（25 de Mayo）[①]上当副官，不幸的是，他被西班牙人抓获，后来又被释放。之后，他为阿尔及利亚总督服务，帮助奥托曼帝国人抵御法国人。回到美国后，他签署协议在新奥尔良外的“葡萄园号”上服役。之后，他和船员

① 25 de Mayo：5 月 25 日，阿根廷国庆节。1810 年的 5 月 25 日，布宜诺斯艾利斯人民掀起反对西班牙统治的“五月革命”，成立了第一个政府委员会，因此这一天被定为阿根廷的国庆节。

们一起发动叛变，杀死了船长和副官，占领了这艘船并作为自己的旗舰，去掠夺其他船只。他的凶残一如既往，曾经一次砍掉了一名船长的手臂和腿，还有一次将整艘商船连人带船一起烧掉。

当副司令劳伦斯·卡尼抓到吉布斯时，吉布斯的 100 名水手正在古巴安东尼奥角（Cape Antonio）掠夺 3 艘商船。一阵激烈的战斗之后，海盗们被降伏，40 名被捕。包括吉布斯在内剩余的海盗，将船拖上沙滩，逃进了丛林。后来，吉布斯被抓，美国海军把他运到罗德岛（Rhode Island）。1831 年 4 月，他在这里接受审判，被处以绞刑。

这次成功使美国人大为振奋，有人在报纸上评价说："这次幸运的事件处理得很妙，即使不能马上瓦解这个地区的海盗势力，起码也检测了海盗们的实力。"尽管报纸上大肆赞赏卡尼成功抓获吉布斯，但是海盗袭击在 1822—1823 年仍在继续。根据一份报告估计，加勒比海仍有 2000 名海盗在活动。美国战舰形体太大，不适合与海盗们在这些地方的浅滩和沙滩上作战。因此，美国国会商议决定重新成立一支特殊的西印度舰队，并任海军准将大卫·珀特（David Porter）为总指挥，来解决这个问题。国会拨给大卫·珀特 50 万美金用来建立一支专门清剿海盗的舰队，这在当时可不是一笔小数目。珀特买了 8 艘浅滩作战的具有双桅以上的纵帆式帆船，还有康乃狄格蒸汽船（Connecticutstream）——这是以蒸汽机为驱动力的船第一次投入实际使用。为了攻击在岸上的海盗，他还需要登陆艇，所以他又购置了 5 艘平底驳船（barge），每艘船还有 20 支船桨。除此之外，他还准备了一艘外表看来没有任何武装防备，但实际上有 6 门大炮的商船作为诱饵。

珀特的反海盗舰队配有 1150 名水手和海军陆战队士兵、军官，总部设在弗吉尼亚的诺福克（Norfolk）。1823年4月，这支舰队抓获了人称“小魔鬼”（Little Devil）的古巴海盗，这次激烈的战斗中共杀死了70名海盗。就这样，珀特的舰队逐渐消灭了加勒比海的海盗，不过最为凶恶的贝尼托·德·索托（Benito de Soto）一直在大西洋猖狂掠夺，直到1828年被缴获。

早些年，德·索托登上了一艘从布宜诺斯艾利斯出发、名为“佩德罗号”（Defensor de Pedro）的葡萄牙奴隶船，开始了他的首次航行。当船在非洲海岸附近停泊，船长上岸去捕捉更多的黑人奴隶时，德·索托领头发动船员们叛变，另外两名水手帮助他一起说服其他船员。其中，22人同意叛乱，但有18名拒绝。德·索托没有和他的同伙商量，直接用武力镇压了其他船员，抢占这艘船。船开走后，他放下了一艘小船，并拿出了一对船桨，给那些反对叛乱的船员们一个艰难的选择：要不就加入叛乱，要不就拿着这对船桨自己划到10多英里以外的岸上。18名反对者坚持离开，他们走上甲板，准备划船走——如果天气好且海上风平浪静的话，他们傍晚就能到岸。但是这时暴风雨来了，德·索托轻松地扭转了“佩德罗号”——现在已经改名为“黑色笑话号”（Black Joke）上的形势，因为大家都认为如果在这种情况下划船到岸边的话，肯定必死无疑。

当天晚上，之前的副官，即新任的船长，率领大家喝酒庆祝。最后，他喝得醉醺醺的，倒地就睡。德·索托掏出手枪，对准他的脑袋，一枪崩了他，脑浆四溢。他说这都是为了大家好，现在他是船长，只要大家听他的话，他就保证大家都可以分到黄金。

船上有一半是奴隶，有人建议把这些奴隶扔到海里，但德·索托却把船开往西印度群岛，把这些奴隶卖了——只有一个小男孩被留下做他的船上侍者。

船空了，“黑色笑话号”现在可以自由地去抢夺其他船只了。其中一个受害者是一艘美国双桅船。他们抢完船上的货物后，把船上的人都赶到货舱里，再用压条密封舱口。唯一例外的是一个黑人被留在甲板上，德·索托和他的船员们对他进行了各种虐待以供取乐。后来，他们把船点上火，看着这个可怜的非洲人全身着火、尖叫着上蹿下跳，他们在自己的船上模仿着他的动作，哈哈大笑。最后，这个可怜的黑奴精疲力竭，倒在甲板上，和他的船员们一起被活活烧死，而这群残忍的海盗们在旁边看着竟笑得更起劲了。

1828 年 2 月 21 日黎明，德·索托在阿森松岛（Ascension Island）附近发现一艘从锡兰（Ceylon）到英国的“晨星号”商船。起初，他以为是一艘法国船，不过他的一名叫巴巴赞（Barbazan）的法国水手非常确定地告诉他这是英国船。

“这样更好，”德·索托说，“战利品更多。”

他命令水手们支起船帆，全速追赶“晨星号”。这艘英国商船发现自己被追击，急忙升起船帆。德·索托喃喃地咒骂着，这时他的侍者小弟正好上来问他要不要喝热巧克力，他很生气，用望远镜狠狠地打在这个小男孩的头上。与此同时，巴巴赞已经清理好了甲板，船员们全副武装，吃完早饭，准备战斗。随着他的船逐渐靠近“晨星号”，德·索托才平静下来。他一口喝完了巧克力，吃了一些冷牛肉，然后坐在甲板上抽雪茄。不到 15 分钟，他们就可以攻击到“晨星号”了。德·索托没有起身，他命令升起英国国旗，放了一枪空弹以示警告。但“晨星号”并没有因此而减速，还是在全速前进，德·索托很生气，大喊：“直接用长炮打他们！”

长炮向英国商船开火，但还是没有打中。德·索托跳了起来，骂炮手无能。他命令炮手装上霰弹筒，他自己来点火。但他并没有急着马上发射，而是看准了以后再开炮。然后，他升起哥伦比亚国旗，抓住喇叭筒，大喊：“马上给我减速，叫你们船长出来！”

英国船上，警报响起，女乘客们都在落泪。一个船员已经被杀，损失还不只这些。这艘商船上没有枪炮，船员连小武器都没有，但船长依旧没有减慢速度。不过，当“黑色笑话号”已经距离“晨星号”50码以内时，很明显，“晨星号”不可能再逃脱了。

▼残忍的海盗船“黑色笑话”船长贝尼托·德·索托的唯一画像。

一名乘客自告奋勇地出去和海盗交涉，船速减慢了下来。不过当德·索托知道他不是船长后，海盗们狠狠地抽了他一顿，再把

他送回船去。这次，船长和他的助手终于出来了，跟着海盗走上“黑色笑话号”，去见德·索托。然而，德·索托用他的短剑，一下子把船长从头劈到脸颊骨，说：“这就是违反我的命令的下场。”同时船长的助手被巴巴赞带到前甲板下面的水手舱里。

巴巴赞和五个海盗受命去“晨星号”杀掉船上所有的人，再把船沉掉——这样，就没有见证者指控他们的罪行了。这6个海盗身体健壮，腰间挂着短剑、手枪、长刀。他们划着船到了“晨星号”，而德·索托就靠在他的旗舰的围栏上，他的短剑还滴着刚被杀死的船长的血。他的身边站着一个炮手，手持火柴，一旦他们的人上船受阻，他就马上开火。

看着海盗们靠近“晨星号”，船上的女人们紧紧抱着自己的丈夫，惊恐万分。一些男人试着安慰她们，但是当海盗上船后，他们马上开始用短剑左右挥舞着砍人，还不停地咒骂着，海盗杀了一些男人，把他们的尸体扔进大海。尖叫的女人们四处逃散，尽力躲藏。当海盗们开始四处寻找财物时，剩下的男人们流着血、恐惧地抱成一团。他们打开每一个箱子寻找值钱的东西：钱、金银器皿、地图、航海仪器，还有“7包值钱的珠宝首饰”。把这些战利品运回到德·索托的船上去。

海盗们把一个生病的官员吉布森先生从他的铺位上拖了起来，在他的船舱里到处寻找值钱的东西。吉布森先生很快就死了。其他乘客们的衣服被剥了下来，剩下的男人都被关在船尾小室里，只有个服务生例外，他被抓去为海盗们准备食物和酒。虽然他调出的香槟酒清澈透明，但是海盗们却不满意，他们用力抓住这个服务生的喉咙，并用刀尖贴着他的脸。一个海盗喝酒时感觉有一片碎片塞在了他的牙齿之间，他一把将杯子摔了，说服务生在酒里下毒，要毒死他们，强迫他要一口气喝完剩下的所有酒。

后来他们又命令服务生说出船长的钱藏在哪里，但这个可怜人真的不知道。海盗用手枪对着他的胸膛开火，不料，枪居然走火没有射中他。于是，海盗们把他和其他人关在一起。

巴巴赞和他的手下受命杀掉船上的每一个人。但是海盗们喝了酒以后，就决定先强暴船上的女人，再把她们杀掉。女人们发出凄惨的哭叫声，可是她们的男人们却无能为力。

当海盗们听到德·索托召他们回去的命令时，他们把女人锁在船舱里，用重的家具之类的东西封住船舱出口，再把船板上打了洞，让船慢慢沉没。之后，他们离开了这艘开始迅速下沉的船。

不过，这些女人们居然撞开了船舱的封口。当她们爬到甲板上时，天已经快黑了，但还能看见海盗在不远的地方航行。于是她们先躲好，直到夜完全黑了，她们才去救船上的那些男人。此时，船上的积水已经有6英寸深了。水手们迅速启动水泵，让船漂浮起来。不过，海盗们已经把船桅锯断，绳索割断，船没有办法航行。幸运的是，第二天，另一艘船经过，把他们都救走了。

当德·索托知道船上还有活口，他的手下只是将船上的人留在原处等着淹死的时候，他又绕回去看个究竟。这时“晨星号”已经沉了，看不到一点儿痕迹，海盗们这才放心地走了。接着，他朝欧洲行驶，沿途抢劫了一艘小船。

这次他没有再疏忽，在把船弄沉以前，他们就把船上的人全部杀掉，只留下一个认得去科伦纳（Corunna）航线的水手。当他们到达西班牙海岸，看见一个港口时，德·索托问：“朋友，这是科伦纳港口吗？”

“是的。”这个人回答。

“那么，你的职责已经履行完了，”德·索托说，“很感谢你的帮助。”然后，他掏出手枪，一枪毙了这个水手，再把他的尸体扔到海里。到达港口以后，他伪装成普通的商人，要卖掉他的货物，并获得了假的证件，出发去加的斯。夜晚来临之际，一阵顺风将“黑色笑话号”带到了离港口很近的地方。船在港口外停靠，企图第二天入港。但是晚上突然刮起了大风，直接把船吹到了岸上。德·索托努力与大风对抗，但是船很难定位，于是就搁浅了。早晨，船员们很幸运地都活了下来，他们把船拖回水里，再划到岸边。到了岸边，德·索托决定把船的残骸给卖了，再买一艘新船，这样他们才能再继续海盗的勾当。他们步行至加的斯，德·索托谎称自己是某个实际上并不存在的船长的大副，他们的船队遇上了风暴，船长失踪了，他想把坏掉的船以1750美元的价格卖掉。合同已经签好了，但是钱却始终没有兑现，因为这些海盗编造的故事中有许多自相矛盾的地方，引起了买主的怀疑并报了案。随后，6253名海盗被捕，另外6人逃到加拉加斯，后来在这里被捕。同时，德·索托和另一个海盗逃到了直布罗陀。由于他们既没有护照，又没有政府许可，被拒绝入境，他们被迫将行李运到西班牙和直布罗陀交界的一处中立地带，找了一个小旅馆来歇脚。几个晚上以后，德·索托变得很烦躁，他弄来假证件，计划去直布罗陀。不过他的一个法国伙伴认为这个决定太鲁莽，在船上逃跑了。这个人据说个子很高，长得很粗壮，皮肤很白，头发颜色很浅，外表看起来慈眉善目。这应该是巴巴赞，他是最邪恶的海盗船员之一，也是这拨人中唯一一个逃过审判的。

德·索托用伪造的证件混入了直布罗陀，住在一个西班牙人、犹太人、莫尔人混住的一个旅馆里。酒店的主人是个叫巴索（Basso）的西班牙人，他对德·索托的身份起了怀疑，因为他穿着非常昂贵的衣服——最好的英国品质的白色帽子、丝绸的袜子、白色的裤子，还有蓝色的罩袍——但他的脸却是阳光和海风所造就的深古铜色。酒店的服务员也说在早晨给这位客人铺床时，发现他的枕头底下有一把匕首。德·索托最终被捕了，当警察搜索他的房间时，他们发现了一个箱子和衣服，这是从生病的官员吉布森先生那霸占来的，当时他被海盗从铺位上拖了起来，很快就死了。此外，警察还发现了一本袖珍书，里面有被他杀掉的“晨星号”船长手写的日记，而他的这把匕首，也是另一个乘客的。

德·索托被关在直布罗陀驻军的一个小小的监狱里整整19个月后，他的案子才开始受理。在监狱里见过他的人都说他脸色苍白、一副很可怜的样子。不过在审判的时候，他就恢复生龙活虎、残忍凶猛的样子了。指控他的最有力的证据，是他当时留下的那个非洲船上侍者。他被定罪为海盗，并将处以死刑。

在加的斯被捕的其他船员，被带到加拉加斯的，一起接受了审判，并被判有罪，也要处以死刑。他们的四肢被砍下来，挂在张布钩上，作为对其他海盗的警告。

德·索托一直坚持自己是无辜的，直到执行死刑的前一天，他才全部招供。他还交出了藏在鞋垫里，准备用于自尽的刀片。当他走向绞刑架时，他真的痛悔了。他走在马车后面，时不时瞟一瞟马车上给他用的棺材，再看看他手中紧握的十字架。有时，他也把十字架放在嘴唇上祈祷，如同参加他绞刑的随军牧师在他耳边轻声述说的那样做。

绞刑架已经立在了英国和西班牙的中立区边界的一处海滩上。在这里，他爬上了马车。后来发现绞刑架上的套索太高了，他爬上他的棺材，这样才能把头套进这个套索里。当绞盘的轮子开始转动，他喃喃低语着“再见了，一切（Adios todos）”，身体前倾被吊死了。这个侍者小弟见证了他的死刑，后来被送回到非洲去了。

北大西洋最后有记载的海盗掠夺发生在1832年9月20日。海盗的纵帆船“熊猫号”截获了一艘从塞伦（Salem）出发到里约热内卢（Rio de Janeiro）的美国双桅船“墨西哥号”，船上有价值两万美金的白银。当海盗们请示他们的船长佩德罗·吉尔伯（Pedro Gilbert）该怎么处理这些俘虏时，他说：“只有死人才不会说话。你们知道该怎么办。”

“墨西哥号”的船员们被锁在船的前甲板下面的水手舱里，海盗们割断了绳索和船帆，开始放火烧船。不过，当海盗们走了以后，被困的船员们逃了出来，熄灭了火焰，但是故意弄出很多烟，免得海盗们觉察，直到他们走远为止。6个星期的海上漂流之后，“墨西哥号”的船员们回到了塞伦。之后，“皇家杓鹬号”（HMS Curlew）在非洲西部海域附近追上了海盗的“熊猫号”。在战斗的过程中，“熊猫号”被炸沉了。船长佩德罗·吉尔伯和他的船员们被英国海军抓获，由“皇家野人号”（HMS Savage）送到波士顿，在那里接受审判。在审判期间，“墨西哥号”的19岁船员托马斯·富勒（Thomas Fuller）非常生气，在给证词时，他忍不住攻击了一个曾经痛打过他的海盗。1835年3月11日，船长佩德罗·吉尔伯被绞死在莱弗里特街监狱（Leverett Street Jail）的后面。

在远东地区，海盗行为还在继续。迄今为止，海盗还活跃在菲律宾群岛、马六甲海峡（Malacca Strait）、中国东南海域、非洲东海岸、巴西的河流还有海域一带。根据美国当局的报道，从事毒品犯罪的海盗行为依然发生在加勒比海地区。不过，像海盗的“黄金时代”那样，一群精挑细选的人，勇敢无畏地登上一艘平滑且快速的纵帆船上，突袭一艘富裕的商船，向船身的一侧开炮，并在炮火烟雾中登上它的甲板大肆抢掠，用20分钟抢来的财富过上10年的好日子——这样的日子，已经一去不复返了。

**图书在版编目（CIP）数据**

海航秘史：加勒比海盗/(英)考桑著；黄丽莉，黄玉珍译. —北京：新世界出版社，2012.7
ISBN 978-7-5104-3182-1
Ⅰ. ①海… Ⅱ. ①考… ②黄… ③黄… Ⅲ. ①海盗－历史－世界－通俗读物 Ⅳ. ①D59-49
中国版本图书馆CIP数据核字(2012)第174092号

**海航秘史：加勒比海盗**

作　　者：(英)考桑
责任编辑：杨　磊　　李楠杨
封面设计：张　静
责任印制：李一鸣　　黄厚清
出版发行：新世界出版社
社　　址：北京西城区百万庄大街24号（100037）
发 行 部：（010）6899 5968　（010）6899 8705（传真）
总 编 室：（010）6899 5424　（010）6832 6679（传真）
http：// www.nwp.cn
http：// www.newworld-press.com
版 权 部：+8610 6899 6306
版权部电子信箱：frank@nwp.com.cn
印　　刷：北京华忠兴业印刷有限公司
经　　销：新华书店
开　　本：880×1230　1/32
字　　数：234千字　印张：10.5
版　　次：2012年9月第1版　2012年9月第1次印刷
书　　号：ISBN 978-7-5104-3182-1
定　　价：32.80元